本书由上海交通大学安泰经济与管理学院出版基金资助

农业科技社会化服务的驱动力：最终消费者的选择

王 青 著

上海交通大学出版社
SHANGHAI JIAO TONG UNIVERSITY PRESS

内容提要

本书以认知决策理论作为微观技术采纳决策分析的依据，借助技术扩散理论进行科技服务现状研究，通过我国农业科技服务现状调研和农业科技采纳实证分析，总结构建了农业科技服务机制体系，为农业科技投入的激励设计提供了参考框架。

本书适合于农业领域工作者、学者、农业生产机构组织者或农业生产者阅读，也可作为相关专业本、硕、博学生教学或研究参考书。

图书在版编目(CIP)数据

农业科技社会化服务的驱动力：最终消费者的选择 / 王青著.
—上海：上海交通大学出版社，2016
ISBN 978-7-313-14309-9

Ⅰ.①农… Ⅱ.①王… Ⅲ.①农业社会化服务体系-科技服务-研究-中国 Ⅳ.①F324.3

中国版本图书馆 CIP 数据核字(2015)第 311622 号

农业科技社会化服务的驱动力：最终消费者的选择

著　　者：王　青
出版发行：上海交通大学出版社　　地　　址：上海市番禺路 951 号
邮政编码：200030　　电　　话：021-64071208
出 版 人：韩建民
印　　刷：常熟市梅李印刷有限公司　　经　　销：全国新华书店
开　　本：710mm×1000mm　1/16　　印　　张：14.75
字　　数：267 千字
版　　次：2016 年 5 月第 1 版　　印　　次：2016 年 5 月第 1 次印刷
书　　号：ISBN 978-7-313-14309-9/F
定　　价：45.00 元

前　言

Preface

1979 年以来，我国农业科技服务在供给上，投入不断增加，政策连年支撑，农、工、商、校、政府各界组织积极参与，然而，农业科技服务需求却呈现科技意识淡薄，采纳意愿低迷的状况，农业科技服务的效率仍然受制于瓶颈性因素的束缚，农业科技成果转化率不高，农业科技贡献率乏力，远落后于国际先进水平，农业科技社会化服务的动力尤显一些不足，农业科技服务机制亟待变革和完善。国内学者对科技服务效率问题的分析，多集中于技术采纳的行为和意愿研究，在科技服务效率上相对普遍地认为科技创新不能与科技服务需求很好地对接。

本书以市场均衡规律为依据，从技术供给端和需求端两方面进行考察研究，提出农业科技服务效率问题必须结合科技服务的供给端改进和需求端选择进行分析和研究，提出农业科技服务的驱动力不仅仅在于技术推广单位的推动力，农业生产过程中技术需求的拉动力，并且与“农产品消费端”的最终农产品消费者的需求息息相关。尤其是农产品最终消费端的需求既是生产过程技术需求的源头拉动力，又是技术供给端的创新依据基础，是农业科技服务的最终需求者，是驱动农业科技服务的根源动力。

科技服务供给端由科技服务主体完成，涉及科技服务政策、科技服务体系，属于经济学领域的创新扩散研究范畴，科技社会化服务动力源于市场均衡机制的供求推动、需求拉动，以及政府调节。科技供给最终到达农产品消费着，由农产品消费者的选择消费证实科技的效率，并通过农产品生产过程的前端技术采纳导向作用，向农业科技创新市场传递需求信息。供给端技术研发与供给通过满足最终需求的创新和技术传递获得技术扩散效率，通过不断追逐最终需求选择改进服务模式和服务方向，获得科技服务驱动力量。

科技社会化服务需求端是由农业生产者以散户形式集结而成的，其需求即农业科技采纳决策，属于组织行为领域的个体科技采纳决策问题，技术采纳动机源自农业生产者投入产出效率的比较和决策意向；农产品消费者的最终需求源自消费偏好，对农产品消费的品种、数量、质量等具有相当影响，通过消费引导拉动科技服务端技术供给，成为科技服务驱动力量另一个重要部分。

科技社会化服务供给与需求之间有农业科技创新市场作为纽带，属于市场均衡范畴，而供求之间联结框架，即农业科技服务传递模式则是科技服务的机制问题。因此，农业科技服务效率问题的研究需要基于农业科技服务供给端供给行为与效果研究，需求端需求者技术采纳行为和农产品消费行为研究，以及供求对接高效机制展开研究，并通过设计或改进农业科技服务机制，提高科技服务的现实效率，进而发现和锚定农业科技社会化服务的真实驱动力，加强并改进它的作用。

相较于目前流行的农业科技服务研究的一般范畴和方法，本书首先界定了一系列不同的概念，用“农业生产者”取代“农民”的概念，农业生产者针对的是农业生产，而不是在农村居住或持有农民身份的人；“农业科技”不仅针对“无形的技术”，而是包含所有与农业生产相关的实物和非实物科技的总和；相应地，“农业科技服务”涉及实物与非实物技术供给的所有相关活动；“农业科技服务主体”也不仅是农业科技推广部门，而是包括政府、高校（含科研院所）、企业、农业合作组织、农业生产者自己；“农业科技服务需求”是由农业生产者科技服务需求，以及由农产品消费引致的农业科技需求共同构成的。由此，“农业科技社会化服务机制的研究领域”既包括了农业科技创新和服务、销售市场，同时，也拓展到农业生产过程和农产品消费市场，形成一个由“两个市场一个过程”构成的，从科技创新者到农业生产者，再到农产品消费者的大循环市场的研究范畴。

本书是国内首次在农业科技服务供给端与需求端的统一框架下分析农业科技社会化服务效率的问题，结合实证研究和典型理论分析提出农业科技社会化服务传递机制框架，也创建了农业生产者科技采纳效用模型，为农业科技采纳决策的个体行为研究提供了依据，为我国农业科技社会化服务的驱动力提供了一个新的支撑点。

目　录

Contents

第1章　绪　论

第2章　科技供给的理论与实践

第3章 科技需求的认知与决策

第4章 农业生产者技术采纳行为研究

第 5 章 驱动农业科技服务的社会化力量

第1章
绪　论

1.1　农业科技的现实地位与责任

我国粮食生产已经连续10年丰收，用世界9%的耕地、6%的淡水资源，养活了世界20%的人口，成绩斐然。但为了保吃饭、保供给，面对气候异常、地少水缺的资源约束，我们不得不过度开发农业资源，大量使用化肥、农药、农膜等化学投入品，在我国不足世界一成的耕地面积上，使用了全世界近四成的化肥，单位面积农药使用量是世界平均水平的2.5倍，如此状况严重污染了环境，对农产品质量安全和食品安全形成隐患，阻碍了农业的持续发展。此时，农业科技服务的迫切需要尤为凸显。

1.1.1　农业依赖科技发展的迫切性

1.1.1.1　我国农业土地资源存量有限，耕地面积增加有限，必须借助农业科技提高资源产出效率

我国可用于耕地的土地面积长期以来维持在一个相对稳定的水平，随着各地城市化进程的不断深入，同时在国家保护农用土地，并加大土地改良的政策激励下，我国农作物播种面积从2001年的155 707千公顷到2014年的165 446.25千公顷，增长空间有限，各年间存在1%～2%的上下波动。

“我国农用土地增加空间有限，国家统计局数据中，年播种面积每年会稍有增加。1996年和2009年开展的两次土地详查，1995年耕地总面积是14.2亿亩，是根据各地历年夹带农业税的地亩数做出的。1996年年底，耕地面积是19.5亿亩，增加了5亿多亩，到了2012年年底土地总面积是20.27亿亩，等于又增加

了2亿亩地”[①]。“这次跟第一次相比区别在哪里？第一次详查主要动用的是人力，整个调查我们95%是人工，我们这次的详查，99.5%是用的卫星、遥感、航海，就是说你原来那把尺不准，这次这把尺准了，实际还是这么多地，正是因为这样资源就非常危险。”在1995年的14.2亿亩与2012年的20.27亿亩之间，其中的“增加”数更多地可能来源于申报和统计口径的差异，而实际真正的增长空间非常有限。

在农业生产普遍依赖土地、水源等必要资源的前提下，保持和提高我国农业产出量必须应用科学高效的基础设施、科学节能的机械设备、先进的种植方法、高科技种源、迅速有效的生产和加工手段，高素质的农业人才投入到农业生产中，提高单位土地和资源的产出效率，必须依靠农业科技的支撑。

1.1.1.2 耕地资源质量维护与农业生态发展，必须通过农业科技服务实现保护和改善

在土地规模不变或增加可能性不大的前提下，土地肥力与污染问题也同样威胁着我国土地面积的实际可用数量。“除了资源以外环境问题也越来越明显，环境部已经公布，我国受到污染的耕地达到19.4%，但是，其中中度污染的和重度污染的两个加起来要占到2.6%，也就是说我们差不多有5 000万亩的耕地是受到重度污染的。”

在土地资源拓展无力的同时，不断增加的需求压力就落在既有的每一块土地上，增加了土地负荷，增加了各种化学添加物料，同时在每一吨农产品产出上，加大了土地生产能力的退化概率，土地的再生产和可持续生态发展受到极大的限制。

保持土地原生态水平，保证持续土地生产能力，努力改良、修养贫瘠或污染土地重新参加农业生产，必须依靠农业科技的力量，并且需要广泛地在各个农业生产基地全面展开科技普及工作，保证现有土地数量和质量能够持续为我国不断增加的农产品需求提供服务。

1.1.1.3 农业劳动力老龄化，技术素质弱化的现状，必须依靠农业科技服务加以补充和提升

我国传统农业发展模式对劳动力依赖程度较大，尤其是以家庭为生产单位的小规模生产者，家庭成年劳动力人数极大地影响其农业生产规模。农村土地

---

① 陈锡文解读2014年一号文件全文实录. http://china.caixin.com/2014—01—22/100632019.html [OL]. 财经网，2014(1).

流转政策、城镇化发展,以及鼓励农民工进城谋业的政策,使农村劳动力数量急剧下降。"从中国的国情来看,我们现在城镇化率已经达到了53.7%,2亿7 000万的农村劳动力离开了土地,相关5 000多万农民家庭,占整个承包农户家庭总量的22%"。虽然,按照我国城镇化改革的目标来衡量,农村劳动力转移数量没有达到预期水平,但显示在农村当期农业生产中的劳动力确实问题已经十分明显。

对家庭式的生产模式的依赖,以及进城务工的劳动力获得收入的水平,并不足以支持加快土地流转的速度。与此同时,需要保留的小规模农业生产仍旧需要足够的劳动力维持。而农村劳动力的老龄化成为另一个科技需求契机。目前,农村的留守老人和儿童越来越多,实际生产能力弱,保守的生产方式,对新技术的接受意愿和把握能力非常低。而维持较小的产能就是对耕地的浪费和闲置,从整个国家的农业产出上,形成了极大的低效率。

科技力量完全可以充当劳动力不足的解决利器,但同时,对于老化劳动力的技术渗透、技术能力培养也成为科技兴农前面的一道鸿沟。技术应用的设施基础与教育基础建设随即成为相对长期且必须有效解决的关键活动。

1.1.1.4 *农产品消费人口、消费质量要求的不断提高,必须落实于农业科技服务以满足需求*

根据2015年2月26日公布的《中华人民共和国2014年国民经济和社会发展统计公报》数据,截至2014年年底,我国总人口为136 782万人,比上年末增加710万人,其中,城镇常住人口为74 916万人,占总人口比重为54.77%,比上年末提高1.04个百分点。据专家测算我国人口最高峰是2030年,最多15亿人,届时城镇化目标可以达到70%,15亿人70%在城镇,约10亿5 000万人,需要通过农村农产品生产满足食品需求①。

我国国家统计局统计数据,城镇居民家庭人均食品消费支出,2013年是6 311.9元,10年前是2 709.6元,增长近2.5倍。而且随着人们生活水平的提高,对食品生产的生态要求、健康要求不断提高。整体上对我国农业产能的压力是巨大的。

农业科技在资源约束、人口增长时代压力下,必须支持农业生产,保证我国农产品的稳定、有效供给。

---

① 2014年国民经济和社会发展统计公报.http://news.china.com.cn/2015-02/26/content_34894545.htm. 2015(2).

1.1.2 农业科技的历史使命

1.1.2.1 科技支撑农业发展的阶段性全球趋势

参考国际上各国经济发展经验，一般经济发展依次分为要素推动的发展阶段、投资推动的发展阶段、创新技术推动的发展阶段，其中，技术推动是在要素投入、资金投入的推动力量逐渐消退之后，在经济发展的较高阶段，更为有效地推动经济的要素基础。我国农业经济发展的更高一级阶段已经到来，农业科技必定成为该阶段的主要推动力量。以信息技术、生物技术、设施农业技术、农产品深加工技术、可持续农业技术等为主要内容的新的农业科技创新蓬勃兴起，技术应用越来越广泛，农业发展对科技的依存度必然不断提高①。

美国经济学家舒尔茨在《改造传统农业》一书中提到，"如果能够给农民现代的科技，现代的生产手段，即使落后地区的农民，也可以点石成金，把农业变成现代的产业。"②农业技术进步水平的不断提高，可抑制不利于农业增长因素的影响，从而延续报酬递减规律作用。要持续、稳定地推进这种效应，必须不断加大、加快农业科技服务。

1.1.2.2 农业生产投入内涵提升的必然需要

据国家统计局数据，2014 年第一产业增加值为 58 336.1 亿元，对国内生产总值的贡献率为 4.8%，对国内生产总值的增长贡献了 9 个百分点。另据统计 2013 年农业生产资料价格比 2012 年上涨了 1.4%，其中，农业生产服务价格上涨了 6.5%；全国平均每亩粮食生产投入费用为 357 元，比上年增长 4.1%，其中物质投入费用为 257 元，比上年增长 2.0%，生产服务支出为 100 元，比上年增长 9.9%③。数据表明，我国农业生产可能会进入全面普遍增产时代，进入新一轮农业结构调整阶段。面对不断增长的人口需求，其中的新增部分中 80%必须依靠科技突破来实现。国家已明确提出要加快农业增长方式的转变，提高投入的科技内涵，提高生产效率，农业科技服务的支撑是实现农业结构顺利转型，农业增长方式从外延到内涵式发展的必然要素。

1.1.2.3 农产品数量与质量安全的时代要求

我国即将达到又一个人口高峰，农产品国内供给总量上已经出现明显缺口。

---

① 杜占元."十一五"我国农村科技发展战略[J]. 中国科技论坛，2007(3).

② Theodore W. Schultz. Transforming Traditional Agriculture [M]. New Haven: Yale University Press, 1964.

③ http://www.stats.gov.cn[OL].中华人民共和国国家统计局，2015.

我国历来是国际上农产品消费大国之一。虽然通过不断投入，国内的农业生产总量一直在不断地增加，但与此同时，每年的农产品进口数量也一直在上升，2013年，我国净进口的粮食达到了1 600亿斤。

另外，生活质量提高也不断挑战我国的农业生产效率。其中包括“食用油”消费的增加。2013年，我国生产了大豆1 200万吨，而进口却超过了6 000万吨，进口依赖程度大于80%。国际上年出口谷物总量一般在2 600万～2 700万吨左右，也仅仅是我国半年的消费量。“于是我们必须要靠自己，这是个没有办法改变的基本事实”，“提出创新农业的体会，实际针对的就是农业出现的这种先机”①。

农业科技支持农业发展已经到了必要的时刻，我国农业生产中必须尽快投入更多的技术含量，通过高新技术，生产更多的农产品满足国内居民的需求。

1.1.3 农业科技服务的动力亟待提升

1.1.3.1 农业科技服务总体效率不高

农业科技成果转化，与农业科研、农业教育并称为农业发展的“三大支柱”。其中，农业科技服务是农业科技成果转化的重要部分。在我国，政府每增加1元农业科技投入，可减少农牧户9.35元投入②。“科技是第一生产力”，农业科技服务成为农业现代化建设的核心动力，是提高生产效率，提高农业生产者收入水平的关键要素。农业现代化必须坚持走两条道路：一是科技兴农道路；二是市场化道路。其中，科技需要传递并转化成生产成果。

我国农业科技成果转化过程中存在着一种矛盾现象：一方面，农业科技成果的总量很大，另一方面，真正运用于生产，产生实际经济效益的科技成果又很少。世界发达国家的农业科技成果转化率在65%～85%之间，农业科技进步贡献率为60%～80%。近日，我国科技部部长万钢表示，2013年我国农业科技进步贡献率达55.2%。相比之下，即使是国内上海、北京、广州这样经济发展动力强劲的大都市农业也没能达到这一水平，由此发现，我国农业科技转化效率值得关注，农业科技服务效率有待提高。有利于科技传递的相关制度研究与建设迫在眉睫。

---

① 陈锡文解读2014年一号文件全文实录. http://china.caixin.com/2014－01－22/100632019.html [OL]. 财经网，2014(1)

② 钱克明. 我国主要农产品供求形势与市场调控的对策建议[J]. 农业经济问题，2012(1).

1.1.3.2 农业科技创新动力不足

我国农业发展相对工、商、服务业发展落后，同时又是国计民生的重要保障，农业产品的价格较多地受到指导和调控，只就农业生产市场的回报不足以支持社会自发的农业科技创新。

公益性农业科技研究机构的科技创新，大部分需要依靠国家项目资金支撑，很少可以通过市场获得全部科研投入的回报，在研发方向上，缺乏主动性，与市场需求联系不够紧密，主要依照国家项目导向确定创新方向和创新设计，缺乏积极、有针对性的农业科技创新和技术开发。

部分有研发实力的国内外私人企业，以自有技术和产品方向为导向，以企业自身收益预期为定价依据，向农业提供有偿创新产品。其产品属性和价格只能满足部分农业生产需求，并不能在普遍意义上向农业生产提供全面的创新产品。

农业生产者的技术素质和创新资源十分有限，虽然近年来，国内各地也涌现了一大批年轻、拥有相关专业能力的农业生产者，通过自主研发获得创新成果，并广泛带动了周边农业生产者技术应用，但也仅限于基层操作和相对简单的创新技术，不能从技术高度和深度上解决农业科技需求，总体上，农业生产者需要靠社会提供科技创新成果。

1.1.3.3 农业科技服务供给乏力

(1) 农业科技服务的政策主导性强，需求导向不足。农业技术进步常常与国家政策关系密切，主要原因在于农业的弱质产业性质，农业生产者的技术采纳很大程度上取决于技术采纳是否有利可图。除了技术的市场收益以外，部分新技术更多取决于是否获得政府的大力支持①。更多的情形是技术市场收益远远小于政策支持。随市场化地进程不断发展，更多的企业、民间组织和私人组织也参与到农业科技服务中，这种政策导向的科技服务增加，而实际需求没能得到更多的关注和全面的供给。建立健全现有服务机制，结合各服务主体特长，有效实现农业科技服务供给是当前面临的重要任务。

(2) 农业科技服务主体之间缺乏协调。改革开放以后，农业生产市场、农产品市场也不断活跃起来。政府支持的科技服务组织、私人企业投资、各种农业生产、经营合作组织、农业生产者大户都不断发展壮大，从生产中的各个环节向农业生产者提供农业科技服务。然而，各个组织科技服务目的不同，提供科技服务的动机各有差异，所针对的服务项目和内容彼此不相联系，不能够形成完整的、

---

① 赵芝俊，张社梅.近20年中国农业技术进步贡献率的变动趋势[J].中国农村经济，2006(3).

全方位科技服务网络。农业生产者在科技服务需求上存在无法获得支持的环节，导致从整体上怀疑科技服务的积极意义。

(3) 农业生产者自我科技服务能力不足。随着新一代农业生产者在土地流转、国家税收优惠政策、农村各项建设水平的提高的大趋势下，不断成长和发展壮大，组织了一大批农业生产组织、庄园式生产、合作组织，在集结散户参与大规模生产的同时，也通过自发的技术服务、技术指导，带动周边乡村农业生产者，积极应用县级科学技术，改善农业生产能力，增加农业收入。

但是，基于农业生产本身的复杂性，农用物资市场、农产品市场的广阔、多样，农业科技本身的学术要求等种种原因，农业生产者自身能够创新和推广的农业科学技术有限，同时，接受农业科技的农业生产者认知和学习基础薄弱，由农业生产能手和农业生产者起家的企业组织的技术服务力量不够雄厚，对于整个社会中农业科技服务体系的服务漏洞的补充，杯水车薪。

1.1.3.4 农业科技采纳意愿不足

农业科技服务是一个双向沟通要求较高的活动，同时，也需要供给方从创新到推广服务面面俱到，科技采纳者的配合积极默契。在我国农业科技服务本身尚未完善，科技服务机制未能有效理顺的前提下，我国农业科技采纳主体——农业生产者对农业科技采纳的意愿并不积极。尤其是数量众多、分布广泛、汇总生产能力远远超过规模化组织生产的、以家庭为单位散户生产者，对送到村口的农业科技持不冷不热的态度，一定程度上阻碍了农业科技迅速发挥作用。

(1) 农业科技服务对象特征。我国土地资源相对不足，建立在家庭联产承包制下的农业经营规模小，布局分散，很难自发形成规模；同时，农技信息主要是技术概念和具体操作，从传播的内容到形式都必须考虑农民的观念状况、接受和理解水平。组合弱小、分散的农户，不仅是农业生产手段、生产技术、生产管理现代化和提高劳动者素质的基本保障，而且对于稳定和完善以家庭联产承包为主的责任制具有重大意义和深远影响。

(2) 农业科技服务本身的特殊性。农业科技服务是一种特殊的科技传播活动，其特殊性和复杂性主要表现在：一是传播内容特殊，农业新技术传播的周期长、风险大，直接关系到生产活动、农业经济和农民实际利益的损益，需要适应当地的农业发展水平，同时，农技推广也受到气候、土壤、生态等自然条件和生物规律的较大影响；二是传播环境十分复杂，在农村社区人文环境中，大众传播与当地的人际传播、各类技术服务机构的组织传播，以及风俗习惯、宗教信仰等多种现实因素之间必有复杂的互动关系，增加了对信息有序、有效流动的控制难度。

(3) 农业科技服务与地区生产力的匹配性。农业科技服务是现代农业区别于传统农业的重要标志，也是农业生产力和科技服务商品化发展到一定阶段的产物。在较低的农业生产力水平和科技服务商品化程度的地区，农业科技服务的需求可能等于零或不足以形成规模，只有在农业生产力较高，商品化和专业化比较发达的地区，农业科技社会化服务才有发展机会和空间。

1.2 主要概念与逻辑范畴

传统的农业科技服务研究基于传统的农业科技服务以及相关概念，依照传统概念界定的领域和范围开展调查和分析工作，发现和解决了一些界定范围内的科技服务不足和问题，也遇到了一些长期难以推进的瓶颈因素，尚不能化解。

可以推出与研究内容和研究思路相关的概念，作为理论分析和研究展开的基础线索，概念旨在强调对农业生产者科技知识的传教、决策能力的培养、技术应用能力的训练，突出了非实物技术，即无形技术服务的重要构成，也包括农业科技服务市场的广泛供求空间，是分析和讨论及措施的重要支撑。

1.2.1 农产品消费者

农产品消费者是以个人生活需要为目的，用货币购买农产品以满足个人消费需求的自然人。农产品消费者的消费方式是直接使用农产品，而不再加工并销售给其他单位或个人以获取利益。为农业生产者生产出来的农产品以及经加工的农副产品经通过直销、经销商、农贸市场、超市等分销商销售给农产品消费者最终使用，并不再转售给其他单位或个人，此时，农业科技获得了市场需求的认可，实现了科技的价值，给农业生产者带来了回报和收益。

1.2.2 农业生产者与农业生产过程

1.2.2.1 农业生产者

农业科技服务的传统对象是农民，传统的农民生活并且工作在农村，在中国还拥有农村户口，他们以农业生产为自己工作，通过农产品交换获得收入。当下，随国家政策的变化，农民不一定就在农村从事农业生产，从事农业生产的也不一定是农民，因此，定义“农业生产者”概念，界定“农业生产者”是从事农业生产的劳动者，不涉及地域与居民概念，泛指所有参与并从事农业种植、养殖，以及同时实施自我产前、产后技术服务的劳动者。“农业生产者”不包含不从事农业生产的农民，但包括从事农业生产活动的非农民劳动者。“农业生产者”的概念与研究非常相关，旨在强调农业生产者不是唯一的农业科技“消费者”，作为农业生产投入要素的购买者采纳者，农业生产者更贴切地充当了农业科技的第一个“消费成员”，但不是最终技术的消费者。最终消费农产品的消费者，也是农业科技的消费者，而且是农业科技的最终使用人，即最终消费者。

1.2.2.2 农业生产过程

农业生产过程是最为复杂、最难控制，且相对漫长的生产过程，其间自然因素、生物因素、人文因素、设备因素、市场等因素综合影响着农业生产效率。农业生产过程一般包括各类农业生产资料获得并投入生产，之后在自然条件和既定生产资料一起，在劳动力的整合活动下，经历一段时间相互作用，形成农产品，进行收获和简单初加工，投放市场的全部过程。其间，自然条件受到气候、土地、水源(含降雨雪)、可能灾害的非人为控制因素的影响，其中，不包括通过设施设备实施的上述因素的改善效应。

一般经验下，农业生产的效率受到整个生产过程中投入的生产资料技术含量、劳动力技术素质、生产过程的整合的科学性、不利自然因素预报、改善和克服的能力综合影响。科技是第一生产力，农业科技是农业经济发展的原动力，依靠科技力量，农业生产过程才能从扩大外延式再生产转向主要依靠科技和提高劳动者素质的轨道，提高内涵扩大再生产的水平，提高农业经济发展速度。农业生产过程所涉及的科技内容也必定相对广泛、领域宽广、技术知识交错贯通。

1.2.3 农业科技及其社会化服务

1.2.3.1 农业科技

农业科技涉及宽泛内涵。农业科技是农业生产过程中所涉及的各种技术的总称，界定宽泛的农业科技的概念，认为农业科技服务既包括具体承载在实物中的科技成分，以种子、农药、化肥、机械、农用设施等实物农业生产资料为科技原型载体的实物技术；也包含在农业生产技术、农资操作使用技术、农产品加工、储运、保鲜技术等不以实物为载体的非实物科学技术。其中，实物技术可以细分为基础设施、农用设备、农用物资三种技术投入；非实物技术则可以分为基础知识与技术常识教育、生产与加工技术、市场信息分析与决策技术等。对于大多数农业生产者来说，科技采纳就是了解相关科技知识信息，使用载有技术的农用物资，学会使用操作技术和应用方法。一项农业科技内容一旦投入，将会在农业生产的产前、产中、产后各个环节发挥作用和影响，进而对生产的各个具体环节提出相应要求。

从工业产品的广义概念中，我们可以更好地体会农业科技的宽泛内涵。工业产品的概念及其价值判断中，包含实物产品本身，同时，也包含产品本身能够为消费者提供的服务，以及在商品购买前后与消费过程中，企业能够提供给消费者有关商品的非实物服务，包括使用方法，安装调试，以及维修保养等售后服务。优秀的企业组织甚至通过分析消费者的消费习惯，消费能力，消费期望，设计、开发和提供个性化的附属消费品，以及合理使用和后续消费建议。其中，服务与产品的概念是融为一体的，不可分割的，优秀的产品通过优秀的服务提高消费效用，优秀的服务依靠优秀的产品提升消费价值。

1.2.3.2 农业科技发挥作用的形式

农业科技进步是农业科技发挥作用的一个显示度指标，是经过技术发明、创新、扩散等各个环节，把新的知识、新的技术转化为农业生产力，从而提高农业生产效率，提高农产品经济效益、改善农业生态环境、不断提高整个农业生产力水平的整个过程①。所以，农业科技的作用应该反映在整个农业生产过程中的科技突破及其应用程度。与以上界定的农业科技的宽泛和狭义的内涵相对应的，农业科技对农业发挥作用的形式有两个范围：狭义的农业技术进步，即包含上文宽泛概念的科技对农业发挥作用的方式与内容构成了农业生产技术进步，主要是实物有形技术带来的积极作用；广义的农业技术进步，即传统的狭义的科技对农业发展提供的促进作用，也应包括农业经营管理技术和服务技术。宽泛界定下的农业科技，正是借助实物技术和非实物技术对农业发展起到了共同促进的积极作用。

1.2.3.3 农业科技服务

在界定了农业科技的概念下，农业科技服务的范围也随之相应扩展，同时，农业科技服务的对象也与传统科技服务的对象有所区别。

(1) 传统的科技服务概念。传统的农业科技服务概念在 20 世纪 80 年代以前的名称是农业科技推广（Agricultural Research Extension，ARE），一般指通过教育培训，传授方法与技术给农业生产者，以提高生产效率并增加收入的系列活动和过程。当时农业科技推广体系称为这一概念下的具体实施组织体系，其中，还分为农业科技（创新部分）和农业推广（扩散部分）两大部分，而且这两部分

① 赵芝俊，张社梅.近 20 年中国农业技术进步贡献率的变动趋势[J].中国农村经济，2006(3).

之间是通过信息流及其反馈链结合在一起提供农业科技服务的①。

进入20世纪90年代以来，国际上广泛使用的相关名称演变为农业科技推广服务(Agricultural Research Extension Services，ARES)，强调服务扩散的功能。范登邦和霍金斯(Vanden Ban and Hawkins)1996年也重新定义了农业科技服务新的概念框架。认为农业科技推广服务应该包括，从科研工作者传输知识给农业生产者，为其生产决策提供建议，引导生产者做出利于科技转化的行动决策，让生产者靠自己分析目标及其实现的可能性，并最终能实现这些目标的整个过程②。

(2) 农业科技服务的界定。在原本概念定义中，早期强调创新和扩散，后期更多地指向非实物技术服务。但是，农业生产过程对农业科技服务的需求内容中却同时与实物技术息息相关，连带实物技术在内的农业科技服务需求，不断要求现实科技服务扩大服务领域，整合科技服务效率。何况实物技术或技术手段性产品必定是科技服务施加影响的不可分割的载体，基于科技服务的改善技术应用效果的本质目标，科技服务内容也不应脱离实体技术本身，完全独立实施。

农业科技服务充当了农业科技与生产者之间的主要载体和传递途经，一方面承载农业科技向生产领域渗透，通过宣传、教育、诱导、支持农业生产者应用先进技术进行现代化农业生产；另一方面，协助农业生产者建立与农资市场和农产品市场之间的通道，获得技术手段与技术物资，实现技术成果的市场价值，实现当期技术成本的回收与下一期新技术投入的资本。农业科技服务的效率决定了农科技进步速度和水平，农业科技在农业生产中发挥的作用水平，影响着农业发展的速度和质量。也有学者提出农业科技服务的内容应包括生产、管理、信息、决策、供销以及人才培训等多方面，是一个大的科技服务范畴③。农业科技服务在生产过程上，应包括对农业产前、产中、产后各环节的系列化科技服务，是贯穿农业生产、流通、消费全过程的科技服务。

参考上述研究和定义，农业科技服务可以概括为：涉及整个农业生产过程各个领域的实物和非实物技术的开发、推广、培训、供给、咨询等活动统称为农业科技服务。实物技术包括相关基础设施，如水利、灌溉设施，农用机械设备；非实物技术及传统科技服务内容。由此科技服务包括了从农业科技创新研发开始，到成果孵化、扩散推广，直至被用户采纳的各个阶段的技术物资传递、信息传播、技

---

① [荷]Havelock，[澳]A. W. 范登邦，H. S. 霍金斯. 农业推广学[M].北京：中国农业出版社，1989.

② [美]范登邦，霍金斯. 农业推广学[M]. 夏闯，译. 北京：中国农业大学出版社，1993.

③ 郑生权.关于农业科技全程服务的界说[J].农业经济问题，1993(4).

术指导、市场拓展等活动。涉及农业科技具体内容，农业科技人才、农业科技政策制度、农业科技应用过程、农业科技发展等方面形成广泛的、互补的、联动的运作体系。应该参与农业科技得以实现物技协同，高效发挥技术作用，提高农业生产效率的一个完整过程，其中提供技术载体、传递技术要求、协助技术实现的各种活动都应包括在农业科技服务的范畴之中①。

1.2.3.4　农业科技社会化服务

农业科技社会化服务是指由社会相关农业的各界组织共同参与的农业科技服务，参与主体包括农业生产者自己、各类新型农业经营主体，公益性质的农业技术推广机构、农业院校、科研院所等，以及各类经营性质的专业合作组织、协会、涉农企业、农资生产经营组织等。

随着我国知识教育水平不断提高，农业科技创新的不断发展，应用于农业的科技内容越来越多，农业生产者在农业相关各个领域的广泛分工或分化，科技的力量备受重视的同时，各类农业相关服务组织共同参与农业科技服务，向农业生产者提供各个阶段各方面的科技服务，呈现更加以市场供求调节为主的自发性科技服务供给模式。

1.2.4　农业科技服务的对象

1.2.4.1　农业科技服务的对象

在农业科技服务对象中，除了扩大了范围的农业生产者之外，还包括参与农业生产的其他组织和私人个体。值得强调的是，这里的“农业生产者”作为经济学中的“消费者”的概念，他们的消费需求是由两个部分构成的，一部分是农业生产本身的“消费需求”；还有一部分是由农产品消费者因消费拉动的农业生产者需求的部分，即“引致需求”。因为包括以家庭为生产单位的农业生产者，都具有“农产品生产商”的特征，他们生产农产品不都是为了自给自足的，而更多的是为了到农产品消费市场上进行销售并获得销售收益的。他们的生产决策行为不仅仅是“纯消费者”行为，也不是农业科技服务的唯一消费需求的根源，他们的技术服务需求与农产品的消费者的技术农产品需求共同构成了农业科技服务市场中的“消费需求”。在需求拉动的技术创新中，农产品的消费者的拉动力量远远超过农业生产者，是农业科技服务不可忽视的另外一个服务对象。

农业科技服务的目标是使科技迅速导入农业各个领域，促进农业科技实现

① 王青，许源，周波.上海农业科技社会化服务机制构建初探[J].上海管理科学，2010(12).

成果转化。农业科技服务的对象应该包括从农业科技产生，到农业科技实现成果转化的最后一步之间所涉及的所有技术采纳和应用单位及个人。其中，包括农业科技在导入农业生产领域之前的科技扩散单位与私人组织，也包括农业生产与加工部门与个人，更要包含农产品销售过程中的辅助加工运输和分销单位与私人组织。

尤其是农业生产部分，科技服务对象不仅仅是“农民”，还应该包括从事农业生产和初级加工的合作组织、小型经营企业等非“农民”性质的人员和单位。所以，讨论的农业生产部分的主要服务对象统称为“农业生产者”，既包括当地农民在内的，外来务农流动人口，各种形式的非农人员，还包括从事农业生产或农业初级加工和经营管理的人员。

不同的服务对象，就有不同的服务需求，也就对农业科技服务提出了不尽相同的需要，能够满足科技服务需求的科技服务就会被接受，不符合科技服务需求的科技服务就会被拒绝。

1.2.4.2 农业科技服务的市场的构成

农业科技服务市场中有界限分明的科技服务需求者，农业科技服务供给者，有市场内自动形成的科技服务价格，以及均衡的科技服务数量。农业科技服务的源头供给者是科技创新研发部门(包括公益性和非公益性部门)，其负责农业科学发展和技术创新研发，向创新扩散下游单位，或直接向农业生产者推广科技创新成果；在创新部门之后，科技服务经过农业组织或企业(农业科技服务的中间供给者)进行实物或非实物技术整合或产业化、实物化后，再转移到更下游组织或直接传递给农业生产者；最后，创新技术产品和服务由科技服务最基层组织销售给或经公益性推广部门扩散给农业生产者。所以，在这个市场中，农业生产者是科技服务需求者，是科技服务的消费者，他们以两类(公益与非公益)科技服务供给者出具的价格购买(或政策优惠与派送)并获得科技服务，投入生产。

1.2.5 农业科技服务的供给与需求

1.2.5.1 农业科技服务的供给端——农业科技服务创新市场

农业科技服务的供给由农业科技创新单位、创新技术中介、创新技术转化和实体技术应用单位构成，也形成了一个创新技术的生产、流通、销售循环市场。整个市场不断进行新技术创新，并将创新技术转化为农业科技产品或服务，向农业生产过程传递。其中，技术创新单位可以直接销售自己的创新技术产品给农业生产者，也可以通过技术中介转售，或再经创新技术转化和生产加工单位整合加工成相应农业生产要素，通过销售向农业生产过程进行技术传递，实现农业科技创新的价值和效果。参考农业生产过程需求，开发和传递有需求意愿的新技术和服务，以获得更多的研发资金和创新收益。

1.2.5.2 农业科技服务的第一级需求端——农业生产过程

农业科技服务市场的需求价格和数量，与农业生产过程相关，与另一个农产品消费市场的技术农产品需求也存在间接的联系。农业科技服务市场的供给需要通过科技服务的需求获得收益和回报，然后进行新的科技服务生产，科技服务需求的规模和可接受的价格影响着科技服务供给方的收益水平和发展空间。而科技服务需求的规模和可接受的价格又取决于农业生产者的生产过程需要，以及农业生产者通过技术服务购买，提高生产效率，从而在农产品消费市场中获得的农产品销售收益的水平。

1.2.5.3 农业科技服务的第二级需求端——农产品消费市场

农产品消费市场是农产品交易的市场，农产品的需求方是居民、餐饮公司等消费者，农产品的供给方是农业生产者或从事农业生产的企业和组织。农产品消费者与农产品供给者需求和供给的数量决定了农产品市场的价格，消费者通过购买农产品获得消费效用，农业生产者通过销售农产品获得生产回报。提供了消费者喜欢的农产品的农业生产者可以获得更高的价格，卖出更多的数量；而提供了消费者不喜欢的农产品的生产者无法获得高于生产成本的回报，或者不能卖出全部的农产品，遭受损失。失利的农业生产者在自己的下一期生产决策中，会更加谨慎地选择投入生产的科技服务，并间接地通过农业科技服务市场的需求数量与价格，向农业科技服务供给者反映对技术服务的“不满”。简单地说，农产品市场中的消费者的需求最终决定了科技服务市场中科技服务的供给，但不是直接反映最终消费需求给科技服务市场，因为在农产品消费者与科技服务供给者之间没有“传递”信息的通道。

1.3 农业科技社会化服务驱动力的研究方向

农业科技服务效率以及驱动力问题，结合文献研究可以推测为两个方面，不是需求问题，就是供给问题。需求问题反映采纳方的技术认知和决策上，一定程度上会受到技术供给的推动力促发；供给问题也可能集中在供给主体行为和供给机制方面，形成或强或弱的扩散驱动力。其中，供给机制涉及市场机制与计划机制的彼此配合问题，计划机制在建立服务体系上非常有效，而在内在服务效率上是否有效需要进一步评价，同样，市场机制在经济性的自发协调方面具有优势，而在非经济性协调上常出现“失灵”现象。

因此，农业科技服务推动力量的研究需要从三方面入手：一是需要着手于农业科技服务的供给端驱动力的研究；二是必须基于农业科技服务需求端技术采纳行为与动机的研究；三是进行科技服务供给端与需求端的供求关联与力量协同平衡研究。

第 2 章

科技供给的理论与实践

科技创新通过获得采纳向社会各个方向传递技术的力量。新技术的产生与推广的动力推进科技传递的进程，受到科技服务主体构成的合理性限制，受到科技传递环境的多重影响，科技采纳者的需求及变化同时决定性地支撑或减缓科技传递的速度和质量。

2.1 科技传递的理论依据

在熊彼特(J.A.Schumpeter)之后，索罗(R.Solow)、弗里曼(C.Freeman)等为代表的技术创新学派，从技术的变革、创新、扩散的角度对技术创新进行了深入的研究。其中，在研究内容上，涉及技术创新的过程机制与决策，以及影响因素。这些理论对分析和研究农业科技服务的供给端活动规律以及技术传递效率，提供了理论支撑。

2.1.1 技术创新理论

2.1.1.1 创新的概念与基本特征清晰表述了科技创新本身的要求

创新是对新想法的成功利用，创新本质包括新思想的诞生，也同时包括这种思想得商业化应用。索罗在《资本化过程中的创新：对熊彼特理论的评论》中也曾经提出，创新必须满足两个重要条件，首先需要具备新思想的来源；其次必须实现创新后的实践应用。

技术创新经济学家戴维·蒂斯(David J.Teece)提出，创新成功的决定因素是满足市场需求和把握"门卫"职能。满足市场需求即创新必须关注用户的需求，创新的成果必须得到市场的认可；把握"门卫"职能，是创新成功的关键，涉及技术、市场、制造环节之间的组织和沟通。

创新一般具备 4 个基本特征：①创新收益的非独占性，即创新者难以获取从创新活动中所产生的全部收益；②创新的不确定性，研发、市场开发的不确定性；③创新的市场性，即技术创新活动必须围绕市场目标进行；④创新的系统性，不仅要求企业内研发、生产与销售部门的密切配合，也依赖于外部政治、经济、技术环境的密切配合。创新的本身对实施创新主体、创新过程、创新的激励，以及创新技术的推广和扩散组织提出了具体要求。

2.1.1.2　创新的完整过程

技术创新需要经历一个过程，是从创新构想、研究、开发到首次被应用的全过程，其中，创新的形成和创新的全过程都需要基础于社会技术水平和社会的、市场的需求。

创新的过程的起点与终点。1986 年克莱因与罗森伯格(S. Kline，N. Roserberg，1996)经过仔细研究，提出了技术创新的连锁—回路模型，概括说明了技术创新的复杂过程，强调将一种观念转变成有价值的产品，需要将相关因素有效地组织起来。模型认为，创新的主要路径始于市场、终于市场(见图 2－1)。当社会产生对某种产品的潜在需要，而科学技术又提供了创新的可能时，产品的创新就会初露端倪，新产品的生命力是由于它首先满足了消费市场的需求。

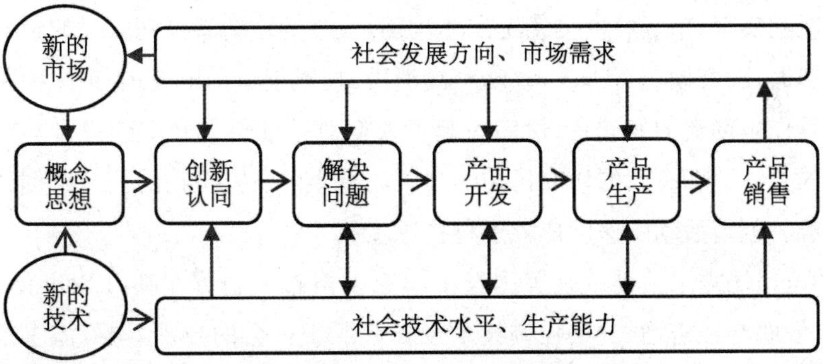

图 2－1　创新过程模型

技术创新过程中的构思、开发、生产、市场开发等阶段都对市场信息提出了要求。首先，创新构思可能来源于技术人员的推测或发现，也可源于营销人员或用户对某些需要或机会的感受，其中，经过需求、技术和形式等概念的相互牵制、循环修正、最终形成清晰的新技术概念；然后，在市场开发阶段，新技术需要经历转化成市场上所需要的新商品的过程，要让新产品被市场接受，在进行产品构思、开发时都必须紧跟市场需求的发展变化，不断调整，使产品的功能、效用、包装、价格等能够被市场接纳。

2.1.1.3 创新动力

技术创新过程的持续进行，关键取决于创新动力。技术创新的动力是一个包括技术推动、需求拉动、创新风险、政府政策等多方因素的综合作用结果。科技进步、社会和市场需求、市场竞争和政府政策推动都构成了创新动力的来源。需求决定创新的潜在价值，是本因；技术决定创新的可能性与成功，是辅因；社会和政府政策决定创新的实现与吸引力，是顺利创新过程的保证。

首先，技术推动说强调科学研究和由它所产生的技术发明是推进技术创新的主要动力，其中宏观形态上，市场需求等经济因素影响着科学技术的发展，微观形态上，也是技术创新选择的向导和加速器，技术创新的动力，并不只是存在于科学技术之中，还存在与科技所处的经济结构之中；熊彼特为代表的技术推动说，强调技术创新是内生的，创新主体是企业家，创新的先决条件是在经济体系外存在科学和发明，是企业家利用科学和发明才导致创新的出现。弗里曼概括熊彼特的理论为：①在现有企业和市场结构外，存在一个与科学新发展相关，但不能确定的基本发明流，其不受现有市场需求的影响，但可能受到潜在需求的影响；②企业家会意识到发明的未来潜力，准备冒险进行开发和创新；③如果一项重大创新被实现，市场将由均衡走向非均衡，成功的创新者得到暂时的超额垄断利润。然而，随着模仿者进入，垄断利润消失，技术创新群出现；④组织中的研发人员被看作是创新的发起者，他们引起了人们对基础科学知识的进步与可能的商业化的关注。拥有大的研究机构的公司比有小的研究机构的公司再创新方面更有优势。创新活动的速度依赖于科技进步①。

其次，市场需求拉动说是美国经济学家雅格布·施莫克勒(J.Schmookler)在他的《发明与经济增长》中强调技术创新起源于社会的技术需要，需求是技术创新的主要动力，认为市场增长和市场潜力是决定发明活动方向和速度的决定性因素，市场需求比技术潜力更重要。施穆克勒做出需求拉动假设，认为创新的动力来自市场或产品的生产者，研发人员对市场产品生产的状况作出反映②。意即表明，技术创新在某一方面，需要立足于技术消费市场的需求(见图 2-2)。

---

① Freeman C. The Economies of Industrial Innovation[M].Mass: The MIT Press, 1982.

② J. Schmookler. Invention and Economics Growth [M]. Cambridge. Mass: Harvard University Press, 1966.

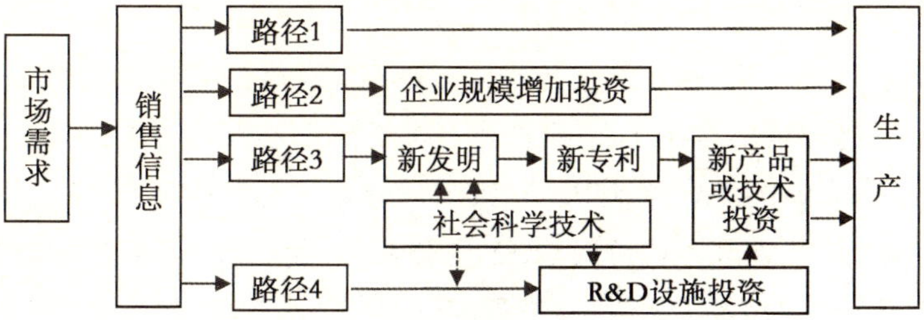

图 2－2　施穆克勒需求拉动发明模型

资料来源：R. Rothwell and W. Zegveld，Reindustralization and Technology［M］. London：Longman，1985，p.62.

马奎斯认为，社会需求引致的技术创新是技术内在推动引致的数倍，有技术内在推动引发的技术创新，没有市场需求拉动那样具有明确的目标。弗里曼也认为，需求在创新中确实起了主要的作用，需求者更加强调的创新的满足需求程度，这个程度决定了创新的成功与失败①，因此，创新的成功与用户需要的满足，良好的沟通和行之有效的合作十分相关。

完整的市场体系需要包括生产要素市场与产品市场两个市场，两者对技术创新产生影响方式不同。从生产要素市场来分析，生产要素市场供求关系的变化可以引起要素价格的不断变动，因而对产品的生产和成本产生影响，进而影响产品市场效率及收益水平。实施技术创新、从外延扩大再生产转变为以新技术成果运用为标志的内涵扩大再生产，必定是降低成本的有效的选择。从产品市场来看，经济利益的实现依赖于其产品和服务满足社会需求的程度，社会需求就成为拉动技术创新的重要力量。

再次，从竞争力的提升角度看，市场对技术创新的拉动力还可以通过提高市场竞争力的形式体现出来。创新如果是与竞争对手抢夺市场份额为目的的话，对于生产者的价值将远远超过其对消费者的价值②。

然后，市场需求和技术推动互动说强调在技术创新上技术和市场需求的共同作用，认为科技作为根本的、发展着的知识基础和市场需求的结构，两者在创新中以一种互动的方式起着重要的作用，提出“创新活动由需求和技术共同决定，需求决定创新的报酬，技术决定了成功的可能性及成本”。综合作用模式认为技术创新是在科学技术研究可能得到的成果与市场对其需求相一致的基础上

① Freeman C. Innovation and Growth ［M］. Mark and Roy Rothwell：Handbook of Industrial Innovation. Edasre Elgar.1994.

② G.M.彼得·斯旺.创新经济学［M］.上海：格致出版社，上海人民出版社，2013.

产生的，即技术机会和市场机会交汇的结果。一般认为，在技术发展的早期阶段，技术推动重要一些，而在这类技术的成熟阶段，需求拉动的重要性上升。因此，技术创新的起步依靠技术，创新的发展和扩散依靠市场需求的拉动完成。

基于技术刺激的需求拉动力。科技与社会经济需求结合才能对创新产生推力，经验证明，单纯地改善科技供给，而没有来自（或缺乏）经济系统的需求的刺激，科技转化为生产力是迟缓的。于是，需求的形成需要受到科技推力的刺激而被激发，尤其是市场需求需要技术创新可能带来的收益激发需求热情。如果单纯加强科技推力，而不能产生对需求的激励作用，技术进步和创新的实现仍然会是迟缓的。有需求的科技创新才能真正构成科技进步的“内生”力量，形成良好的市场环境、刺激市场对科技的需求，市政府制定创新政策必须考虑的一个重要方面。

最后还有基于最终消费者需求的拉动力，是基于技术认知的消费需求拉力。需求产生于人们对技术可达水平与可解决问题能力的认知。“需求”首先应该来源于人们的素质和理解力，然后才是受到利益推动的，即对技术认知是需求被启发的基础，“需求”应该属于一个被诱导的，同时也是一种“学习”的结果。需求不是预先存在的一种先天的东西，而是实践中不断形成和丰富感知起来的。具体的可以分为以下两种①：

(1) 基于信息传播的消费需求拉力。在很大程度上，“需求的实现是一个信息传播过程”②，需求并不是预先存在于市场之中的，而是被生产者引发的：“一般是生产者发动经济的变化，而消费者只是在必要时受到生产者的启发。消费者好像被教导需要新的东西。”他的这一观点，将需求的产生和实现看作为学习过程，并强调了需求的产生源于一个信息传播的过程。因此，创新必须首先传递信息，以改变或诱导消费者认知，然后才能实现技术创新的扩散。

(2) 基于扩散组织衔接的消费需求拉力。科技创新主体应该直接了解最终消费者的需求。社会的需求是一个长链，用户的消费需求可以说是终端需求，但这种需求对技术进步和创新的作用是间接的，因为消费需求通常对企业的生产提出要求，而企业的生产才对技术进步提出直接要求。用户的消费需求如果没有与企业对科技进步的需求紧密连接，就不能发挥需求的拉力，其障碍在于缺乏有效连接科技界与终端用户的信息交流通道，和促进双方密切关注的机制。发挥需求拉力的作用，就是要发挥市场配置科技资源的作用，构造连接着最终消费

① 刘大椿，何立松.现代科学技术导论[M].北京：中国人民大学出版社，2000.

② J.A. 熊彼特.经济发展理论——对利润、资本、信贷、利息和经济周期的考察[M].北京：商务印书馆，1990.

者的竞争规则。

2.1.1.4　科技创新主体的能力要求与构成

创新部门必须具备相应的创新决策能力、创新技术能力、创新信息能力、创新资金能力及正常的生产经营能力[①]，这些能力是创新活动得以实现的基础条件。因此，创新主体角色一般由公共部门、私人企业部门，如企业、高等学校、科研机构、政府协同等组织充当，联合构建形成一定的合作模式开展创新活动。

公司主体合作模式具体包括 3 种结构：①双主体参与公共产品供给的模式，当私人部门与公共部门的技术条件和制度安排能导致“排他成本”降低时，纯公共物品由私人提供不仅可行且更有效率，此模式特征为民营化，由政府通过委托、撤资及替代三种途径促进私营部门进入公共物品领域；②公共物品供给的 PPP (Public-Private-Partnership)模式，公共部门与私营部门以“契约约束机制”督促私营部门按政府规定的质量标准生产公共物品，根据公共项目的预期收益及政府扶持力度进行融资和运营；而政府则依托私营部门的创业精神、资本及运作能力来提高公共物品的供给效率，并按其供给质量分期支付服务费。模式具有双负责机制和合理分担风险的特点；③政府与第三部门功能互补供给模式。第三部门作为公众利益代表，在资金筹措和服务上起着支配作用，并推动政府改进政策。第三部门的出现正是市场失灵和政府公共物品供给不足的结果，但其存在效率和功能性缺陷，也会出现“志愿失灵”。

三元主体合作供给模式应建立“政府、市场、志愿部门共同提供公共物品供给模式”。政府拥有强制性权力，市场以非强制性原则经营，志愿部门依据“志愿主义”原则运作。三者界限明晰且原则大相径庭，但在解决同一社会问题时具有密切的互动关系：在为公众提供相同或相似的公共产品或服务时，三者展开资金、人员、技术上的激烈竞争。

多元主体互动供给模式。政府除参与公共物品供给外，当面对公众多元化需求时，政府有责任充当“中间人”，集中供给的多元主体磋商和谈判，结成战略联盟协同解决，形成各主体多维互动的新局面。该模式突出强调政府责任和公民精神在公共物品供给中的作用。

地方治理模式认为不能仅靠地方政府并不能有效实现地方公共事务的有效治理，必须重视地方政府与私人部门、志愿部门和市民之间的关系，引进市场竞争机制，共同参与公共产品供给。在供给过程中，政府的职能主要是“掌舵”而不是

---

①　赵玉林.创新经济学[M].北京：中国经济出版社，2006.

"划桨"，起到区分生产和供应，促进合作、协调矛盾、公共选择和领导监督的作用。

2.1.2 技术扩散理论

技术扩散（Technological Diffusion）也被称作创新扩散（Innovation Diffusion），是技术从首次商业化经推广、普及采纳，直至因落后被淘汰的全过程。按照熊彼特提出的创新理论认为"技术创新扩散实质上是模仿行为，须经历一个过程。"即当一项可提高效率、降低成本的创新被少数部门首先使用后，基于其积极的示范效应，众多追随采纳者不断模仿的过程。

2.1.2.1 创新扩散理论

(1) 罗杰斯(Everett. M. Rogers，1983)在其名作《创新的扩散》一书中对新技术的传播过程进行了详细研究，提出创新扩散的主要受到4个因素约束，即创新本身的特点和性质、传播渠道、时间速度以及社会系统①。

新技术本身的特征考虑，有5个主要因素影响它的传播普及速度，即先进性，新技术在何种能够感觉的程度上比现有技术更好；兼容性，新技术与潜在用户现有的价值观、过去的经验和需要在何种程度上具有一致性；复杂性，新技术在何种程度上被认为理解和使用有困难；易用性，新技术能以何种程度在一个有限的基础上尝试；显示性，新技术的结果能在何种程度上被公众了解。

传播渠道有两大类，大众传播和人际传播。大众传播面广，速度快，有利于引导和改变消极态度；农村社区人际传播则具有双向交流，传播效果好。创新扩散渠道的选择对扩散的顺利进行具有重要影响。

时间因素包括：创新决策过程、创新精神以及创新的采用速度。根据创新精神，将采用者分为创新者、早期采用者、中期采用者、晚期采用者以及落后者五类。农民作为一个类群，在心理特征、年龄组合、行为规范、获得资源和信息的能力等方面都存在着差别。不是同质类群，而是异质类群，应该采用"用户导向"式的推广模式。这一模式采用的是"进步农民策略"，即先将信息或新技术传输给采用者群体中的"进步农民"或称"先驱者"，在他们的影响和带动下逐步产生"早期采用者"、"早期多数"、"晚期多数"和"落后者"。社会系统的结构促进或者阻碍一项农业新技术的扩散。

(2) "传染病"模型，在当价格和质量不成问题，且当消费者不受收入或其他因素约束时，这一模型对创新扩散的分析是具有预测性的。该模型假设每当消

① Rogers.E.M. Diffusion of Innovation(5thed.) [M].New York：Free Press，2003.

费者“暴露”在新技术或服务面前时，他有一定被传染的概率。新消费者通过已被传染的和未被传染的叠加构成。

首先，假设无论是谁传递信息，每一次暴露都会提高购买者的购买概率；其次，假设无论先驱者经验的质量如何，每一次暴露都会提高购买者的购买概率。

其中，曼斯费尔德(E.Mansfield，1961)通过对 4 个行业中 12 种技术扩散进行研究，将“传染原理”和逻辑斯缔生长曲线运用于扩散研究中，提出了 S 形扩散模型[①]，假定行业中会采用新技术的潜在用户数为 n、t 时，将应用技术的生产者数为 m_t，还假设当潜在用户了解技术后会将新技术投入使用，且用户间借助彼此直接接触式技术信息得以传播，设新技术信息传播率为常数 β，一个潜在用户遇到一个用户的比率为 $\beta \cdot \left(\frac{m_t}{n}\right)$，则时刻 t 新增加的采用新技术的用户数为：

$$\mathrm{d}\, m_t = \beta\left(\frac{m_t}{n}\right)(n - m_t)\mathrm{d}t \qquad (2-1)$$

通过解微分方程，可得

$$m_t / n = 1/(1 + \exp - (\alpha + \beta \cdot t)) \qquad (2-2)$$

在式(2－2)中，α 为常数。以用户数 m_t 为坐标纵轴，时刻 t 为坐标横轴，可以得到图 2－3 的 S 形曲线。模型利用时间和单位时间创新技术采纳者的累积数两个因素，刻画了技术扩散的时间过程及特征，提供了降低偏差对技术扩散研究影响的方法。

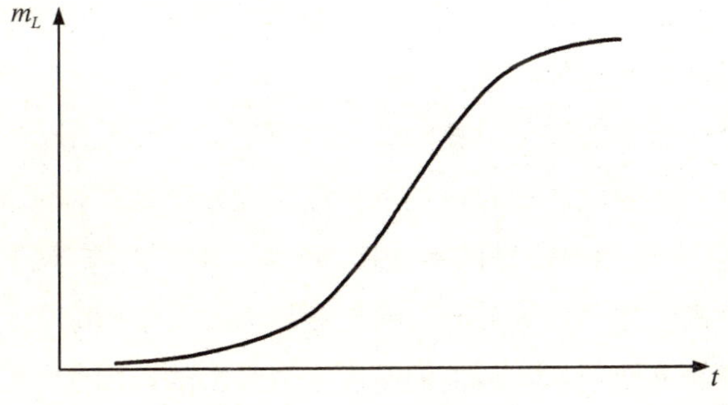

图 2－3　技术扩散曲线

① E.Mansfield. The Economics of Technological Change. New York. W.W.Norton and Company, 1971.

2.1.2.2 创新扩散的影响因素

邦廷(T. Bunting)将决定农民接受农业技术以及和农村发展改革前进的速度的因素划分为五大影响因素：政府政策、有效需求量、示范效应、技术的可持续性和可获得性、增产技术，认为其中，“有效需求量”是从农民的自身角度来看，只有某项技术对农民产生足够的吸引力，才会产生有效需求量。

首先是政府政策为决定性因素。从新制度经济学视角来看，农业科技成果转化是特定制度安排下成果的单向流动、交易过程，其本质是农业科技成果产权的转移。这一过程具有信息不对称、信息不完全、契约不完全、产权易逝、制度依赖和交易费用高等特点。所以，政府对创新扩散的政策，对创新扩散推广的影响最为重要。

其次是科技信息的传播。“传染假说”提出创新信息的传播是影响扩散的关键因素；同时这对不同采纳对象，一些创新之所以比其他创新扩散得快，是由于这些创新本身的特性使得他们被“感染”的概率较高，部分地解释了农业技术扩散速度的差异。

再次是科技本身利于扩散的特点。增产技术是科技本身的特质或属性；示范效应是对技术本身投入产出的评估和效用信息传播的载体，影响采纳主体对技术的关注态度和认同水平。罗杰斯提出的创新特性，即本身优势、相容性、复杂程度、可试验性、可观察性等可以用来解释波动在49%到87%之间的创新的扩散速率。托拉茨基和克莱因在对75种创新扩散速度与其本身属性之间的关系进行研究后指出，相对优势和相容性与扩散速率呈正相关关系，而创新的复杂程度与创新扩散速率呈负相关关系。亦有认为回报率最高而风险、不确定性最小的创新可以得到最快速的扩散。

科技采纳主体差异决定了科技的有效需求量。潜在采用者的决策过程以及不同主体采用行为的异质性是农业技术扩散研究中微观主体创新采纳研究的主要内容。信贷能力、对相关信息的接受能力、人力资本差异等的不同，都导致了对创新信息接收机会的不均等分布。弗里曼认为发展中国家农民在采用创新时更少关注创新的经济回报，相反，他们高度重视社会的认同①。

最后是技术的可持续性和可获得性。农业科技的持续存在、不断被采纳应用，以及可以在需要的时候容易获得并使用，是一项科技被优先采纳，并不断扩

---

① Freeman C. Innovation and Growth [M]. Mark and Roy Rothwell: Handbook of Industrial Innovation. Edasre Elgar.1994.

散传播的基础条件。

2.1.2.3　创新扩散的动力

创新扩散的实质是消费者的创新行为，而创新扩散的速度是受影响个体消费决定的因素，与这些因素变化随时间变化的速度决定的①，这些因素的变化及其变化速度，成为驱动消费者积极采纳创新技术，参与创新的强大动力。

技术实用性、盈利能力。在熊彼特看来，企业家之所以进行创新活动，是因为他们看到"创新"给他们带来的赢利的机会。曼斯费尔德认为，采用新技术带来的赢利的大小，决定着先进技术能否在同一行业被推广。科技成果是否有效地实现创新的扩散，它与科技成果被采用后带来利润的多少有关，而科技成果实用性的高低，决定了其使用后利润率的大小②。因此，科技成果的实用性决定了科技成果对企业的吸引力，使科技成果产业化的先决条件。科技成果不能仅具有先进性，而缺乏实用性，封闭式科研体制和创新系统容易产生缺乏使用性的创新。要提高科技成果的实用性，以市场需求为导向，有针对性地选择课题。

技术推广与采纳的先驱者的受追随的程度。第一，购买者更容易被那些他们了解和信任的人影响，且一个社会或行业群体内的流行性扩散要比跨组扩散更快，甚至被"传染"之前，会通过更加复杂的相互影响模式；第二，一项技术使用的传播的社会过程可以被当成潜在使用者之间的信息交流，先驱使用者作为示范者和教育者发挥了非常重要的作用；在更精细的此类模型中，不仅考虑先驱使用者的数量，而且考虑到每一个先驱者的影响力。此外，先驱使用者对追随使用者的影响也依赖于他使用该项技术的经历，好的经历促进扩散，而坏的经历妨碍扩散。

技术的价格和质量效应。一项新技术扩散背后的主要推动力是当它变得更便宜或更好时，会有更多的购买者愿意使用它。或者说，当价格下降、质量提高时，会有更多的消费者进入市场。在此模型下，扩散的速度取决于价格下降的速度以及不同购买者的支付意愿的差别。在此过程中，扩散的速度同样不仅依赖于价格下降和质量提高的速度，也依赖于新开发区域购买者的密度。

技术对采纳者的收入与生产规模的要求。导致扩散的另一个动力与组建增长的收入、交易额或购买者的其他特征有关，相对其他扩散动力，这一动因的扩散速度更慢。早期会集中于高收入者。且同样原理可应用于公司之间的技术扩

---

① G.M.彼得·斯旺.创新经济学[M].上海：格致出版社，上海人民出版社，2013.

② E.Mansfield. The Economics of Technological Change[M]. New York. W.W.Norton and Company, 1971.

散，早期较昂贵的新技术而言，早期的购买者可能是大一点的公司，公司可能构成潜在的购买者。消费者与公司的其他特征，随着消费者受教育，他们更可能购买某些产品，而当公司关注于某个竞争市场上寻求竞争优势的新来源时，可能购买一些新技术。

采纳规模与竞争压力的大小。大量的使用者的存在通常是一个有力的信号表明这项技术不再像开始表现的那样具有风险的前景，而随着（使用者）竞争者的增加使得由竞争压力导致的扩散成为一个非常快速的过程。这与前三个效应一起运作会加快扩散过程。

差异化技术需求的局限程度。如果太多人已经使用，会使得采用的价值实际上可能下降，消费者想要区别的个性化行为也会影响需求，当这一特征很重要时，一个产品的流行会产生波动或周期，这一效应说明一项技术早期应用的成功对于最大化它的最终扩散有多重要。

2.1.2.4　创新扩散的主体构成

官方推广组织。农技推广过程中的“整合传播”策略认为，从中观层面来看，农技推广过程应该是一种官方的传播政策。必须研究一种能涵括与农技推广相关的创新、信息传播（新闻媒介与其他媒介）、实际推广和应用的各类主体在内的系统运行机制。应该对扩散过程中各个主体、环节和制约因素之间内在的互动关系和作用机制进行深入研究。

技术合作组织。格罗斯曼和哈特（Grossman & Hart）发展了威廉姆森的企业合并的理论，从分析特定控制权与剩余控制权入手，分析了企业合并可能带来的费用，指出了是甲企业兼并乙企业，还是相反，出发点是要以成本效益为核心的企业合并理论。一个比较适合的途径就是农业科技科研主体以科技作为投资投入到农业经营实体，按照一定比例获得农业经营实体的收益，共享收益，共担风险。这种模式是一种帕雷托改进。

双向沟通的桥梁性推广组织。20 世纪 70 年代的“知沟”理论认为科技创新组织和普通社会成员之间肯定存在着一个知识的“沟壑”。因此，社会必须建立一个有效链接两者需求并达成合作的通道或机制，把技术信息、知识由“富集区”注入“贫困区”，对知识资源进行合理、有效的配置。由“技术传输”发展到“双向沟通”思想。双向沟通被看作是推广过程中的基本要素，并成为推广模式的核心。

农业生产者自主推广。“技术传输”思想认为农业推广工作者与客户（农业生产者）的简单技术传输关系，推广工作被看成是简单的干预手段。而事实上农业生产者应该作为技术决策和应用的主体，同时也成为技术扩散者。

2.2　农业科技传播的政策激励

我国近十几年来，每年的中央工作会议都要发布中央“一号文件”，明确当年农业科技服务工作要点，强调当年工作重点和主要策略与措施。在这些文件政策的分析中，突出显示了国家对农业科技服务在基础设施、农业机械化、农业资金、农业人才与科技服务(非实物科技服务)等相关投入和建设决心和力度。农业科技服务发展受到的是强有力的持续政策支撑。

我国政策性的科技传递动力可以从历年中央发布的“一号文件”中得到印证。各年推出的 5～9 个政策方向，22～43 项措施政策，贴近我国当年农业发展、农业科技与资金投入、农村建设等各个方面的迫切需求，及时有效地指导和支持着 30 多年来我国农业建设和发展。尤其在农业科技投入、农业生产基础条件、农业科技创新、农业科技服务、农产品市场等主题上，逐年推进政策力度，改革措施的深度，全面推动了我国科技服务体系的建设和工作成果，构成了我国“科技兴农”的驱动性政策链条。

近几年来在中央政府的指导和扶持下，我国农村初步形成了社会化服务体系框架，服务内容基本包括产前种苗、化肥、农药、机械等生产资料的供应，产中的机械化种植、田间管理，以及产后的加工、销售等部分环节服务。企业成为农民与市场之间的桥梁，合作社提高了农民认识科技、应用科技的能力，高校与科研机构积极研发和示范创新农业科技成果，政府仍然肩负着农业科技服务的重任。

然而，我国科技服务效率还有待提高。对比国外科技服务体系的服务效率和科技转化效率，我国科技服务体系还存在一些功能上的缺失，服务主体之间的严密配合，提高科技服务效率和效果仍旧是一个需要研究和探索的问题。

我国政府对农业科技服务极为重视，从 20 世纪中期开始，连年推出各项政策，激励社会各界支持、扶植农业科技服务的各种内容和模式，提升农业科技对农业发展的积极作用。

20 世纪 60 年代，在我国第四届人大政府工作报告中提出，要实现农业现代化、工业现代化、科技现代化、国防现代化的四化目标。当时农业现代化的目标是：良种化、水利化、机械化、化学化。而当前的现代农业不再仅限于种植业、养殖业，而扩大至农业生产资料、食品加工等第二产业，以及农产品运输与技术信息服务等第三产业的广泛内容。在此过程中，中央不断出台支持和调整对农业发展的政策，引领激励各项科技服务事业向前发展，农业生产效率不断提高。

中央“一号文件”不断出台加强农业科技建设和发展促进政策①。1984 年中央“一号文件”和国务院工作通知中，关注我国农业服务体系建设，要求逐步建立起比较完备的商品生产服务体系，满足农民对技术、资金、供销、储存、加工运输和市场信息、经营辅导等方面的服务。1986 年中共中央“一号文件”对农村工作的总要求是落实政策，深化改革，改善农业生产条件，组织产前、产后服务，推动农村经济持续稳定协调发展。

2004 至 2014 年连续 11 年的“一号文件”中，更加全面深入地针对我国“三农”问题，推出了一系列政策方向和具体措施，强调了各项农业相关工作的重点，在土地、农业资金与投入、基础设施、机械设备、人才培养、科技创新与推广服务、农产品市场促进和监管，以及各项相关产业发展等方面，逐年推进农业发展的步伐，在农业生产相关的各类技术研发、创新和投入方面形成了连贯递进的政策脉络，直接促动着我国农业科技服务和农业的迅速发展。

2.2.1 土地政策

土地相关政策打造了农业科技采纳与应用的基础条件。在 11 年的“一号文件”中，连续 11 年涉及土地保护、改良，耕地面积保持、流转等政策、制度和促进措施，尤其强调耕地的质量提升，农田水利设施条件，以及保证土地保有量，同时，促进合理有效管理和留转的政策、措施。

表 2-1 “一号文件”之土地相关政策梳理

年份	大标题（方向性目标）	总数	比重	小标题（措施性指标）	总数	比重
2004	七、深化农村改革，为农民增收减负提供体制保障	9	11%	（十六）加快土地征用制度改革	22	5%
2005	二、坚决实行最严格的耕地保护制度，切实提高耕地质量	9	11%	（四）严格保护耕地 （五）认真落实农村土地承包政策 （六）努力培肥地力	27	14%

① 中共中央国务院关于“三农”工作的一号文件汇编（1982—2014）[G].人民出版社，2014.

（续表）

年份	大标题（方向性目标）	总数	比重	小标题（措施性指标）	总数	比重
2006	四、加强农村基础设施建设，改善社会主义新农村建设的物质条件	8	13%	(15)大力加强农田水利、耕地质量和生态建设	32	3%
2007	二、加快农业基础建设，提高现代农业的设施装备水平	8	13%	（二）切实提高耕地质量	35	3%
2008	三、突出抓好农业基础设施建设	8	25%	（四）加强耕地保护和土壤改良	43	5%
	六、稳定完善农村基本经营制度和深化农村改革			（二）切实保障农民土地权益		
2009	三、强化现代农业物质支撑和服务体系	5	40%	11. 加快高标准农田建设	28	14%
	四、稳定完善农村基本经营制度			17. 稳定农村土地承包关系 18. 建立健全土地承包经营权流转市场 19. 实行最严格的耕地保护制度和最严格的节约用地制度		
2010	二、提高现代农业装备水平，促进农业发展方式转变	5	40%	9. 大力建设高标准农田	27	7%
	四、协调推进城乡改革，增强农业农村发展活力			19. 有序推进农村土地管理制度改革		
2011	三、突出加强农田水利等薄弱环节建设	8	10%	（六）大兴农田水利建设	30	3%
2012	二、依靠科技创新驱动，引领支撑现代农业建设	6	33%	5. 稳定和完善农村土地政策	23	9%
	五、改善设施装备条件，不断夯实农业发展物质基础			18. 加强高标准农田建设		
2013	三、创新农业生产经营体制，稳步提高农民组织化程度	7	29%	1. 稳定农村土地承包关系	28	11%

（续表）

年份	大标题(方向性目标)	总数	比重	小标题(措施性指标)	总数	比重
2014	五、改革农村集体产权制度，有效保障农民财产权利	8	13%	1. 全面开展农村土地确权登记颁证工作 2. 加快推进征地制度改革	33	12%
	四、深化农村土地制度改革			17. 完善农村土地承包政策 18. 引导和规范农村集体经营性建设用地入市 19. 完善农村宅基地管理制度 20. 加快推进征地制度改革		

注：表内文字源自历年“一号文件”原文中标题。

“一号文件”中以土地为中心，相关政策包括几个方向：土地数量、土地质量、土地流转。其中，土地数量涉及耕地面积的保有政策、措施，土地承包政策，土地征用制度等方面；土地质量则涉及土地保护、土地改良、土地水利等基础设施条件改善、土地相关科技研发与应用、高标准农田建设以及相关资金投入等内容；土地流转则包括集体用地、农村宅用地以及流转相关制度措施等。耕地的质量和耕种条件设施是农业生产的，尤其是种植业发展的必需和基础条件，在耕地面积存量的基础上，必须通过环保、生态和可持续的高新技术提升既定土地存量的生产能力。耕地的质量和相关设施与耕地面积一样是约束农业科技发挥作用的重要因素，甚至比面积约束更加强烈地影响农业生产效率，且具有不可逆的潜在危险。

表 2-2 “一号文件”之资金便利与投入相关政策梳理

年份	标题	总数	比重	标题	总数	比重
2004	一、集中力量支持粮食主产区发展粮食产业，促进种粮农民增加收入	9	22%	（三）增加对粮食主产区的投入	22	14%
	七、深化农村改革，为农民增收减负提供体制保障			（十八）继续推进农村税费改革 （十九）改革和创新农村金融体制		

（续表）

年份	标题	总数	比重	标题	总数	比重
2005	一、稳定、完善和强化扶持农业发展的政策，进一步调动农民的积极性	9	22%	（一）继续加大“两减免、三补贴”等政策实施力度 （二）切实加强对粮食主产区的支持 （三）建立稳定增长的支农资金渠道	27	15%
	七、改革和完善农村投融资体制，健全农业投入机制			（二十一）完善农业投资管理体制		
2006	三、促进农民持续增收，夯实社会主义新农村建设的经济基础	8	13%	(11) 拓宽农民增收渠道 (13) 稳定、完善、强化对农业和农民的直接补贴政策	32	6%
2007	一、加大对“三农”的投入力度，建立促进现代农业建设的投入保障机制	8	13%	（一）大幅度增加对“三农”的投入 （二）健全农业支持补贴制度 （三）建立农业风险防范机制 （四）鼓励农民和社会力量投资现代农业	35	11%
2008	一、加快构建强化农业基础的长效机制	8	25%	（一）按照统筹城乡发展要求切实加大“三农”投入力度 （二）巩固、完善、强化强农惠农政策 （三）形成农业增效、农民增收良性互动格局	43	9%
	六、稳定完善农村基本经营制度和深化农村改革			（五）加快农村金融体制改革和创新		
2009	一、加大对农业的支持保护力度	5	20%	1. 进一步增加农业农村投入 2. 较大幅度增加农业补贴 4. 增强农村金融服务能力	28	11%

（续表）

年份	标题	总数	比重	标题	总数	比重
2010	一、健全强农惠农政策体系，推动资源要素向农村配置	5	20%	1. 继续加大国家对农业农村的投入力度 2. 完善农业补贴制度和市场调控机制 3. 提高农村金融服务质量和水平 4. 积极引导社会资源投向农业农村	27	15%
2011	五、建立水利投入稳定增长机制	8	13%	（十六）加大公共财政对水利的投入 （十七）加强对水利建设的金融支持 （十八）广泛吸引社会资金投资水利	30	10%
2012	一、加大投入强度和工作力度，持续推动农业稳定发展 二、依靠科技创新驱动，引领支撑现代农业建设	6	33%	3. 加大农业投入和补贴力度 4. 提升农村金融服务水平	23	9%
2013	二、健全农业支持保护制度，不断加大强农惠农富农政策力度	7	14%	1. 加大农业补贴力度 2. 改善农村金融服务 3. 鼓励社会资本投向新农村建设	28	11%
2014	二、强化农业支持保护制度	8	25%	6. 健全“三农”投入稳定增长机制 7. 完善农业补贴政策 8. 加快建立利益补偿机制 9. 整合和统筹使用涉农资金	33	21%

（续表）

年份	标题	总数	比重	标题	总数	比重
	六、加快农村金融制度创新			25. 强化金融机构服务“三农”职责 26. 发展新型农村合作金融组织 27. 加大农业保险支持力度		

对于水土集约、高标准农田、土壤肥力，以及耕地保护和耕地改良等方针政策，相关农业科技手段，田间农业生产者掌握的轮作耕种技术，是有效实现“一号文件”要求的必要手段。

2.2.2　资金便利与投入政策

资金便利与投入政策夯实了农业科技采纳与应用的经济条件。具体包括农业和农村基础设施投入、生产原料与技术投入、金融保险服务等资金获取便利、生产收入保障和提升政策、政策性激励补贴、资源补偿、税费减免等，集体资金监管等政策或制度，以及改革措施。

其中，农业和农村基础设施投入，包括农业基础设施建设资金项目的公共性投入，农村生活公共设施环境建设投资，农村教育文化建设等政策措施；生产原料与技术投入，包括农业生产资料的优惠拨给，召集社会与个人力量参与农资供给和技术、资金支持，提高技术服务水平等政策措施及其改革方向；金融保险服务等资金获取便利政策，包括农村金融政策改革，金融服务质量提升要求，生产性安全保险，以及其他金融便利与优惠政策的改革与落实；生产收入保障政策，包括农业生产过程保险，农产品产出与销售收益保障，农业生产者权益保障，加大农产品加工和销售企业扶助支持等政策建议；此外还包括政策性激励补贴，鼓励技术采纳，鼓励自助创业与学习；农村农业资源流转与征用补偿、生产风险补偿、灾害补偿等，以及农村各项税费减免、优惠等政策内容；最后，还包括集体资金监管等政策或制度及改革等间接加大投入的措施。各项投入与资金便利政策积淀了农业生产的内生能力，积极鼓励了更广泛的农业生产者参与农业科技投入和农业扩大再生产，也为农业生产者提升了生产设施条件，采纳农业科技及其相关高质农用物资的资金能力，增强了农产品销售创利的保障，从生产角度保护了农业生产收益，提高了农作物生产效率的同时，也提高了农业生产者收入，以及农村整体收入水平，从农村人、财、物、信息等多方面保证了农业生产产值的稳定增长。

2.2.3 基础设施技术政策

中央“一号文件”连续11年从不同角度出台政策，强调基础设施建设在增收、减灾、农业现代化，水利、环境保护等几个方面任务中的重要性，强调通过基础设施建设，提高我国农业技术装备水平，提高农业科技在农业生产中发挥作用的水平，为进一步通过科技进行生态农业、节水灌溉、节能生产等高效低耗、高产优质的农业生产奠定物质基础。

农业基础设施是农业生产发展的约束性条件，直接影响农业生产便利和生产效率，亦间接影响到生产要素消耗数量和成本。薄弱农业基础设施会相应地减少生产收益，增加环境污染，降低农业生产效率，对于先进有效的农业科技资源与方法，也会形成制约使其先进性难以发挥正常效用，影响农业科技成果转化。

农业基础设施建设，首先，需要政策和资金的投入，进行实实在在的建设和维护；基础设施的建设本身也是科技投入的一种形式，必须利用科技智慧，巧妙利用各种自然条件和天然资源，集约有效地保证生产条件的稳定实现；其次，完善的基础设施的作用还在于保障先进农业科技，在投入生产过程中能够顺利发挥作用，更充分地体现基础设施建设的价值和意义。因而，农业基础设施的投入和发展政策，有利于我国农业科技推广与应用，从辅助的意义上，支持了农业科技服务的效率，有利于农业科技应用的基础设施建设，无疑也应视为科技服务的一个基础方面(见表2-3)。

表2-3 “一号文件”之基础设施相关政策梳理

年份	标题	总数	比重	标题	总数	比重
2004	六、加强农村基础设施建设，为农民增收创造条件	9	11%	(十五) 进一步加强农业和农村基础设施建设	22	5%
2005	三、加强农田水利和生态建设，提高农业抗御自然灾害的能力	9	33%	(七) 加快实施以节水改造为中心的大型灌区续建配套 (八) 狠抓小型农田水利建设 (九) 坚持不懈搞好生态重点工程建设	27	19%

（续表）

年份	标题	总数	比重	标题	总数	比重
	五、加强农村基础设施建设，改善农业发展环境 七、改革和完善农村投融资体制，健全农业投入机制			（十三）加大农村小型基础设施建设力度 （二十二）加快农村小型基础设施产权制度改革		
2006	四、加强农村基础设施建设，改善社会主义新农村建设的物质条件	8	13%	(15) 大力加强农田水利、耕地质量和生态建设 (16) 加快乡村基础设施建设	32	6%
2007	二、加快农业基础建设，提高现代农业的设施装备水平	8	13%	(一) 大力抓好农田水利建设 (三) 加快发展农村清洁能源 (四) 加大乡村基础设施建设力度	35	9%
2008	三、突出抓好农业基础设施建设	8	25%	(一) 狠抓小型农田水利建设 (二) 大力发展节水灌溉 (三) 抓紧实施病险水库除险加固 (六) 继续加强生态建设	43	12%
2009	八、加强和改善党对“三农”工作的领导 三、强化现代农业物质支撑和服务体系 五、推进城乡经济社会发展一体化	5	40%	(二) 统筹规划、突出重点加强农业基础建设 12. 加强水利基础设施建设 14. 推进生态重点工程建设 23. 加快农村基础设施建设	28	11%
2010	二、提高现代农业装备水平，促进农业发展方式转变 三、加快改善农村民生，缩小城乡公共事业发展差距	5	40%	8. 突出抓好水利基础设施建设 12. 构筑牢固的生态安全屏障 16. 加强农村水电路气房建设	27	11%

（续表）

年份	标题	总数	比重	标题	总数	比重
2011	三、突出加强农田水利等薄弱环节建设	8	25%	（七）加快中小河流治理和小型水库除险加固 （八）抓紧解决工程性缺水问题 （九）提高防汛抗旱应急能力	30	27%
	四、全面加快水利基础设施建设			（十一）继续实施大江大河治理 （十二）加强水资源配置工程建设 （十三）搞好水土保持和水生态保护 （十四）合理开发水能资源 （十五）强化水文气象和水利科技支撑		
2012	五、改善设施装备条件，不断夯实农业发展物质基础	6	17%	17. 坚持不懈加强农田水利建设 20. 搞好生态建设	23	9%
2013	六、改进农村公共服务机制，积极推进城乡公共资源均衡配置	7	14%	1. 加强农村基础设施建设	28	4%
2014	二、强化农业支持保护制度	8	25%	10. 完善农田水利建设管护机制	33	6%
	三、建立农业可持续发展长效机制			16. 加大生态保护建设力度		

2.2.4 设备机械技术政策

“一号文件”从2007年开始加入机械设备的相关政策，其中，2011年中断过一年。其核心要求在于“农业机械化”，也涉及技术装备等更广泛的机械设备鼓励政策。各年对于加强机械化的目标不尽相同。

其中，有强调物质支撑、基础设施的机械化水平建设；也有关注科技服务中的机械化议题，强调科技角度的机械化相关服务发展；亦有以保障农产品稳定供给为目的的机械化生产效率为手段的政策；最后从农业支持与保护制度建设方面深化机械化建设的落实要求(见表2-4)。

表2-4　“一号文件”之设备机械相关政策梳理

年份	大标题	总数	比重	小标题	总数	比重
2004	无	9	0%	无	22	0%
2005	无	9	0%	无	27	0%
2006	无	8	0%	无	32	0%
2007	三、推进农业科技创新，强化建设现代农业的科技支撑	8	13%	(四)积极发展农业机械化	35	3%
2008	三、突出抓好农业基础设施建设	8	13%	(五)加快推进农业机械化	43	2%
2009	三、强化现代农业物质支撑和服务体系	5	20%	13.加快推进农业机械化	28	4%
2010	二、提高现代农业装备水平，促进农业发展方式转变	5	20%	无	27	0%
2011	无	8	0%	无	30	0%
2012	五、改善设施装备条件，不断夯实农业发展物质基础	6	17%	19.加快农业机械化	23	4%
2013	一、建立重要农产品供给保障机制，努力夯实现代农业物质基础	7	14%	2.强化农业物质技术装备	28	4%
2014	二、强化农业支持保护制度	8	13%	12.加快发展现代种业和农业机械化	33	3%

注：表内文字源自历年“一号文件”原文中标题。

机械化设施、设备、方法归属于工业技术范畴，是提高农业生产、加工、储藏效率，降低劳动力成本，提高生产工作效率的技术手段，是农业生产物资的属性，无疑应列入农业科技行列。机械化激励政策，同时支持了农业科技的导入，也支持了其他类型的农业科技的采纳和应用，促进部分农业科技的传播和推广。

2.2.5 技术人才培养政策

人才培养政策主要概括为4个方面：教育、职业技能培训与权益保障、农业技术人才培养、技术队伍建设。其中，教育包括基础教育、成人教育、社会文化卫生知识普及等，目的在于提高农业生产者的基本素质，提高专业就业能力，提高对农业科技的吸收和理解能力，增强社会人文自主意识，缩小城乡文化差距；职业培训与权益保障教育，包括职业教育、权益法相关知识培训，也包括农业知识培训、农业技能培训等，目的是促进进城求职，提高农民的科技应用能力，提高民主意识，增加农村居民收入，促进进城打工获得较好收益，同时，留守的农业生产者也能够提高生产技能，提高农业生产收入，改善生活水平；农业技术人才培养与农业技术服务队伍建设旨在提高农业科技服务效率，从农村基层培养科技采纳的动力和宣传力量，增加农业科技渗透到农业生产中的渠道，添加长期有效的农业科技推广扩散路径，提高农业生产率，提高科技成果转化率，保障农业迅速发展(见表2－5)。

表2－5 “一号文件”之人才培养相关政策梳理

年份	标题	总数	比重	标题	总数	比重
2004	四、改善农民进城就业环境，增加外出务工收入	9	11%	(十一) 加强对农村劳动力的职业技能培训	22	5%
2005	八、提高农村劳动者素质，促进农民和农村社会全面发展	9	11%	(二十四) 全面开展农民职业技能培训工作	27	4%
2006	五、加快发展农村社会事业，培养推进社会主义新农村建设的新型农民	8	13%	(18) 加快发展农村义务教育 (19) 大规模开展农村劳动力技能培训	32	6%
2007	六、培养新型农民，造就建设现代农业的人才队伍	8	13%	(二) 加强农民转移就业培训和权益保护	35	3%
2008	四、着力强化农业科技和服务体系基本支撑	8	25%	(三) 大力培养农村实用人才	43	5%
	五、逐步提高农村基本公共服务水平			(一) 提高农村义务教育水平		
2009	无	5	0%	无	28	0%

（续表）

年份	标题	总数	比重	标题	总数	比重
2010	三、加快改善农村民生，缩小城乡公共事业发展差距	5	20%	14. 提高农村教育卫生文化事业发展水平	27	4%
2011	七、不断创新水利发展体制机制	8	13%	（二十九）加强水利队伍建设	30	3%
2012	四、加强教育科技培训，全面造就新型农业农村人才队伍	6	17%	14. 振兴发展农业教育 15. 加快培养农业科技人才 16. 大力培训农村实用人才	23	13%
2013	无	7	0%	无	28	0%
2014	无	8	0%	无	33	0%

注：表内文字源自历年“一号文件”原文中标题。

2.2.6　技术创新、科研与推广政策

农业科技服务在历年“一号文件”中都得到了充分肯定与政策支持。农业持续发展和有效供给根本出路在科技，而农业科技社会化服务正是从知识教育、生产资料、生产技术、农业科技、产品经营多个的角度能够拉动农业现代化建设的重要动力（见表 2 - 6）。

表 2 - 6　“一号文件”之科技创新推广相关政策梳理

年份	标题	总数	比重	标题	总数	比重
2004	二、继续推进农业结构调整，挖掘农业内部增收潜力	9	11%	（六）加强农业科研和技术推广	22	5%
2005	四、加快农业科技创新，提高农业科技含量	9	11%	（十）加强农业科技创新能力建设 （十一）加大良种良法的推广力度 （十二）加快改革农业技术推广体系	27	11%
2006	二、推进现代农业建设，强化社会主义新农村建设的产业支撑	8	25%	（5）大力提高农业科技创新和转化能力	32	6%

（续表）

年份	标题	总数	比重	标题	总数	比重
	七、加强农村民主政治建设，完善建设社会主义新农村的乡村治理机制			(29) 培育农村新型社会化服务组织		
2007	三、推进农业科技创新，强化建设现代农业的科技支撑	8	13%	(一) 加强农业科技创新体系建设 (二) 推进农业科技进村入户 (三) 大力推广资源节约型农业技术 (五) 加快农业信息化建设	35	11%
2008	四、着力强化农业科技和服务体系基本支撑	8	13%	(一) 加快推进农业科技研发和推广应用 (四) 积极发展农民专业合作社和农村服务组织 (六) 积极推进农村信息化	43	7%
2009	三、强化现代农业物质支撑和服务体系	5	20%	10. 加快农业科技创新步伐 16. 推进基层农业公共服务机构建设 21. 扶持农民专业合作社和龙头企业发展	28	11%
2010	二、提高现代农业装备水平，促进农业发展方式转变	5	20%	10. 提高农业科技创新和推广能力	27	4%
2011	七、不断创新水利发展体制机制	8	13%	(二十五) 健全基层水利服务体系	30	3%
2012	二、依靠科技创新驱动，引领支撑现代农业建设	6	33%	6. 明确农业科技创新方向 7. 突出农业科技创新重点 8. 完善农业科技创新机制 9. 改善农业科技创新条件 10. 着力抓好种业科技创新	23	35%

（续表）

年份	标题	总数	比重	标题	总数	比重
	三、提升农业技术推广能力，大力发展农业社会化服务			11. 强化基层公益性农技推广服务 12. 引导科研教育机构积极开展农技服务 13. 培育和支持新型农业社会化服务组织		
2013	四、构建农业社会化服务新机制，大力培育发展多元服务主体	7	14%	1. 强化农业公益性服务体系 2. 培育农业经营性服务组织 3. 创新服务方式和手段	28	11%
2014	二、强化农业支持保护制度	8	25%	11. 推进农业科技创新	33	9%
	五、构建新型农业经营体系			23. 健全农业社会化服务体系 24. 加快供销合作社改革发展		

注：表内文字源自历年“一号文件”原文中标题。

各年文件的政策方向主要围绕创新与研发服务、科技推广服务组织建设、科技服务信息化建设三个方面展开。创新与研发服务政策，包括创新研发方向、明确重点要求、创新条件保障、创新能力提升，以及创新机制建设等指导政策；科技推广服务组织建设政策，涉及促进教育机构、农业合作组织、龙头企业、公共服务机构积极投入农业科技服务工作，加强社会化科技服务组织培育，完善科技服务体系建设，以及改革供销社组织职能，整体扩大科技服务体系队伍与服务范围；信息化建设提出积极发展农村科技、生产、生活相关信息的交互基础条件。

具体来说，2004 年“加强农业科研和技术推广”，引导企业参与农业生产力提高农业科技创新和转化能力，强调农业科研体制改革；2005 年强调“加快农业科技创新，提高农业科技含量”，关注技术创新能力和推广体系建设；2006 年指出农业科技和服务体系建设是加快发展现代农业的客观需要；农村新型社会化服务组织能够为农民发展生产经营和维护合法权益提供有效服务；2007 年“推进农业科技创新，强化建设现代农业的科技支撑”，强调加快农业科技成果转化，提高科技对农业增长的贡献率；2008 年中央的农业政策明确了农业科技社会化服务发展的关键出发点，“着力强化农业科技和服务体系基本支撑业技术创新主体”；2009 年“加快农业科技创新步伐”“强化现代农业物质支撑和服务体系”“加大农业科技投入，强化农业知识产权保护，引导社会力量承担公益性农技推广服务项目”对农业科技社会化服务提出了具体任务和发展路径；2010 年“提高农业科技创新和推广能力”“提高现代农业装备水平，促进农业发展方式转变，提高农业科技创新和推广能力，健全农产品市场体系”；2011 年强调“水文气象和水利科技”及其信息化建设；2012 年“加快推进农业科技创新，持续增强农产品供给保障能力”，要求明确农业科技创新方向，突出农业科技创新重点，完善农业科技创新机制，改善农业科技创新条件，着力抓好种业科技创新。2013 年“创新农业生产经营体制，稳步提高农民组织化程度。构建农业社会化服务新机制，大力培育发展多元服务主体。”2014 年“强化农业支持保护制度，构建新型农业经营体系”，其中包括，“推进农业科技创新制度化，积极发展农机作业、维修、租赁等社会化服务，支持发展农机合作社等服务组织”“建立以企业为主体的育种创新体系”。农业科技服务相关政策的不断推进和深入，带动我国农业科技服务体系的不断完善，参与主体不断增多，呈现一定的社会化特征，科技服务内容不断趋于丰富，有力地支持了科技向农业生产过程渗透，发挥科技在提高农业生产率，提高农业生产者收益中的积极作用，促进了大量科技成果的转化。

2.2.7 农产品供给与经营保障政策

在“一号文件”各年推出的政策中，除 2011 年以外，每年都有涉及农产品相关政策，以及农业经营相关措施意见（见表 2－7）。

表 2－7 “一号文件”之农产品经营相关政策梳理

年份	标题	总数	比重	标题	总数	比重
2004	一、集中力量支持粮食主产区发展粮食产业，促进种粮农民增加收入	9	44%	（二）支持主产区进行粮食转化和加工	22	27%
	二、继续推进农业结构调整，挖掘农业内部增收潜力			（四）全面提高农产品质量安全水平 （五）加快发展农业产业化经营		
	五、发挥市场机制作用，搞活农产品流通			（十二）培育农产品营销主体 （十三）扩大优势农产品出口		

（续表）

年份	标题	总数	比重	标题	总数	比重
2005	七、深化农村改革，为农民增收减负提供体制保障 五、加强农村基础设施建设，改善农业发展环境 六、继续推进农业和农村经济结构调整，提高农业竞争力	9	22%	（十七）深化粮食流通体制改革 （十四）加快农产品流通和检验检测设施建设 （十九）重点支持粮食主产区发展农产品加工业 （二十）发展农业产业化经营	27	11%
2006	二、推进现代农业建设，强化社会主义新农村建设的产业支撑	8	13%	(6) 加强农村现代流通体系建设 (9) 发展农业产业化经营	32	6%
2007	五、健全农村市场体系，发展适应现代农业要求的物流产业	8	2/%	（一）建设农产品流通设施和发展新型流通业态 （二）加强农产品质量安全监管和市场服务 （三）加强农产品进出口调控 （四）积极发展多元化市场流通主体	35	14%
2008	六、培养新型农民，造就建设现代农业的人才队伍 二、切实保障主要农产品基本供给 四、着力强化农业科技和服务体系基本支撑	8	38%	（一）培育现代农业经营主体 （三）加强农业标准化和农产品质量安全工作 （五）加强和改善农产品市场调控 （五）加强农村市场体系建设	43	9%
2009	六、稳定完善农村基本经营制度和深化农村改革 一、加大对农业的支持保护力度	5	80%	（一）坚持和完善以家庭承包经营为基础统分结合双层经营体制 3. 保持农产品价格合理水平	28	14%

（续表）

年份	标题	总数	比重	标题	总数	比重
	二、稳定发展农业生产			8. 严格农产品质量安全全程监控 9. 加强农产品进出口调控		
	三、强化现代农业物质支撑和服务体系			15. 加强农产品市场体系建设		
	四、稳定完善农村基本经营制度			无		
2010	二、提高现代农业装备水平，促进农业发展方式转变	5	40%	7. 推进菜篮子产品标准化生产 11. 健全农产品市场体系	27	19%
	四、协调推进城乡改革，增强农业农村发展活力			18. 稳定和完善农村基本经营制度 20. 着力提高农业生产经营组织化程度 24. 提高农业对外开放水平		
2011	无	8	0	无	30	0%
2012	一、加大投入强度和工作力度，持续推动农业稳定发展	6	33%	2. 狠抓“菜篮子”产品供给	23	17%
	六、提高市场流通效率，切实保障农产品稳定均衡供给			21. 加强农产品流通设施建设 22. 创新农产品流通方式 23. 完善农产品市场调控		
2013	一、建立重要农产品供给保障机制，努力夯实现代农业物质基础	7	29%	3. 提高农产品流通效率 4. 完善农产品市场调控 5. 提升食品安全水平	28	14%
	三、创新农业生产经营体制，稳步提高农民组织化程度			2. 努力提高农户集约经营水平		

（续表）

年份	标题	总数	比重	标题	总数	比重
2014	一、完善国家粮食安全保障体系	8	38%	2. 完善粮食等重要农产品价格形成机制 3. 健全农产品市场调控制度 4. 合理利用国际农产品市场 5. 强化农产品质量和食品安全监管	33	21%
	二、强化农业支持保护制度			13. 加强农产品市场体系建设		
	五、构建新型农业经营体系			21. 发展多种形式规模经营 22. 扶持发展新型农业经营主体		

农产品供给安全保障性政策，农产品市场经营政策，经营主体与组织化激励政策是涉及农产品销售相关政策的三个主要领域。其中，农产品供给安全保障性政策，包括粮食安全保障政策、农产品质量监控保障政策、支持农产品加工能力建设、保障农产品供给；农产品市场经营政策包括农产品流通方式改革、流通设施投入、农产品市场体系建设以及市场调控和监管，国际市场拓展与开放鼓励政策；经营主体与组织化激励政策，包含新型农业经营主体培育、经营主体规模提升激励政策、农业经营组织化、产业化鼓励政策、农产品流通业态创新和激励政策，经营制度建设等提高农业经营能力和效率的相关政策。

农产品作为科技投入农业生产后的产出，它的流通和销售是农业科技转化的必经之路，销售回报是农业科技投入效率和效果的成功标志，农产品经营能力的不断提升，对农业科技的持续投入具有积极意义，农业产出的积极回报，提高了下一期农业科技投入能力，充分证实了科技的力量，实现了农业科技的完整转化过程。

2.2.8　农业产业激励政策

我国农业发展相对其他产业落后，近 11 年“一号文件”连续推出发展高效农业，增进农业产出效率的积极政策，改进农业产业结构，发展现代农业。罗列分析“一号文件”历年相关农业产业政策，大体包括三大类：产业发展政策、专项农产品产业发展政策、产业发展组织促进政策。

产业发展政策涉及农业产业化、特色农业发展、循环农业建设、生态农业发展等政策；专项农产品产业发展政策，涉及长期受关注的粮食生产保障及能力建设、油料作物发展、畜牧业发展、养殖业发展、生物质产业发展，以及农用工业建设支持政策；产业发展组织政策涉及龙头企业、乡镇企业、合作组织和个体私营组织的鼓励和激活政策（见表 2－8）。

表 2－8 "一号文件"之产业发展相关政策梳理

年份	标题	总数	比重	标题	总数	比重
2004	一、集中力量支持粮食主产区发展粮食产业，促进种粮农民增加收入	9	22%	（一）加强主产区粮食生产能力建设	22	14%
	三、发展农村二、三产业，拓宽农民增收渠道			（七）推进乡镇企业改革和调整 （八）大力发展农村个体私营等非公有制经济		
2005	六、继续推进农业和农村经济结构调整，提高农业竞争力	9	11%	（十六）进一步抓好粮食生产 （十七）大力发展特色农业 （十八）加快发展畜牧业	27	11%
2006	二、推进现代农业建设，强化社会主义新农村建设的产业支撑	8	13%	(7) 稳定发展粮食生产 (8) 积极推进农业结构调整 (10) 加快发展循环农业	32	9%
2007	二、加快农业基础建设，提高现代农业的设施装备水平	8	38%	（五）发展新型农用工业	35	20%
	四、开发农业多种功能，健全发展现代农业的产业体系			（一）促进粮食稳定发展 （二）发展健康养殖业 （三）大力发展特色农业 （四）扶持农业产业化龙头企业发展 （五）推进生物质产业发展		

（续表）

年份	标题	总数	比重	标题	总数	比重
	七、深化农村综合改革，创新推动现代农业发展的体制机制			（六）大力发展农民专业合作组织		
2008	二、切实保障主要农产品基本供给	8	13%	（一）高度重视发展粮食生产 （二）切实抓好“菜篮子”产品生产 （四）支持农业产业化发展	43	7%
2009	二、稳定发展农业生产	5	20%	5. 加大力度扶持粮食生产 6. 支持优势产区集中发展油料等经济作物生产 7. 加快发展畜牧水产规模化标准化健康养殖	28	11%
2010	二、提高现代农业装备水平，促进农业发展方式转变	5	20%	6. 稳定发展粮食等大宗农产品生产	27	4%
2011	无	8	0	无	30	0
2012	一、加大投入强度和工作力度，持续推动农业稳定发展	6	17%	1. 毫不放松抓好粮食生产	23	4%
2013	一、建立重要农产品供给保障机制，努力夯实现代农业物质基础	7	29%	1. 稳定发展农业生产	28	11%
	三、创新农业生产经营体制，稳步提高农民组织化程度			3. 大力支持发展多种形式的新型农民合作组织 4. 培育壮大龙头企业		
2014	一、完善国家粮食安全保障体系	8	25%	1. 抓紧构建新形势下的国家粮食安全战略	33	6%
	三、建立农业可持续发展长效机制			14. 促进生态友好型农业发展		

注：表内文字源自历年“一号文件”原文中标题。

农业科技借助科技服务组织活动推广进入生产过程，在各类农业相关产业发展建设过程中不断得到更广泛的应用和推广，连续的相关政策有力推动了原有科技服务效率，也激励了新型农业科技的开发和应用。

2.2.9 “一号文件”专项政策比重与地位分析

2.2.9.1 专项政策比重分析

将2004—2014年中央“一号文件”中所有相关土地资源、资金投入、基础设施、机械设备、人才培养、创新推广、农产品市场与经营、农业相关产业大类等八类政策的二级标题进行分类和梳理，提炼标题类别并归类，统计各年二级标题总数，计算同类政策的二级标题在当年二级标题总量中的比重，用“堆积折线图”绘制以上8类政策的比重分布情况，如图2-4所示。纵观各年政策比重变化，2005年、2009年、2013—2014年更加提出了更多的土地相关政策，呈现出每四年重点关注一次的规律；农业相关各项投入、增收、补贴政策在1年间一直呈现相对较高的水平，说明政府对农业反哺，坚持发展的决心；基础设施政策在2005年和2011年得到了非常广泛的推动，其中，2011年相对其他年份，大力强调了水利为主的基础设施建设，表明了国家对抵抗水旱灾，建立水利技术，保障生产环境的决心；农用机械设备的激励政策每年都有涉及，唯有2005年政策比重突出强调了农业机械设备迅速投入农业生产的紧迫性，在机械化的投入、购买、人才培训、组织建设等多方面进行了比较全面的建议；农业生产者教育、农科技服务人员的教育、培训、劳动者技能培训等，在11年间只有2012年有较大比重的关注，其余各年虽然比重不大，但都有涉及；农业科技研究、创新和推广服务相关政策，历年都有专门政策出台，尤其是2012年政策比例呈现所有政策各年最高的比重水平，使农业科技服务在农业发展中的重要作用得以确认；农产品的经营和销售除2011年未有涉及之外，各年都受到不同程度的关注，2004年、2010年和2014年政策比中相对加大，也是国家持续关注的一个工作重点；农业相关产业的结构调整、产业建设和发展政策已一直在“一号文件”中得以强调，2010年、2011年、2012年三年间政策比重最低。

整体观察各年政策比中的分布，2012年8类主题构成了当年“一号文件”全部政策100%的内容，其他各年8类主题堆积比重最低为43%左右，50%以下只有2006年和2011年两年累计点，其他各年基本都在60%以上，表明这8类主题是我国“中央一号文件”常年关注的主要议题，且随着农业发展的具体情况，逐年调整政策力度，改革变换政策措施，意在不断改进政策效果，提高农业建设发展

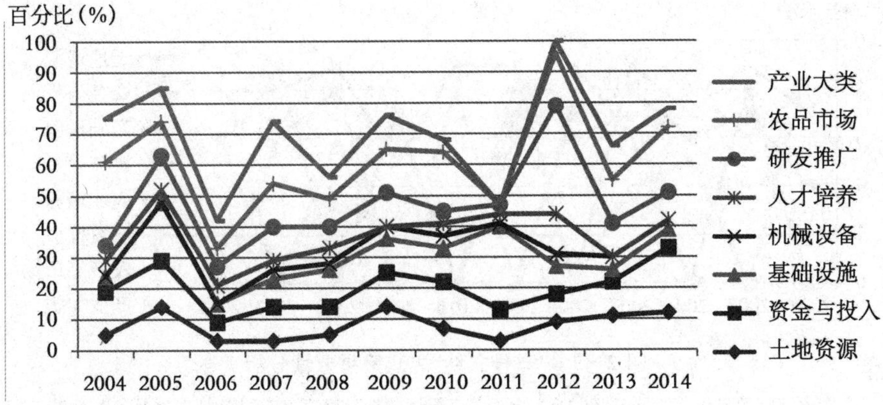

图 2-4　“一号文件”之政策比重分析

注：图内文字源自历年“一号文件”原文中标题数量统计百分比。

的质量和速度。

2.2.9.2　专项政策地位分析

在“一号文件”的一级标题上，反映了每年中央号召的主要农业相关政策方向，各类政策展示在“一号文件”中的先后位置，一定程度上代表了相关政策的重要水平和迫切程度。如图 2-5 所示，根据 2004—2014 年各年“一号文件”中一级标题原文，归纳如 8 类政策相关主题中，以原标题序号越小越重要的规律，将标为“一”的标题定义为“9”，标“二”的标题定义为“8”，依此类推，未有提及的政策类别当年定义为“0”。图中政策在各年居高点越多，说明各年越重视。综合各年的政策重点的变动，可以呈现“一号文件”多年最为重视的农业主题。

向农业增加基础建设投入、科技投入、促进农民增收、补贴政策在 11 年中 5 次列在文件的第一个标题下，是“一号文件”最为重要的主题；其他年份曾被列为第一位的还有产业大类激励政策，先后有 3 次，其中，粮食产业是其中的主要内容；其次，农产品市场政策在 2013 年被列入第一条政策，仅 1 次；“一号文件”中的第二个政策分布在农产品市场 2 次，资金与投入政策 2 次，土地资源政策 1 次，基础设施 1 次，产业大类政策 1 次，机械设备 1 次，农业科技研发与推广 1 次，呈现各年各有侧重的状态；第三个政策分布在，基础设施 3 次，投入政策 2 次，科技研发推广 2 次；第四个政策方向分布为，农产品市场与经营政策 2 次，科技研发推广 2 次，基础设施 1 次，产业政策 1 次，人才培养与土地资源政策各有 1 次。

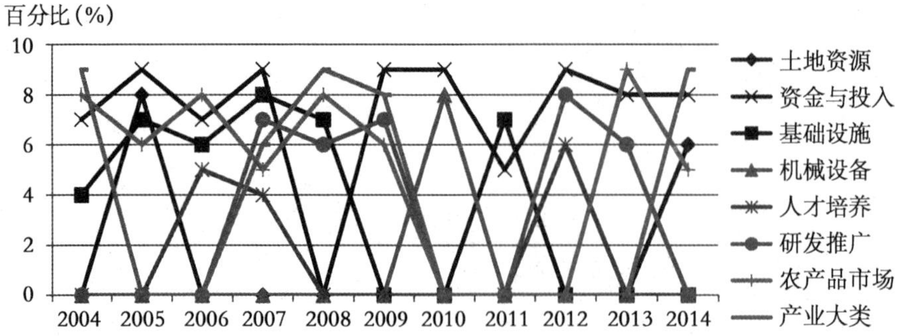

图 2-5 “一号文件”之政策重要性分析

注：图内文字源自历年“一号文件”原文中相关1级标题标号数序，逆序排列（未提及=0，标题一记为9，标题二记为8，依此类推）。

政策重要性的综合评价，再次通过赋予第一位标题权重为4，第二位为3，第三位为2，第四位为1，各类政策出现的频数分别进行加权计算，可以得出：资金投入政策加权得分为30，相关产业政策得分为16，农产品市场政策为12，基础设施政策为10，科技研发与推广政策为9。分析说明“一号文件”政策中，资金等投入政策最为重要，即基于农业生产、生活各方面建设和发展的投入保障是“一号文件”重要指导方向，也是农业发展建设的重要保障；产业结构调整，相关新型农业技术产业的建设发展与农产品市场调整和激活是发展农业的重要指导方向；农业科技的研发与推广，以及农业基础设施的基础条件建设是实施农业发展内生力量与重要手段。

2.3 农业科技社会化服务体系的国内外经验

科技传递的体系支撑。我国农业科技社会化服务体系在中央持续激励政策的扶持下不断发展，科技社会化服务主体构成逐渐丰富，形成了由政府组织、企业组织、合作社组织、高校与科研院所社会化成员构成的服务体系。随我国农业科技服务体系建设进程不断深入，越来越多的产业部门加入到农业科技社会化服务当中，服务质量也不断提高。以原有的农业产前生产资料服务为例，各单位经营行为更加规范，服务供给从以国内供销社为主发展到由国内外种苗公司、各级农资批发市场、农业化工企业、科研院所、农业信贷机构、农业信息部门、气象部门、农机生产企业等，以及各类专业合作社、私人农资公司共同参与的综合性农业科技服务。随着农业生产效率的不断提高，农民对农业科技的认知将不断加深，农业科技服务将会在更广泛的社会基础中不断扩张。

2.3.1　国外农业科技服务的总结性经验

国外农业发达国家的农业科技服务的发展经验，对我国农业科技服务体系的建设和发展，以及科技创新和推广，具有积极的参考价值。分析和研究国际上主要科技服务体系与机制类型，对比国内科技服务体系的构成和运行效率，探索迅速实现我国农业科技转化效率的机构职能方向，以及服务机制发展方向，具有积极意义。

2.3.1.1　国外农业科技服务体系类型

农业科技服务体系是长期发展的产物，综观国外农业科技服务体系的形成与发展，呈现出许多带有共性的基本特征，既反映出经济、社会发展的需求，也反映出农业科研的自身特点与规律，大致可划分为 3 种类型。

统一型体系，以欧洲的法国、匈牙利、波兰等国为代表。以世界著名的大型综合性农业科学研究院所为主导的全国统一型体制，一般隶属农业部和研究技术部，是全国性的农业科研领导机构，其下分级，即按学科，或按自然区划，或按专业设置农业研究所、实验室、试验站，并与地区实行横向联合，构成全国农业科技服务网络。

多层次型体系，以美国、日本、英国等国为代表。以国家级部门为领导，由国家农业机构、地方农业实验站和私人企业等机构 3 个层次组成。3 个层次的机构各自引领旗下分支组织部门分头开展农业研究、农业技术教育培训、种子、化肥、农药、农机、食品加工等配套服务，产品研制、生产、销售和市场工作，积极开展技术推广工作。

多系统型体系，以俄罗斯、印度、菲律宾、泰国和东欧一些国家为代表。国内设有庞大、综合的多个科技服务系统，常由中央、地方农业科研机构和高等农业院校等机构同时开展科技服务，各系统内都下设多个附属服务部门与市所，服从系统内传达的科技服务项目安排与科技推广工作。

2.3.1.2　国外农业科技服务的主要形式和措施

联合国粮农组织把目前国际各国存在的农业科技服务推广方式归纳为 8 种类型，分别为：普通推广方式、商品专业化生产方式、培训与走访相结合方式、参与式方式、项目方式、农作系统开发方式、费用共担方式、教育机构开展推广活动方式。

(1) 普通推广方式是目前世界上占主导地位的农业推广方式。采取普通农业推广方式的国家，农业科技服务推广的组织体系是从中央农业部到地方各行政区层层设立推广机构，实行直接的垂直管理。它的优点是：项目计划权集中在中央，实行垂直管理，能较好地体现国家意志，并使农民较好地了解国家政策。

(2) 商品专业化生产方式的优点是：推广的技术符合实际需要，产供销能协调一致。技术传递比较及时，对推广人员的监督管理很严格。

(3) 培训与走访相结合方式的优点是：推广人员的知识更新快，对推广工作的监督管理严格。

(4) 参与式方式的优点是：推广工作切合实际，由于农民的参与，使得推广内容因地制宜，推广方法有效得当，国家开支少，技术应用率高。

(5) 项目方式的优点是：由于项目在有限的时间及特定的地点执行，易于评估，国外资助者也易于看到短期效果；新技术和新方法可以得到试验，为更大的推广项目奠定基础。

(6) 农作系统开发方式的主要优点是：推广的内容有针对性，有助于加强推广和科研的联系，能合农民自愿采纳新技术。

(7) 费用共担方式的主要优点是：由于地方参与推广项目的制定，所以推广的内容比较符合农民的需要；由于地方能够影响到推广人员的人事安排，所以推广人员容易记得农民的信任，并能增强推广人员的责任感，同时还能减轻中央财政的负担。

(8) 教育机构开展推广活动方式的主要优点是：使教学更符合实际，可加强学校和推广部门的联系。

2.3.1.3 国外农业科技服务的主体构成与主导模式

农业服务范围涉及农业气象服务、农业机械服务、农业技术服务、信息服务、供销服务，以及金融、保险服务等诸多方面。各类服务领域之间跨度大，促使各类服务实体不能完全统一于某一类组织形式，或形成任何从属与领导关系，而是以农业生产为中心，以生产需要为依据，各自适时调整服务的对象与内容，自发为农户提供各种各样的服务。然而，各国科技服务体系中参与服务的实体所有性质却具有类同特征，一般都包括国家和地方政府部门、农业院校与研究机构、涉农企业、农业合作组织四大类组织。

(1) 政府一般直接从事投资大、收效慢的基础设施建设；推行有利于农业规范和技术发展的政策和法令；通过地方政府部门或研发推广组织收集农业信息，及时统计和发布重要农业信息；扶持和借助银行等金融机构为农民提供农业保险等服务。随着农业科技社会化服务体系的功能日趋健全、组织化程度逐渐完善，政府逐步减少对服务体的干预，而更多地以宏观调控的手段间接调整服务的内容和数量，充分通过市场机制向农业提供更广泛社会化的科技服务。政府在农业科技社会化服务组织中发挥着指挥棒和控温器的作用。

以政府农业部门为主导的农业推广模式，一般隶属于政府农业部门的直接领导，农业部下属的推广局和推广站负责组织、实施和管理全国的推广工作。日本、爱尔兰、意大利、泰国、菲律宾等国属于这类。

(2) 涉农企业的服务范围几乎覆盖所有服务领域。在农业科技服务体系发展初期，进入农业生产前端，提供基础生产资料；随后进入产业链后端参与销售；当农业供产销整个过程供求渠道畅通之后，涉农企业又以更高的技术和实力进入信息咨询、科技研发、农民培训和产品保鲜和加工技术，以及金融保险机构。涉农企业是市场中最具主动性、最活跃的组织，其积极地参与为农业发展提供了有效的生产手段、丰富的技术信息、灵活的组织形式。

以企业为主要纽带形成的农业推广模式，通常是一些商品流通代理商、生产商或开发机构所附属的农业推广机构提供科技服务推广工作。如马来西亚的橡胶和咖啡生产组织就有自己独立的推广体系；如英国、法国的一些农药、化肥和种子生产企业的推销部门的科技服务推广工作。

(3) 农业院校与研究机构利用其研发能力向农业提供新种源、新设备、新技术；向涉农企业、组织或农民提供科技咨询；与企业或组织合作进行技术开发和生产型项目等。农业院校与科研机构在农业科技服务中充当了技术中心的作用，不断创造新的科技成果，不断输送新的科技到农业生产实践中，不断加强农业科技在农业发展中的积极作用。

以高校为主要协调者的农业科技推广模式，多受政府政策影响，以农学院为主体，农业推广、教育和科研相结合，并可能以法律、法规的形式固定下来，在大学建立推广中心，并由其负责组织、实施和管理基层的推广工作。

(4) 农业合作社一般由多个农户或农场主组成，按照大多数农民的需要，为合作社内社员或合作社外农户提供各种各样的服务，参与服务的范围也比较广泛。大多数专业合作社从事需要量大、技术要求并不很高的服务项目，如农业生产资料供应、生产型作业、农产品销售、农产品加工和运输、技术经营管理指导、农业信贷等，为农场主解决了产前与产后大量的工作负担。也有一些合作社以合作或委托方式与企业、农业院校或研究机构建立关系，以获得更先进的技术、优先购销权利和保障。合作社是国外农业科技社会化服务体系中最活跃的基础服务部门，是农业科技社会化服务中的催化剂。

以合作组织引领的农业推广模式，通常利用农户群体的力量，集成外界可获得的资源与支持，为组织内部成员提供相应服务，有些合作组织也会以有偿或其他合作模式向其他组织或组外农业生产者推广实用的技术和知识，以及相应服务。

2.3.1.4 国外农业科技服务体系的机制经验

国外农业科技服务的供给主体与服务主体相互协调，各有其动力，整合匹配机制比较完整，各自在农业科技服务领域上与农业生产者构成的循环联动机制，都以需求为引导，在政府宏观协同下，各取优势，供求相依地实现其服务功能。

(1)“需求拉动”农业科技服务供给。农业发达国家的农业生产者十分重视了解和使用农业科研机构研发出来的新技术、新成果和新方法。他们主动追踪科研机构的科研动向，结合市场需求积极学习、购买、应用新技术，主动摸索投入新技术的最佳形式，把握市场竞争的主动权。甚至有些实力稍强的合作社和农户也会自己进行一些简单的科学研究和实验，改进生产效率、提高产品质量。这种科技意识强烈拉动科技开发、技术培训、成果推广、产品销售等农业服务公司的建立，并且随着农业科技和生产的发展，服务体系中分工越来越细，经营越来越专业化。

(2)政府“宏观推动”农业科技服务。在各国农业科技服务过程中，即使是在发达国家，政府也是通过公共投资、政策导向、市场信息引导来保证农业顺利发展。只是政府提供科技服务更多地借助市场机制，对农业实施宏观调控。通过准确及时的农业产品信息和农业科技信息传递，引导农业技术研发、引导农民对技术的选择方向，引导企业与合作社进行生产和经营；通过农业政策投资支持农民使用新的科技成果，保障农民因使用技术而获得收益；通过法律法规规范农产品市场和农用资源市场；通过推广机构的行政功能保证科技传递。政府的宏观推动是农业科技社会化服务体系的起动器。

(3)“利益驱动”企业积极参与农业科技服务。利益驱动了企业从各个领域积极参与农业科技服务。逐利行为使企业不断地提高自己的科技水平，自主进行与新产品相关的科技宣传，从生产实践中得到农民关于新产品的反馈信息和新需求，随时进行产品和服务的改进和改良；为了保证自己的竞争地位，投资建设自己的研究所、实验场、生产基地、销售机构和培训部，实行科研、生产、培训、推广和销售紧密衔接的一条龙服务；也有些企业委托或联合农业高等院校或科研机构共同进行产品开发，积极向农业生产资料市场提供高效的产品和服务。

(4)“自给自足”的便利促动农民建设合作组织提供农业科技服务。多个农户或农场主集结在一起，以自愿响应为基础形成了各种合作组织，为组织成员或其他农业生产者提供便利服务。农民一方面出资资助；另一方面也参与农业服务项目的管理。农场主们自行联合为自己提供各种服务强化了单个农户的经济实力，提高了单个农户在市场上的竞争力和讨价能力；农民为自己提供农业科技服务，缩短了服务需求到服务供给的路径，使服务供给的反映正确、迅速；农民集结成一体自行服务取得了群体规模效益，节约了生产和管理成本；“自给自足”的合作服务建立了共同出资、共同经营、共担风险的基础，使农民利益更有保障。

2.3.2　我国农业科技服务体系现状

2.3.2.1　政府建设科技服务网络

（1）组织体系构成。政府及其下属农业科技推广机构包括从中央到基层乡镇各级政府设立的农业技术推广机构，是我国农业技术推广的主体和主要渠道。目前，我国农业科技转化的重要渠道，尤其是基层的乡镇级推广站，县乡镇级推广单位主要推广内容包括“实用技术培训”和“科普知识宣传”。我国的农业科技推广工作主要由政府来承担，政府指挥着从中央到地方的各级部门涉及农技、农机、农经、畜牧等专业部门，负责各方面的技术指导与推广工作，在组建和发展农业科技推广体系中发挥了重要的作用。

（2）政府机构服务模式。国家政府机关的农业部门，借助国家机构政策指导机制，对全国范围内的农业科技创新与推广服务施加影响，通过各地政府与农业科技推广机构全面推开农业科技各项政策，对我国农业科技服务，不论在机构体系上，还是政策影响上，都具有全局性指导意义。

政策激励是中央与地方省市级政府部门发挥宏观指导职能，制定农业政策和法规，支持公益性服务，资助基层农民专业合作组织建设，鼓励龙头企业、合作组织、研发机构向农民提供技术，信息、培训等服务；乡镇级各专业站点提供具体专业技术、人才、信息、产品服务，协助创办农民专业合作社等民间服务组织。政府号召社会各界力量关注和支持农业建设，同时，整合各部门资源，协调参与农业科技社会化服务。

官产学合作模式是政府、企业、科研院所三方共同转化科研成果的模式。政府的核心引领作用主要表现在：①政府通过制定政策；②改进管理体制；③改进项目经费投向；④完善科技招商引资的基础环境等手段，给科技成果转化创造有利的环境；⑤对一些具有较好社会效益的项目，政府除给予政策优惠外，还直接给予经济上的大力支持。

模式中三方各尽所能，各司其职，整合了政策、市场、经营、科研等多方面的有利因素，使科技成果到市场应用之间许多环节比较顺利地衔接起来。官产学合作模式是农业科技产业化的有效模式之一，对扶持农业龙头企业、实现农业产业化具有重要作用。

2.3.2.2 科研院所与高校积极响应

(1) 成分构成。农业科研院所和农业院校为主体包括农业科研院所、高等农业院校等科研单位，运行方式将具有独立知识产权的农业技术成果通过协商、技术入股或技术转让等方式运用于农业生产的实践当中。此种形式可以通过高校与科研机构积极研发和示范创新农业科技成果，将科研单位的技术优势和生产单位的资源、资金、原材料、设备、供销渠道等优势有机地结合在一起，加速科技成果的转化和效益的充分发挥。

(2) 科研院所与高校的"点"型服务模式。科研院所与高校比较均匀地分布于各个省市地方，以"点"型创新向外围辐射科技成果，形成科技创新扩散区域，在一定范围内实现农业科技服务，比较适合地方农业科技的研发与推广。

科院高校＋公司＋农户。科院高校采取无偿或低偿方式向农户提供技术服务，再由公司向农户提供资金和一定的生产资料，负责农产品的加工与销售，同时为农户向事业单位支付一定的技术服务费；农业生产者则按合同的规定，向公司提供农产品。这种结合模式实际是公司利用事业单位的技术优势，加强对农产品生产过程的技术指导。

科院高校＋协会。形成科研、教育、推广、农协的"四农"结合的产前、产中、产后的全程服务。科院高校受政府委托或自身发展要求结合协会需求相农业提供服务，协会作为科院高校的服务流通渠道，将农业科技服务传递到农业生产者。

科院高校＋政府(含推广机构)。科研院所或高校与当地农业科技推广单位，综合双方科技人才优势、地方性资源优势，共同服务于当地农业科技服务工作，既凸显了科技创新能力与科研人员、服务规模的优势，同时又符合当地技术需求特征。

项目引导模式。该模式是以科研项目为载体，开展技术创新研究、试验示范和技术推广工作。其经费来源主要以运作专项资金为主，配以少部分的企业资金。主要形式是：①专家＋项目＋园区；②专家＋项目＋农户；③专家＋项目＋企业。该模式不仅能够将最新的技术、成果、方法及时应用到农业生产当中去，而且也能将农业生产中存在的实际问题快速反馈于科研当中，实现了科研与生产的有机结合。

2.3.2.3　企业组织斥资参与

(1) 成分构成。农资厂商与经销部门是由农用物资的生产厂商与农用物资或农产品经销商、农村各种合作社、专业技术协会(研究会)以及其他各种专业性服务组织交织在一起构成。这些组织或单位通过与分散农户签订合同,将先进、实用的农业技术应用于生产当中,并提供产前、产中、产后的系列化服务,形成并逐步发展成为农业科技成果转化与扩散的途径。

(2) 农资厂商与经销商为核心的“线型”服务模式。农资厂商与经销部门借助企业管理、资金、技术、市场等多方面集成优势,获得优惠的生产资料,规范和先进的生产技术,畅通的销售渠道,不同程度地把农业生产者和企业的利益联系在一起,多方受益。

“企业+农户”的模式是以供销合作为主、兼以技术合作的形式,把分散生产的农户与有计划、大批量的商品生产结合起来的组织形式,有效地解决生产、流通、加工与科研脱节的问题,在实现农业产业化的同时,也给农业科技转化带来了使用的条件。这种模式最大的特点是分散生产、集中经营,适应我国农村联产承包的体制,把原来分散的、小规模的农户组织起来,成为企业的生产基地,农户成为基地中的生产者,这也是我国目前农村体制下产业化的有效途径之一。这种模式使科研、生产、加工紧密联系在一起,有利于各环节的衔接,大大提高了农业科技成果转化的成功率。

公司+协会+农户模式类型是以市场为导向、以公司为核心,用经济合同的形式或直接的利益机制把公司、协会、农户们联结起来,形成产供销、农工商、农科教一体化的经济利益共同体,按统一标准进行农产品生产资模式料的供应、产品收购、运输、储存和加工等一系列产前、产中以及产后的一体化经营。其具体形式包括:流通企业+协会(农户),加工企业+协会(农户),专业协会(研究会、学会)+农户,企业+经济合作组织+农户,主导产业+经济合作组织+农户的产业化运行机制,强化了企业的带动作用,发挥了经济合作组织的桥梁作用,实现了多方共赢。

企业+专家+基地是企业作为经营主体,提供资金、设备和场地。科技专家作为高新技术成果和技术服务的供给者,以技术入股、科技合作、技术服务等形式与企业组成联合体,实现规模化生产。这种模式把分散生产的农业生产者与有计划把商品生产结合起来,实现了农业科技的转化。

2.3.2.4 合作组织发展有序

由农业生产者组成的合作社发展迅速，截至2013年11月底，全国依法登记的专业合作、股份合作等农业合作社达到95.07万家，实有成员7 221万户，占农户总数的27.8%。虽然相对我国农户数量，我国农业合作社的发展还比较缓慢，但服务效果已经出现端倪。合作社不断增加的数量和不断完善的功能将有助于合作社在农业科技社会化服务中取得更加重要的地位。

(1) 农业合作组织成分构成。农业生产者利用农业合作组织的集成优势筛选实物技术、传播人载技术。农业合作组织或协会由农业生产者自行组织，或者在政府的支持下组办起来，借助中介市场，通过其组织能力，将优秀的农业实物技术导入到农业生产中，减轻了农业生产者的市场决策负担，提升了农业生产者的讨价能力，减少了信息不对称的不良后果；另一方面，农业合作组织借助其自身的科技经验整合能力，或集成的组织能力获得了比较全面和科学的技术培训能力，借助外援农业科学家和内部专业技术人员，以及经验农户向其旗下的农业生产者提供全面、具体的农业科技培训与指导服务。

(2) 农业合作组织为核心的“面”型服务模式。农业合作组织扩大了农业科技的普及“面”。基层农民合作组织以农业生产者自身力量组织起来，大户与散户结合，科技带动，技术接收、消化与推广，向周边扩散技术力量。各区县农业生产大户自行出资或散户集资组建各种专业合作社，吸纳周围分散农户，组合进行生产资料的购买或农产品销售，收取会费由专人或农业生产者管理和运营。政府支持和鼓励农业合作社的建立，向参加合作的农民给予优惠或鼓励性补贴，协助合作社的运作，以农业生产者为核心大范围传递国家政策和市场信息。农民合作组织作为农民自发的组织，在缓解小生产大市场矛盾的同时，保障农户利益，扩展小规模生产者的规模竞争力，便利农产品销售，在协调农产品生产和批量采购农业生产资料以及金融服务等方面促进了农业发展。

农业合作组织的区域服务分工。随着农业市场经济的发展，原来基本类同的生产经营农户，逐渐发生了从业分离，专业分化，形成了各种类型的或者说各有侧重的特色经济和户营经济，诸如种菜大户、种瓜大户、苗木大户、食用菌大户乃至各类养殖大户、加工大户、贮鲜大户、购销大户、运输大户、服务大户等等。虽然都在农村，但他们的职业、产业、身份及收入来源各异，因而对农业科技与部门服务呈现出多样化及侧重化需求。随着一批批种植(养殖)专业户的出现，一村一品特色经营的形成，对农业科技有了更直接、更现实的需求，比如，需要成立特种经济作物(哈密瓜、水蜜桃、腊梅等)的研究所来引进、改良品种，保证生产，提高质量，增加收入。

具体服务模式。①服务组织＋农户。农民根据生产和生活上的需要，自发寻找服务任何性质组织为其服务，服务组织只对所提供的服务负责，服务主体与服务对象的结合比较松散，带有不固定性、临时性和内容单一性的特点；②农户＋农户。农户把资金、土地、机械设备、技术、劳力等资源的使用权入股，使其向大生产、集约经营、商品生产的现代化农业方向转变，从而适应了市场经济发展的要求。这一模式增强了农户的参与自我服务的能力，提高了农户的收益面，农户具有更高的参与热情。

2.3.3　美国经验

美国农业地区广大，气候、土地与农业生产者的地域差异较大，农业科技服务推广体系的服务效率尤为重要。美国实行教育、科研、推广“三位一体”的合作农业推广体系，是在《赠地法》《汉奇法案》《史密斯和利弗尔法》三个法案通过的基础上，以州立大学为依托，农业教育、科研、推广有机结合的推广模式。它的优势是有利于科技成果及时转化为生产力，有利于培养高素质的科研人才和推广人才。美国的科技服务体系由联邦农业推广局、州推广站、县推广办和县推广理事会三个层次组成，每个层次上的农业推广机构都有适合其特点的组织结构模式。

2.3.3.1　联邦农业推广局

美国联邦农业推广机构是设在农业部内的农业推广局。推广局下设8个处，具体负责协调全国有关领域的推广活动，包括农业科学技术和管理处、“四健”俱乐部和青年发展处、管理经营处、推广研究和培训处、家政处、信息处、销售和应用科学处、经济发展和公共事务处。此外，该局还设有直接对推广局长负责的巡视员，与各州立大学发展并维持部分工作关系。联邦政府主要通过农学院管理州农业推广站，实施农业推广的具体工作，不是进行直接干预，而是一种合作共事的平等伙伴关系，这是美国农业推广的一大特点。

联邦推广局的主要任务是确保在全国范围内建立一个有效的农业推广体系，并以先进的知识、良好的教育和实际的项目满足农民的需要，从而体现联邦政府的利益和政策。

2.3.3.2　州农业推广站

科技服务站在整个农业科技服务体系中居核心地位，隶属于州立大学。联邦政府主要通过农学院管理州科技服务站，并由它来负责实施科技服务的具体工作，实现农业教育、科研和服务三者紧密结合。州推广站一般下设有3类机构，即负有行政权力和监督职能的对口机构，由州推广站站长、督察和县推广员组成；由各领域的州专家及地区专家组成的工作班子服务于州推广工作的附属机构，包括负责人事、财务等问题的行政辅助人员。专题专家只对州推广站站长或所在系系主任负责，督察则侧重于推广工作的行政方面，负责与赠地大学之间的联系。另外，农学院设有专门的推广委员会，每个推广委员在从事农业教育、科研的同时，兼任推广员的角色。推广人员由农学院各系、各学院教授组成，教授可根据各自的专业特长参与到相关的项目组，具体负责制订推广计划，设计推广方案，实施推广项目。

州科技服务站的任务包括制订本州的农业科技服务计划，并负责组织实施、选择县农业科技服务人员，并进行各种必要的培训，并向县科技服务人员提供技术信息等服务。

2.3.3.3 县农业推广办公室和县推广理事会

县级农业推广工作由县农业推广办公室和县推广理事会共同承担。县推广理事会根据州法律授权或赠地大学与各县之间签订的在各县进行农业推广工作的谅解协议而成立，与州推广站联合指导该县的农业推广工作，决定项目，批准人事和计划安排，确定推广预算，提供必要的资金设备，帮助实施推广计划。县推广办由专业人员、秘书人员和乡村领导人组成，推广人员由州推广站任用，其中，绝大多数具有硕士以上学位。推广员的大部分时间是访问农场、农户，发现农场经营中存在的问题、帮助农民寻找解决办法，向农民提供信息、咨询服务，解决有关农业科技推广方面的问题。县农业推广机构的主要任务是：诊断农场经营中的问题，帮助农民寻找解决办法；引导农民组织起来，加强农资购买、生产、销售合作，保护农民利益；向农民提供信息、咨询服务。

县科技服务机构的任务包括：诊断农场经营中的问题；帮助农业生产者寻找解决办法；把农业生产者组织起来，加强农资购买、生产和销售合作；保护农业生产者利益，向农业生产者提供信息咨询服务，使农业生产者了解其利益环境的变化，并帮助农业生产者和美国农业科技服务体系寻找相应对策。

2.3.3.4 私人机构

私人机构主要从事易于物化的农业科技服务，组建相应的私营企业公司或加工厂等，并以追求利润最大化为目的。

2.3.4 日本经验

日本国土面积小，人口密度大，对于农业产品需求刚性大于供给，农业科技服务需求突出,农业科技服务推广体系面临的压力大。日本农业推广实行的是政府和农协双轨推广制。农协即日本农业协同组织,是开展农村综合服务工作的民间组织,在日本农业推广体系中起着极其重要的作用。

2.3.4.1　政府协同农业普及事业

日本在农林水产省经营局设立了普及处,都道府县的农政部下设普及教育部,分别负责全国或各地域农业科技服务的规划,经费预算,协调管理等行政事务。各都道府县按行政区划又设有若干个农业改良普及中心,这是日本农业科技服务体系的主体。日本政府设立了从中央到地方一套健全的技术普及与推广组织系统,分为中央和地方两级设立:

中央一级推广机构由农林水产省管理。农业大学,农蚕园艺局,农林水产技术会议各有分工,中央农业综合研究中心,生物类特定产业技术研究支援中心,作物、果树、蔬菜、茶业、花卉、畜产草地、农业机械、动物卫生研究所,地方科研,7 个地方农政局是其下的 8 个机构。其中,农林水产技术会议下设总务、技术政策、技术安全、研究开发、尖端产业技术研究、区域研究、国际研究 7 个科;地方科研所包括东北、北海道、九州冲绳、近畿、中国、四国 6 个农业研究中心;7 个地方农政局之下设立地方级机构,以及生产流通部,其下农户普及课,再下级设普及系,负责指导和监督各府、县的技术推广及实施。

都、道、府、县一级农业推广行政机构,农林部内地方农政局之下,且分设有推广管理课、营农指导课、农政普及课等基层科技服务机构。

2.3.4.2　农协组织

日本组建了两类不同类型的农协组织。一类是不以营利为目的全国性农民自我服务组织,政府为他们提供部分经费补贴;另一类是以营利为目的农协组织,它们为农民提供农业技术咨询、农产品销售和信贷服务,包括高一级的全国性农民自我服务组织“株式会社”和基层农协组织。

日本农协系规范化、法制化的民间组织,内部系统分为 3 个层次:日本农协的内部机构设置较为规范,一般包括:总会是农协最高决策机关;理事会是总会的执行机关,根据总会确定的方针,组织实施各项事业;监事会负责监察农协财产状况及理事的工作情况。农协中央是农协的指导机关,设立在都、道、府、县和全国各地;农协联合会是在都、道、府设立的联合会,以基层单位农协为会员;基层(单位)农协是属于一般市町村级的农协部属此层次,主要由农业生产者个人组成。

2.3.4.3 农业科研、教学和服务三者有机结合。

中央一级设有农业大学和试验研究机构。都道府县一级的农业普及部把科研农业试验场，改良普及中心和农业大学校三者结合更是紧密。改良普及中心直接指导生产者和生产组织，他们兼任农业大学校的教员，把农民的要求反馈给试验场和农业大学，农业大学利用试验场的设备进行教学和生产实践。试验场则利用学生实践活动进行科学试验。

2.3.5 法国经验

法国的政府主导模式中政府机构是农业科技服务的主要主体，是法国农业发展的重要支撑服务主体。

2.3.5.1 农业部

农业部有多家科研机构，其中，有 4 家大的农业科研机构，它们分别是农科院；全国农业机械、乡村土建、水利及林业中心；食品卫生安全署和海洋开发研究中心。这 4 家农业科研机构覆盖了法国农业的各大主要领域，从事与农业相关的各领域研究课题。农业部通过与这些科研单位签订为期 4 年的有偿合同，来引导他们进行科研活动。

2.3.5.2 农科院

农科院下设 21 所大区级研究中心、85 个实验室及 131 家技术服务机构。其研究宗旨是通过农业科学研究，特别是生命科学的突破，来改善人类饮食和健康，合理整治和管理人类生活环境。农科院的主要研究方向有：面向可持续发展的土地管理和环境保护、改善人类饮食结构和保障人类健康、农业产品多样化和提高产品竞争力、发展基因工程、合理利用休耕地、改善食品结构、协助经济部门制定有利于就业的决策并参与地方发展计划和国土管理、向决策机构和公众提供相关信息。农科院在以下领域取得了显著的研究成果：农业食品发酵、蛋白质产品的微生物研究、微生物学在生态系统中的作用分析、动植物品种基因图谱、植物遗传资源管理（森林、果树、粮食）、食品质量等。

2.3.5.3 全国农业机械、乡村土建、水利及林业中心

全国农业机械、乡村土建、水利及林业中心，由半数的工程师和研究人员构成。该中心也是一个面向农产品加工企业的国家科学研究机构，负责以公共活动为目的的农业及环境工具和工艺设计，并为这些行业相关活动的发展提供支持。其能胜任如下 4 个方面的工作：水务和环境设备制造和管理、水产养殖行业管理、区域管理、农业设备和食品设备制造和管理。

2.3.5.4　食品卫生安全署

食品卫生安全署在各地分布有 12 个实验室。该署通过组织鉴定与评估成为国家评估健康风险与食品营养的机构。

2.3.5.5　海洋开发研究中心

海洋开发研究中心是一个具有工业和商务特点的国家科学技术机构，在法国本土和海外领地都有众多的分支机构。该中心从事基础研究，如地球科学、细菌学、钓鱼技巧和水产养殖等，并负责从事相关研究工作所必需的基础技术工程，同时，也对钓鱼资源和水产资源进行跟踪。

2.3.5.6　农业技术研究开发的专门机构——农业和农村发展署

该署的职能是具体实施国家长期农业发展计划，为此提供经费，跟踪计划的实施情况并评估计划的实施结果。

2.3.5.7　农业学校

分布在法国各地的农业学校是向广大农业生产者推广农业科研成果的网络。除了农业学校以外，还拥有相当健全的农业推广组织。在中央一级设有农业和农村发展署，其理事会由政府代表和行业代表各半组成，对纳入国家计划的推广活动给予资助；省一级设有“技术推广委员会”，具体的技术工作由各省农会的技术顾问负责；市县一级有农业生产者自愿组成的农业推广组织，专门从事农业技术推广工作。

2.3.5.8　农会

法国农会是一个农业职业性机构，属于公共的职业联合机构。在全国设省级农会和大区级农会；另外，还设有国家级的农会常设委员会(APCA)，这个常设委员会由全国省级和大区级农会主席组成。法国农会有两项主要职能，农会是农民和农业界的利益代表，是农民和农业界在向法国政府及欧盟提出各项要求时的代言人，在法国政府及欧盟制定各项有关农业政策时提出各自的立场，在经济结构、规划、教育及研究、领土管理、卫生及社会事务方面做出适当的干预；向农民提供六大主要服务：经济研究和前景分析、向企业提供建议、研究开发和试验、促进项目的实施、帮助农民与外界联系并提供信息、对农民进行各种职业技术培训。在农会中进行技术推广工作，其经费由政府和农民组织共同负担。

2.3.5.9　农业合作社

法国农业合作社有悠久的历史，是法国农业社会化服务的主体，现存的合作社类型有 5 种：供货合作社、收购合作社、加工合作社、畜牧和人工授精合作社、共同使用农业设备合作社。从经营活动来看，农业合作社又主要分两类：生产性的合作社，主要包括提供技术服务和共同使用生产设备，如提供农机具、农机修理、良种、人工授精、病虫害防治等技术服务；流通领域的合作社，主要从事农产品的收购、运输、加工、储藏和销售，并且供应生产资料。流通合作社所占的地位比生产性的合作社更重要，这类合作社的专业化程度较高，如有专门从事牛奶的收购、加工和销售的，有专门从事牲畜和肉类加工的，有专门从事葡萄收购和酿酒的，有的合作社还为农民提供金融和企业管理服务。

2.3.5.10 农业技术协调协会(ACTA)

该协会是由16个农业技术中心研究所及1 000名科学家和技术员组成的合作组织。主要研究领域有：环境，涉及水源污染、农田肥料管理、空气质量、城市垃圾农用回收等方向；生态系污染学，包括农用化学产品对蜜蜂等生物的副作用、土壤健康状态分析研究工作；作物保护，即农药、除草剂、防治虫害技术、农业气象学相关科技服务。

ACTA与农业部、研技部、环境部，农业各行业组织，农业和农村发展署，公共农业科研机构(如农科院，食品卫生安全署，全国农业机械、乡村土建、水利及林业中心)以及一些私立农业科研机构关系紧密。参与所有农业技术中心研究所的行政管理和科技委员会，并派出技术人员负责解决具体的技术和经济问题，关注农业工业。它们是连接基础研究和发展服务之间的桥梁，因而成为技术成果转化为现实生产力的最实在的部分。

ACTA传播技术的主要方式是通过出版各个不同领域的专业书刊，尤其是出版保护作物、控制杂草、防止土壤有害物、防治昆虫及其他病害、生态农业和机械化等方面的科普书刊。此外，ACTA每年还举办几期专门的技术培训课程，向农业生产者传播科研最新成果，尤其是作物保护、生态系统保护等知识。ACTA的各专业技术研究所和技术中心对科研成果进行适应本地区的中间试验后，通过各省农会的技术顾问或农业生产者把科研成果推广出去。各专业技术研究所和技术中心的工作具有承上启下的作用，是中央和地方、基础研究和应用研究、科研和推广、科研和生产紧密结合的重要渠道。

2.3.5.11 农业资源与发展服务中心(TARME)

TARME是一家为农业公司、企业提供技术、方法提供支持的科技服务中心机构，联结着一些网络和一个资源中心，旨在为法国农业发展做贡献，具体任务有以下几项：提高农业生产者、领取工资的农业生产者在农场经营中的自主能力和责任感；便于农业发展组织建立可转型的农业生产模式，并最大可能地使用创新技术成果；鼓励农业生产者和领取工资的农业生产者参与到土地发展计划中去;与农业各行业组织合作,加强网络作用力度。

TARME推广农业技术的方法也是培训人员。不过与ACTA不同的是,TARME的培训以两类人为主:一类是农业组织的负责人;另一类是农业发展研究人员。通过对这两类人的培训,达到了一种事半功倍的效果。因为这两类人接受培训后,又可以向更多的农业生产者传播相关的知识,有助于新技术、新方法的普及。

2.3.5.12 专业技术研究所

法国的24所专业技术研究所是按生产行业划分的,如奶业专业研究所、谷物和饲料专业研究所、工业甜菜专业研究所、葡萄和葡萄酒专业研究所等,几乎囊括了法国主要的农产品领域,并针对各个不同生产行业进行应用技术研究和实验工作。达到改良品种、保证产品安全卫生、实现产品最大市场经济效益等目的。

专业技术研究所拥有相当数量的技术人员和工程师、一些实验田或实验农场以及几个实验室。专业技术研究所从各个农业科研机构(如农科院,食品卫生安全署,全国农业机械、乡村土建、水利及林业中心等)收集资料,为己所用,其科研成果是该行业生产者联盟和地方农会的主要技术支持,而行业生产者联盟和地方农会又是向农业生产者传播知识的重要途径。

此外,专业技术研究所还为该行业的技术人员提供实习机会,并经常根据农业生产者的需求,在地方举行课题研讨会。另外,还通过定期出版最新技术成果小册子和在因特网上发布信息,达到最大范围传播知识的目的。

以上这些机构相互合作又互相补充,及时有效地将农业科研的成果推广到农业生产者的日常劳作中,为法国农业的高速发展提供了动力。

2.3.6 新西兰经验

新西兰社会化模式农业科技服务体系包括农业研究机构、农业行业组织和农业公司等组织机构,分别承担了农业科学研究、农业技术开发和农业技术推广等不同层次的研发任务,共同组成了一个高效率的国家农业科技服务体系。整体上是政府商业化机构、学校和科研机构、农协、私人机构相结合的农业科技服务模式。

2.3.6.1 政府商业化代理机构

新西兰成立有专门的农业科技服务咨询公司,科技服务结构分权的商业化做法可以调动农业科技服务人员的工作积极性,充分利用资源,使科技服务工作更具针对性，从而提高服务的效率与效益。

2.3.6.2 学校及科研机构

在新西兰一些大学设有农业科技服务专业，专门培养农业科技服务工作者。农业研究机构(包括各种农业类研究所和农业大学)是国家农业科技创新体系的技术提供者，它们的主要职责是产品研究、合同研究、分析测试服务、设备使用与咨询服务和信息服务等。以新西兰园艺研究所为例，全所 470 名科研人员分布在全国 9 个不同的研究中心。研究所总部主要是系统管理、虫害管理和采后技术研究，所有的研究中心都是根据地理和资源优势设立在不同地方，如在苹果和梨的主产区设苹果和梨研究中心、在猕猴桃主产区设猕猴桃改良研究中心、在梅子主产区设调味品和梅子研究中心、在葡萄主产区设葡萄酒和葡萄研究中心，以及根据地理和资源优势设立的食品和生化、果园管理中心、虫害控制、土壤生物残留物和有机生产等研究中心。

2.3.6.3 农协

农业科技服务主要在农协活动中进行，私人机构在农用产品的生产和销售、农副产品的加工和销售以及新产品开发和服务等方面发挥重要作用。农业行业组织是新西兰农业科技创新体系中一个非常重要组织机构，它们既是农业科技创新体系的经费投资者，又是农业科技创新体系的技术提供者，还是农业科技创新体系的技术推广者。新西兰的农业行业组织力量非常强大，乳业、肉和羊毛、苹果和梨、猕猴桃产业等都有非常强大的行业组织。在新西兰农业创新体系中，农业行业组织处于举足轻重的地位，它们不仅提出具体的创新项目，而且提供创新经费，还积极推广创新成果。

2.3.6.4 农业公司

农业公司也是新西兰农业科技创新体系中的一个重要组织机构，涉及乳业畜牧等领域，如恒天然合作集团公司集结数万奶农，涉足研发、加工、销售服务。

第3章

科技需求的认知与决策

3.1 认知决策理论

行为决策涉及实证描述与规范论证两方面的内容，既涉及个人知觉、记忆、直觉等心理过程，也涉及偏好、态度（看法）、选择等行为表现，更涉及时点、背景、人际等环境要素。决策活动的促动来自于人们的认知过程，在经历一系列的认知的激发或强化后促成相应选择动机和决策结果，进而推动具体采纳行为。在现实决策中，多数为不确定性决策，此处研究的农业科技服务采纳决策问题也属于不确定性决策问题。

基于认知决策理论思想，可建立农业科技服务需求的实证研究，其中，技术采纳行为的研究方向，选择了与技术认知和决策依据相关的调研变量进行科技服务需求的实践研究和分析；在农业生产过程认知决策框架的构建上，也应用了认知决策的概念和一般构成，形成了科技服务采纳的认知、决策、采纳，以及再认知的过程。

3.1.1 认知与决策的形成

人们对某类事物的认知是在经历一定的时间，经过认知积累形成的综合认知。认知活动本身具有自己的结构和过程，这些心理过程是信息加工过程，当信号被接收后，经过人们的认知系统和调节系统后，产生输出，才能形成具体的认知判断，并影响形成行为结果①。

① 王甦，汪安圣.认知心理学[M].北京：北京大学出版社，1992：4.

对于一项新事物，人们首先依照个体信念（价值观）进行评价参考，再结合自己以往的经历经验等切身体会进行估计，同时，参考以往记忆中深刻的信息经历感受等，最后，加上直觉判断，最终促成决策结果。

人们的自主判断一般由自己的信念、经验、情感、欲求组成，通过个人信念（价值观）及经验（经历）影响个人知觉形成选择性，并影响认知判断。其中，情感和欲求涉及人们想达到的目的和向往的结果，是决策过程中的“动机”的概念。

首先，价值观与信念对知觉的影响主要是过滤器的作用，信念越强，过滤作用越强，受强烈信念支持的个人，对所有收到的信息进行客观科学演绎推理，而是只关注支持自己观点的事物或现象，并存储在自己的记忆中，是深刻经验的积累和信仰。

人类的任何判断、选择与行动，都是发生在一定的社会背景之中的，决策过程所涉及的各环节的运作都将受到社会化因素的影响。个体在社会组织环境中的决策，可能表现出不同于纯粹个人选择的信念特征。个体决策的心理过程与行为，必然会与社会环境中的其他人产生互动联系，既受到他人过去及现在行为的影响，也受到自己关于他人将会对自己的行为采取什么应对行动的预期的影响。

群体对个体决策的影响。当由他人在场，或即使他人不在场但预期他人会对自己行为作出评价时，个体的思维与行为会发生变化，从而表现出不同于平常的个性特点，即“个性潜隐”，指的是个人在社会背景中，受角色预期、群体压力、人际互动等多种社会因素的作用，可能表现出的个性消减现象，形成“个性抑制”或“社会促进”。

其次，个人经历或他人经验是以过去为基础积累而成的，总结出体验真知，可能会对人们的知觉产生选择性影响，从而导致认知盲区，有选择地强化已有的相似信念，形成更加牢固的态度，再因深刻程度或产生的疑问不同，融通原有信念，引导发生相似行为。

再次，记忆的作用影响。个体知觉到的信息，以记忆形式存储在大脑中，供决策之用。这些记忆的保留和唤起受到个人认知能力、情感和信息特征的影响，而且处于不断地被再感知、再加工、输出信息的过程之中，在记忆中出现重构性结果偏差，在日后决策参考框架中影响决策的准确性。人们感受信息，总是以自身知识与经验体系为基础的，存在着相对比较习惯的模式与速度。感受、保留、唤起三方面偏差共同形成了记忆的重构现象。

最后是直觉与判断决策。从知觉与记忆的角度看，越是生动的具体情节，越是容易想象的情景，越是反差显著的事件，就越容易被有意无意地唤起，从而在人们的直觉上就会产生具有更大发生可能性的判断。就显著且易得的信息的性质而言，负面信息比正面信息对人们知觉的影响更大。受显著、易得要素的影响，面对复杂不确定环境或随机性要素时，人们对于偶然、独立事件的发生，可能会做出偏见的判断。根据容易得到的显著数据做出判断的过程中，还可能出现的另一个偏差是，过多地关注了具体时间的描述，并以此为依据做出判断，而相对忽视了该事件可能存在的大背景信息。在没有显著、易得信息的情况下，人们的判断在无意之中会受到某些"初始值"的影响，即无意锚定。

在直觉判断（有限理性决策）中，心智模式（价值信念）的存在会使人更倾向于以某种主观认定的路径、结构或框架来看待周围的事物。一个人们相信或不信的观念，在选择性知觉的作用下，一旦深入人心，就会被不断地自我加强。心智模式对于知觉判断的影响，还受到个人情感因素的作用。多数人有如此倾向，更为赞同那些支持自己现有观点的证据，而拒绝那些挑战自己的观点证据。

3.1.2　认知决策的过程

3.1.2.1　决策过程的开始

个人的决策行为是从知觉开始，而个人对事物和社会实践的知觉又受到个体认知的影响，即受到自身经验、情感和立场（信念、价值观）的影响，而带有鲜明的选择性特征。个人认知对知觉的影响来源于由认知概念构成的两个新概念，"预期"和"希望"。其中，"预期"指基于个人信念及经验而形成的认知模式（原始偏好或框架）；"希望"指基于个人情感及欲求而产生的动机愿望（行为后果可能回报）。如此"期望"一词泛指影响个人知觉的认知与动机这两类要素，极大地支持和决定着个体的决策过程。

从决策的未来导向上来看，建立在经验基础之上的知觉具有选择性，往往缺乏前瞻价值。无意中出现的选择性知觉，主要是由于人们的观察角度不同造成的。个体预期与希望的投射，使人们会对同一事物或现象产生完全不同的想法和行为①。

从认知决策角度理解，农户技术采纳行为是指接受对象对某项技术了解、思考、认可和掌握，并在生产实践中实际应用的过程，通常是指农户个体对某项技术选择、接受的行为。由于农业技术的专业性很强，农户在消费之前不能对其进

① 项保华，李绪红.管理决策行为[M].上海：复旦大学出版社，2005.

行检验。欲获得技术提供者和技术的信息具有难度，且成本很高，面对某项新技术，农户很难对它没有一个完整的了解，不论是技术本身的特性或是技术的价格是否合理，所以，农户在不确定的条件下进行的采用决策对技术进行采纳决策，是一个复杂的不断认知和决策的循环。

3.1.2.2　决策过程中的参考框架、基准和得失风险

决策都是在一定情境下进行的，人们的知觉、记忆、直觉依赖于一定的个人背景与外在条件，人们的判断与选择也离不开情境、方案的对比参照。框架、基准和得失是人们判断和选择的对比依据。任何决策者都拥有一定的关于行为、后果及可能引发的连锁反应的概念，这些概念会受到框架的激发，从而使得人们表现出不同的判断与选择倾向。一般来说，人们在有机会锁定确定的收益时，会趋向于较为保守的做法；而为了避免确定的损失，则会愿意承担较多的风险。

框架与结构，即是问题表述的方式与结构，以及由此引发的心理反应模式。人们如果对所提问题并不熟悉，缺乏相应知识储备的情况下，其最终选择就更易受到问题表达框架的影响，人们对于各种事件的判断，关于未来的态度及行动选择，并不是孤立于事件发生时的情境，仅凭过去积累的知识与经验做出的知觉、记忆、直觉反应（个体认知框架），而是会通过对众多因素的综合考虑（问题框架），对新情况做出新的理解和解释。具体影响如下：问题表达的语境与背景，如信息呈现的顺序、方式思维改变，都会对人们的意见或态度产生不同的影响；从时间上看，作为人们判断依据的各种信息，其先后出现顺序的改变也会对最终决策产生不同的一个影响，如对于连续出现的事项或特征，顺序靠前的比靠后的对人们的知觉形成的影响大一些；就给定的决策来说，随着时间、情境、资源等条件的改变，人们的判断与选择也会随之发生改变，即“交易偏见”，使得人们更多地关注了交易本身获得绝对优惠额多少，而忽视了更为满足自己实际需要的标的品；影响人们判断与选择的框架，不仅涉及外在客观背景，也可能涉及内在主观情感，还可能涉及制度、规则等潜在环境要素。

基准与参照点，即人们做出判断是有意无意中使用的参照点。任何人判断选择，都是基于一定的知识、经验、欲望、情感、关系等背景而进行的，这些因素共同构成了人们思维的参照性框架，起到了判断与选择的参照点的作用。参照点作为人们思维的基准，泛指一切存在于有意无意之中，能够影响人们判断与选择的主管或客观比较标准。基准可以是一个具体数字、一种现实状况或一种理想追求。参照点可能是客观存在的，或有意识设立的努力目标；也可能是主观臆想的，无意识产生的潜意识观念。

得益与损失，即相对于参照点而言的结果表现是正性的还是负性的。在风险决策中，人们关注的是价值，也就是以相对于参照点偏离程度衡量的"得益"或"损失"大小，而不是效用；人们在对价值进行加总时，使用额是决策权重，而不是概率。在"损失"时，要比在"得益"时，表现得更为积极些。这意味着，就相对于参照点的等额偏离而言，"损失"带来的痛苦影响会大于"得益"带来的愉快程度。"损失规避"和"沉默成本谬误"倾向的存在，会使人形成路径依赖，做许多不该做的事；"安于现状""赋予效应"（得到的要再次拿出来，高估价值；购买属于他人的，低估价值）、"后悔规避"（忽视未得利益）倾向的存在，会使人在面对选择与改变时，显得特别犹豫不决，从而出现实际上的"决策瘫痪"。在面对"信息泛滥""未来不定"的局面时，人们通常会选取"后悔规避"做法，即不愿面对决策所导致的后果的改变，以避免可能带来的心理遗憾，付出代价也在所不惜。

3.1.2.3　决策结果与认知经验的叠加与消减

决策过程中，人们的前期思维观念（心理认知）与当期行为表现之间，存在相互依赖和联动关系。个人的价值判断和态度会影响其行为结果，而其行为的决定、进行和行为后果，反过来又会影响自身的信念、价值观和态度产生变化和调整，并进而强化或削弱下一期认知基础和下一期决策行为模式。

对于某一特定问题的个人决策过程，在个体发现在行动方案付诸实施前，人们更多地依据基于过去信息形成的思维层面的观念，而一旦行动方案真正落实，其后所出现的各种情况，就会对决策前的观念能够形成补充；如果这种动态补充的信息与决策前的判断基本一致，将有助于强化原先已有的关于决策行动的看法与态度，从而进一步坚定其行动的信息与决心，即"行思协调"；如果这种动态补充的信息与决策前的认知判断产生矛盾，就将出现前期思维与当期行动的冲突，即"行思失调"[①]。"行思失调"的结果就是"犹豫不决"、"观望不定"。

消除"行思失调"（或转变行为）的做法有两种：其一，通过进一步收集信息，强化某一行动或观念，如证明某一行动是合适的，促使放弃或改变初始观念；或证明某观念更合理，弱化冲突观念；或者论证某一行动或观念更合群；其二，修正或调整个人的某些观点，改变对人、事、物及其关系的看法或态度，形成新的观念，使其与现实行动及其他原有冲突的观念和谐共存（见图3-1）。

---

① 项保华，李绪红．管理决策行为[M]．上海：复旦大学出版社，2005．

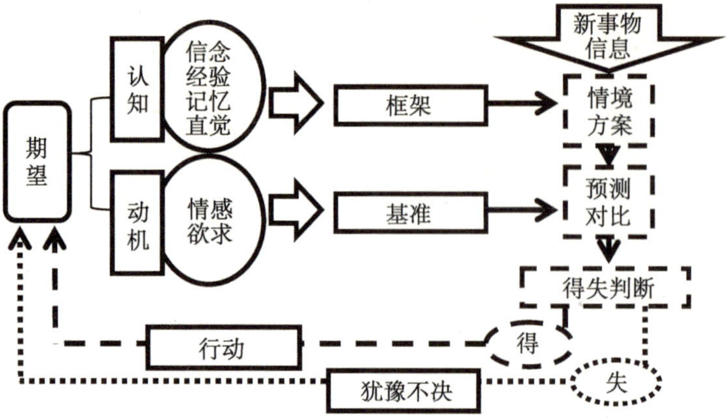

图 3－1 认知决策的过程

人们的经验和认知背景，长期履行的符合其角色规范的行为，会不断强化人们的个人价值观及相关认知，从而决定了人们对于某些事物的主观偏好（认知框架）。偏好从根本层面上，部分是“自然选择”带来的，很多历史、文化和偶然因素虽然还没有得到充分解释，但它们会影响到我们偏好和欲望的形成，并最终对其现实言行产生促进性影响。

3.1.3 认知决策的影响因素

个体认知、地位、个性、情绪、信息以及知识水平影响决策结果。行为经济学是心理学与经济分析相结合的产物，把 5 类要素引入个体经济决策分析框架：认知不协调－C－D gap；身份—社会地位；人格—情绪定势；个性—偏好演化；情境理性与局部知识①。其中，身份－社会地位、个性－偏好演化与局部知识（信息），将在以下内容中加以补充讨论。

3.1.3.1 信息充足水平与决策选择

个体在运用知觉和记忆的信息进行判断的过程中，有时会受到信息过度或不足的影响，此时，从决策的信息加工角度看，决策所需的信息越不充分，就越需要人的参与，即越依赖于人的判断与选择。

在不确定条件下，人们的认知需要捷径思考，认知研究充分证明了情绪化行为、冲动行为、从众行为等非理性行为普遍存在。在不确定性条件下，面临冗余

① 董志勇.行为经济学[M].北京：北京大学出版社，2005.

信息、时间压力和认知约束时，人们经常采用简洁启发式原则进行快速高效、心智成本低廉的决策以简化决策任务，简洁启发式有时导致判断偏离理性，使非理性成为可能。简洁启发式的基本原则包括：代表启发原则、可得性启发原则、锚定与调整原则、小数定律。

代表性启发原则是指当人们需要判断某一事物是否出现时，通过回忆已经掌握了的一些事物的“代表性特征”，观察“代表性特征”是否出现，而忽略先验概率的影响，如技术的成本、效益、可驾驭性。

可得性启发原则是指人们在预测和决策时，倾向于根据客体或事件在知觉或记忆中的可得性程度来评估其相对概率，容易知觉到的或回想起的课题或事件被判断为概率更高，如一些技术在前一生产期或曾留下深刻印象的经历、性能、用途、收益等。

锚定与调整原则是指人们在进行判断时常根据一些典型特征或显著经验对这些事件的发生形成一个“锚定值”，再以此作为参照点调整对事件的估计，如前期某技术获得的利益水平，会影响对新技术的可能收益期望判断。

小数定律是指人们认为一个小样本与大样本拥有近似相同的概率分布，从而根据小样本的结果做出决策[①]，比如，个别技术的不良表现会引发农业生产者对其他技术的消极认知。

3.1.3.2　地区人文特征积淀基础认知

区域文化对人们的认知形成有重要影响。区域文化通过观念文化、行为文化、制度文化和乡土知识系统对人们的认知产生影响。

观念文化包括社会意识、社会心理、教育水平。社会意识表现为小农意识(小富即安、追求稳定)和商品意识(开放冒险)。

社会心理包括宗教信仰、思维习惯，其形成与区域信仰及年龄有关；教育水平是链接区域文化与外界环境的关键，一般认为正式教育增加了农户对新技术的理解和接纳能力，认为只有农户通过农民田间学校和农民间的信息沟通增加他们的知识和人力资本，农民才会采用新的可持续的农业技术。

行为文化即区域内人们经过世代相传形成的行为准则，同时，包括语言习惯和人们之间的关系网络的密切程度。具体包括行为习惯、语言习惯、组织程度、人际网络。人际网络内的信息传播就是人们的相互模仿，通常有一位技术权威或精英担当角色，罗杰斯称其为“技术创新代理人”。

---

① 卢现祥，朱巧玲.新制度经济学[M].北京：北京大学出版社，2007.

制度文化即为政府通过制定政策、法规而形成的制度环境。补贴、强制采纳技术等。乡土知识系统即世代相传的生产和组织经验，是最初的判断新技术的标准。当新技术与原有知识结构有冲突时，持有乡土知识系统的人们往往采取保守的态度。

3.1.3.3 社会网络发展基础认知

社会网络关系影响认知判断行为。根据交往与联系的对象与性质，将人们的社会网络分为功能性社会网络和社会构建性社会网络①：

功能性社会网络是指社区内社员与社区外的机构和团体之间（即人与机构间）的功能性联系与交往状况，其交往的内容主要由社外机构与团体的职能决定，而不受社区内的个体角色影响，是一个技术、信息等相对单向主动流动过程，维系该网络的基础是法律、法规及交往机构的规章制度，网络本身互动可能性小，具有较弱的拓展性②。

社会构建性社会网络是指社区内社员与其他所有社会角色之间（即人与人间）的联系与交往状况，是社会关系构建的结果。其中，亲属即血缘网络排在第一位，其次是朋友（包括学友、战友、工友及以前一起工作过的同事）网络、邻居网络、生意伙伴（包括客户、商贩及合作者）网络、政府官员网络、社区技术精英与农民技术员网络、相同产业联系的农民网络与信息精英（信息灵通的人）网络。网络中个体角色之间的互动内容主要包括信息、技术及经验的交流，在劳动、资金等方面的相互帮助。维系该网络的机制靠的是网络内建立起的信任、社会规范及认同的价值体系。网络内所有结点角色之间的互动是双向的、动态的。

3.1.4 前景理论模型

卡尼曼（D. Kahneman）的前景理论（Prospect Theory，1992）用定量性方法描述与解释了个体在不确定性条件下的决策行为。理论认为个体行为决策的依据是行为的“前景”给个体带来的心理感受，即个体行为之后可能出现的好的或坏的后果给个体带来的心理感受③。当个体估计到可能得到相对好的结果时，更愿意采纳会带来好结果的决策结果。

---

① 陶群山，胡浩，王其巨.环境约束条件下农户对农业新技术采纳意愿的影响因素分析[J].统计与决策，2013(1).

② 叶敬忠.农民发展创新中的社会网络[J].农业经济问题，2004(9).

③ Kahneman D.，Tversky A. Advances in Prospect Theory：cumulative representation of uncertainty [J]. Journal of Risk and Uncertainty，1992(5).

3.1.4.1　心理总体价值函数

如某规则$(x,p;\ y,q)$的前景为出现结果 x 的概率为p,出现结果 y 的概率为 q;价值函数为 v,权重函数表示为 P,则这个规则给个体带来的心理感受(总体价值函数)V 可以表示为:

$$V=P(p)v(x)+P(q)v(y) \tag{3-1}$$

其中:

$$p+q<1$$
$$x\geqslant 0\geqslant y \text{ 或 } x\leqslant 0\leqslant y$$

前景理论通过价值函数和权重函数的结合,合理地解释了传统的期望效用理论所无法解释的一些问题。决策行为可能带来的心理感受的评价取决于行为主体的价值函数(相当于期望效用理论的效用用函数)和权重函数。

(1) 价值函数 (Value Function) 是以参照点为拐点,在损失部分是凸函数,在收益部分是凹函数,且损失部分更加陡峭,表示投资者的损失厌恶特征,函数的形态呈“S”形。在概率接近 0 和 1 的时候,个体的感知会发生戏剧性的变化:个体在收益情形下是风险厌恶的;在损失情形下是风险追求的;相同数值的损失带来的痛苦要远大于相同数值的收益带来的快乐,一般大约 2.25 倍。

在个体进行心理感受的评价之前,要对决策问题进行初步的分析,思考有效的行动方案,选择自认为适当的参照点,并预计可能的后果。决策行为的后果可以表述为价值为零的点(中性点),即参照点的偏离,当偏离为正时,表示行为的后果给个体带来了收益;当偏离为负时,表示行为的后果给个体带来了损失。

价值函数为决策者主观感受的价值,与参照点有关,与决策框架有关。不同的决策框架将产生不同的参照点。价值函数的自变量是相对个体自己参照点的多寡形成的决策结果,相同的实际情况经过不同个体的参照点对比,就会得出不同的结果。

(2) 权重函数 (Weights Function)不同于普通的概率权重,经过函数的处理,决策者对概率很小的事件赋予相对高的权重,而对中等概率和高概率的事件赋予相对低的权重。当概率接近为 1 时,达到“真实”状态。中大概率时,收益情形下的风险厌恶要比损失情形下的风险追寻更明显。权重函数是一个“反 S”形的,在小概率条件下是凹函数,在大概条件下是凸函数。如果事件的概率是客观概率,那么,我们可以把权重函数看作决策者对客观概率的自我评价,而如果事件的概率是主观概率,那么也可以把权重函数看作决策者形成主观概率的一种机制，但是在赋权函数的作用下可能会出现权重之和不等于1的情况。

3.1.4.2 决策参照点的编辑与选择

前景理论认为，个体在不确定条件下的决策行为必须经历两个阶段：编辑阶段（Editing Phase）和估值阶段（Evaluation Phase）。

编辑阶段可以看作是个体决策最初的信息收集、重新分类和整理的一个过程。在这一阶段，决策主体把前景“编辑”成一定简化形式，以便在评价阶段更易进行选择。这种简化通常有多种方式，而最重要的是寻求一个中性参照点，不同的参照点对收益与损失来说是不一样的。这些简化方式在不同的个体身上形成了对相同决策问题的不同“框架”，从而产生了偏好与选择方面的各种不一致现象。从信息加工角度来说，框架效应是相同问题的不同表征作用于个体决策的结果。

在整个编辑阶段，个体在进行决策时参照点的确定方案，个体的决策行为和内在的参照点息息相关，而参照点的确定又在很大程度上受到个体的知识水平、社会关系、现有财富、主观愿望等各方面主观的影响，所以，不同个体的决策行为在编辑阶段的差异就非常显著了。

3.1.4.3 前景判断与估值

前景的判断和估值是基于个体“基础情境”对可能的技术效益变量的认知判断。个体基础情境包括个人的财富基础水平、技术能力的基础水平即是个体参照值。

前景理论认为，价值载体是财富或福利变化值，而不是最终状态。这一假设与认知和判断的基本原则一致。认知是与变化量的评价一致而不是与绝对量的评价一致。例如，当农户对技术使用复杂程度等因素反映时，过去与现在的经验就是适应水平或参照点，由此，对给定复杂程度下的技术的接受难易感觉依赖于一个人适应的复杂程度，即与以前相适应的技术复杂程度相比较。同样，农户的财富水平越低，那么从额外获得的同样数量货币获得的满足也越大。这一原则适用于非传感性特征，诸如健康、权威与财富。例如，同样财富水平，可能对一个人来说是极端贫困，而对于另一个人可能是非常富足，这取决于他们的当前财产。强调变化量作为价值载体并非意味着某些特殊变化的价值就与初始财富无关①。

---

① 马广奇，张林云．基于行为经济学 Prospect 理论的个体决策行为的进一步研究[J]．经济与管理，2007(12)．

3.2　农业生产者科技采纳效用模型

此处，主要依据认知决策理论，以及创新扩散理论中的思路，结合消费效用理论，构建生产者采纳效用模型，用以分析农业科技服务与供给之间，可能联结的因素和变量，为科技服务机制改进提供思考路径。

3.2.1　科技采纳决策机理

3.2.1.1　农业生产者资源

农业生产者是农业科技的直接消费者，农业科技服务的消费水平受限于农业生产者自身条件、生产资源以及外界政策环境条件。自身条件包括劳动能力、教育水平、技术认知偏好；生产资源条件包括自有耕地规模与可扩大水平、可雇用的劳动力数量、可获得的生产资金数量成本水平、可获得的农业科技的属性和数量；外界环境政策条件包括农业相关政策、规则以及农业产区设施条件等。

3.2.1.2　农业生产者面临的自然风险和市场风险

农业生产过程涉及技术与知识门类繁多，地质、气候、生物科技、机械工程、市场经营、经济环境、政策体制等多重因素影响，使农业生产过程具有较大的不确定性。具体包括，生产资料品种性质各异，农业生产周期长，且具有不可逆性，农产品不易储藏的特性，农产品销售市场容易因各种因素波动，从而给农业生产者带来诸多自然风险和市场风险。自然风险：自然灾害、病虫害、土地环境因素，以及作物品种自身的性状缺陷等产生的收益损害；市场风险：市场供求变化带来的对既定收益的损害。

3.2.1.3　农业科技的需求决策是理性决策

农业科技的作用在于减少因市场风险和自然风险对农产品生产和经营带来的损失，提高农业生产者收益水平。农业生产所需资源和面临风险的多重性和复杂性，使农业科技服务需求的内容必然是丰富的，层次必定是多方面的，时间必须是持续性的，空间要求是广泛的，形式需要是多样的，加之需求本身既受到农业生产者内在和外在因素的影响，更因人而异。因此，提高农业科技服务效率，提高科技转化率，同时，也需要基于农业生产者科技服务需求的经济学特征，以理性人，理性决策的角度，研究分析改善科技服务效率的路径和方法。

3.2.1.4　农业生产者的利益需求与博弈基础

舒尔茨认为农业生产者的经济行为并非没有理性，传统农业的改造可以基于农业生产者的追求利润的创新行为；塞缪尔·波普金(Samuel Popkin，1979)提出“理性小农”理论，认为农业生产者一方面根据自身的利益博弈；另一方面根据其需要与其他人讨价还价以达到相互可接受的结果进行理性决策。强调尊重农业生产者在解决其生产实践中的资源分配、权威、冲突等复杂问题的智力能力①。

约束性的有限理性又称为“理性不及”的有限理性，即人们受自身认知或外界不确定性、信息成本约束而不能最大化效用的情况。约束性有限理性的原因包括：其一是内在约束，即大脑的有限处理信息的能力；其二是外在约束，即人们选择的理性程度受信息的不完全与不确定等外部因素的影响形成。

内在约束，诺思(D. North，1941)提出人类是有限理性的，是建立在个体认知的基础上的，认为人们的学习对其决策会产生重要的影响。人文历史和文化传统、个体宗教信仰和价值观点等知识都影响人们对损失和收益的判断，影响其决策，从而使其行为变得非理性倾向。哈耶克学派也强调历史、习俗、习惯、价值观念和惯例对理性的影响，认为人们在自发秩序下是有限理性的，需要遵循抽象规则完成决策行为。

外在约束，西蒙学派提出约束决策者的信息处理能力的因数包括3个方面：不完全信息或知识的不完备性；处理信息的成本；非传统的决策者目标函数或经验决策。

3.2.1.5 有限理性行为主体做出最大化决策的条件

行为主体本来可以做到理性最大化，但可能因为具有“不追求最大化”的偏好，或者认识到认知能力的不足，或者意识到“约束”成本太高而不运用理性，而只选择一定程度的理性。选择的理性受两种因素影响：

(1) 偏好。莱宾斯坦(Leibenstein，1979)在X效率理论中提出，个人行为既非完全理性，也非完全不理性，而是根据偏好选择某一理性水平，倾向“超我功能”即通过计算和注意细节，确立并坚持标准，努力追求最大化；或者是倾向“本我功能”即不愿意计算和采取理性行为，使个体自我不受约束，进行松散决策的行为。

(2) 基于节约心智成本的考虑。行为人将思维和心智作为稀缺资源，认为理性思维不仅包括理性计算的思维成本，还涉及理解和处理信息的思维成本、认

① Popkin, Samuel L. The Rational Peasant: The Political Economy of Rural Society in Vietnam[M]. University of California Press，1979.

知协调成本以及与情感、动机、价值观念、偏好等相关的心理成本。人们遵循“经济性原则”在决策的逻辑准确性和付出的认知努力之间进行权衡，同时，也要遵循“适应性原则”通过适应、协调、学习，不断对环境变化做出能动的反应，使自身的心智模式与情境达到平衡与匹配。

因此，在决策过程中，经济主体不仅要比较理性所支付的“思维成本”与非理性所带来的决策偏差成本，还要在理性决策的准确性与非理性决策带来的间接高效性方面进行权衡，基本原则是适应性理性的边际努力不高于决策收益的边际改进，即运用心智资源的成本与收益在边际上相等。

3.2.1.6 农业生产者预期效用最大化决策

若将决策方案所涉及的各属性指标对于“现状”的“改进程度”或相对于“理想”的“接近程度”成为“目标”，一个完整的决策过程可用“现状”“理想”和“目标”这三个要素来表征。

现实决策是带有时间、信息、资源、能力等约束条件的最优化过程，而不可能只是寻求满意。其中“满意”是指可达到的状况，当以此为“理想”时，可以出现可消除前期“理想”与“现状”之间存在的张力，失去心理动力引导相应行为产生。

对于单指标决策来说，目标最优化过程相对比较简单，要么正面属性最大，如收入最高、得益最多等；要么是负面属性最小，如费用最低、损失最小等。实际决策中真正涉及的是多指标问题，此时需要考虑的是如何平衡各种难以兼顾的多指标之间的关系，以做出所需决策，解决所面临的现状与理想的差距问题。

3.2.2 科技采纳效用模型的构建

农业生产者科技采纳决策是受到多方约束形成的效用最大化决策，科技信息的对称性约束（包括认知约束）、融资能力约束、技术本身的生产效率约束、技术风险约束、技术利润约束等影响农业生产者技术采纳决策，约束的增加会降低农业生产者采纳决策意愿，相反，约束的减少可以提高农业生产者技术采纳意愿。

农业生产者通过投入土地、劳动力、资金和技术等各类农业资源与生产技术要素，进行农业生产，在采纳科技决策过程中，农业生产者需要衡量科技投入可能获得的收益，是否符合其消费效用，经济模型的构建可以从理论上解释“影响采纳的因素”，采纳条件，以描述农业科技服务主体提高服务效率的改进方向。

3.2.2.1 农业生产函数

农业生产产出通常决定于农业生产投入，农业生产投入一般包括农业劳动力、土地面积、农业生产物资与设备。SOLOW 模型将农业生产函数表达为：

$$Y=A(t)K^{\alpha}L^{\beta}M^{\gamma} \tag{3-2}$$

对于我国土地承包政策下的农业生产者，以及农业从业状况，可以假定农业生产者的土地规模固定不变，且考虑技术风险时，农业生产者的人均生产函数可以记作：

$$Q=A(T)K^{\alpha}\varepsilon(T) \tag{3-3}$$

其中：

Q：为人均产出；

K：为人均资本投资；

$A(T)$：为技术 T 所带来的平均全要素生产率（即 TFP）；

$\varepsilon(T)$：为随机干扰项，其方差代表某技术的风险；

T：代表技术，$T=1$ 时表示采用技术，$T=0$ 时表示不采纳技术。

在此情况下，人均产出由单位生产者的投资规模，技术本身效率，以及技术可能面临的风险共同决定。

3.2.2.2 单位产量下的技术收益

当农业生产者采纳技术时，首先需要支付技术的成本 $C(T)$。因为技术 T 的应用作用于农产品生产过程，往往会影响农业产品的价格，所以，农业生产者在施用技术后会获得相对不使用技术时不同的农产品销售价格 $P(T)$，因此可得采纳技术的收益式(3－4)表述：

$$\text{采纳技术的收益}=P(T)-C(T) \tag{3-4}$$

当 $P(T)>C(T)$ 时，采纳技术的单位收益大于 0，农业生产者因使用技术会获得更多的农产品销售收益；

当 $P(T)<C(T)$ 时，采纳技术的单位收益小于 0，农业生产者虽然采纳并支付了技术成本，但没有因技术的应用获得更多的农产品销售收益，甚至连已支付的技术成本也不能得到回报。

3.2.2.3 农业生产者的预期效用函数

农业科技消费目标是获得农业科技效用。农业生产者采纳农业科技的目的也是获得科技带来的积极效用，提高农产品生产效率，提升农产品竞争力和市场收益。农业生产者期望效用受农业生产者对技术的预期消费和预期消费可能带来的相关风险影响。因此，假定农业生产者的预期效用函数为：

$$E[U(c)]=E(c)-\mathrm{bvar}(c) \tag{3-5}$$

其中：

c :代表消费;

$U(c)$:代表效用;

$E(c)$:代表预期的消费;

bvar(c):代表预期消费的风险(即方差)。

预期效用函数与预期消费成正比,与预期消费的风险(方差)成反比。

3.2.2.4 农业生产者技术采纳效用最大化模型

结合上述 3.2.2.1~3.2.2.3 部分的分析和假设,以及公式(3-2)、(3-3)、(3-4),构建农业生产者效用最大化模型如下:

$$\max_T E\{U[(P(T)-C(T))A(T)K^{\alpha}\varepsilon(T)]\}$$

$$\text{st. } wT+rK \leqslant y+B, \tag{3-6}$$

其约束式中:

wT:采纳技术的成本;

rK:资本投入的成本;

y:农业生产者自有资金;

B:可以借到的资金。

3.2.3 效用最大化的约束分析

根据生产者技术采纳效用最大化模型,结合前几节实证调研分析结果,对农业生产者面临农业科技的采纳决策过程分析,推演农业生产者在技术采纳过程中可能遇到的约束:

3.2.3.1 融资约束:

$wT+rK \leqslant y+B$ 为预算约束,代表在追求利益最大化的前提下,采纳技术的成本 wT 与资本投入的费用 rK 不能超过农户自有资金 y 和能够借到的资金 B。给定其他条件不变,如果农户自有资金不足,且无法筹到足够的资金 B 时面临紧约束,自有资金 y 与能够筹措到的资金 B 不足以支付采纳新技术的成本,若 $T=1$, $wT+rK>y+B$,这种情况下农户只能采取 $T=0$ 的方案,即不会采纳新技术。

农业生产者的收入水平是他们对相应某一类科技产品持有采纳意愿水平的标志。如,当收入较低时,会长期采纳一些常用传统农业技术,而几乎不采纳实行较优、质量较好、价格较高的技术。当他们的收入逐渐提高时,农业生产者会适当增加对更高性能和售价的技术采纳意愿,并会积极付之行动,表现为:对某些采纳技术总数量的有所提高,但对于另一些农业科技仍旧可能不会接受,或没有能力接受；当收入继续提高时，才会逐渐减少原来常用技术的应用，再次转而吸收其他更有效率的农业技术，形成新的或更高效能的科技需求的无差异组合。

政府的收入补贴，农产品市场的公平价格，或者生产成本的补贴都会相对提高农业生产者的自有资金空间，对某一层次的科技，这种收入水平的保持，可以推动相应数量技术的采纳动力。

3.2.3.2 技术的利润约束：

给定其他条件不变，

$T=1$ 时，消费 $c(1)=(P(1)-C(1))A(1)K^{\alpha}\varepsilon(1)$，

期望效用 $E\{U[c(1)]\}=E\{U[(P(1)-C(1))A(1)K^{\alpha}\varepsilon(1)]\}$；

$T=0$ 时，消费 $c(0)=(P(0)-C(0))A(0)K^{\alpha}\varepsilon(0)$，

期望效用 $E\{U[c(0)]\}=E\{U[(P(0)-C(0))A(0)K^{\alpha}\varepsilon(0)]\}$；

当 $A(1)=A(0)$ 时，如果 $P(1)-C(1)<P(0)-C(0)$，随机干扰服从正态分布，此时农业产品价格 $P(T)-C(T)$ 主导了期望效用的大小，因为效用与预期消费成正比，预期消费与农业产品价格成正比，则有 $E\{U[c(1)]\}<E\{U[c(0)]\}$。

考虑效用最大化，农户不会选择 T=1 的方案，即新技术不能带来更高的销售利润时，那么农户不会采纳新技术。因此，新技术必须能够提高农户的生产利润。

农业科技作为农业生产要素之一，在农业生产者按照生产利润最大化的原则进行科技采纳决策过程中，是否能够得到采纳的机制的原因在于农业科技给农业生产者带来的边际产品价值的高低，对于农业生产者为科技要素支付的要素边际成本，农业科技是否能够为农业生产者实现较高的要素边际收益，如果有益于生产者的利润优化，农业生产者没有理由不积极地采纳农业科技投入的自己的农业生产中。

3.2.3.3 技术的生产率约束

给定其他条件不变，

$T=1$ 时，消费 $c(1)=(P(1)-C(1))A(1)K^{\alpha}\varepsilon(1)$，

期望效用 $E\{U[c(1)]\}=E\{U[(P(1)-C(1))A(1)K^{\alpha}\varepsilon(1)]\}$；

$T=0$ 时，消费 $c(0)=(P(0)-C(0))A(0)K^{\alpha}\varepsilon(0)$，

期望效用 $E\{U[c(0)]\}=E\{U[(P(0)-C(0))A(0)K^{\alpha}\varepsilon(0)]\}$；

当 $P(1)-C(1)=P(0)-C(0)$ 时，如果 $A(1)<A(0)$，随机干扰服从正态分布，此时技术 T 所带来的平均全要素生产率 $A(T)$ 主导了期望效用的大小，

因为效用与预期消费成正比,预期消费与平均全要素生产率成正比,同样有 $E\{U[c(1)]\}<E\{U[c(0)]\}$。

根据效用最大化原则,农户同样不会选择 $T=1$ 的方案,即新技术不能带来更高的生产效率(从产量角度)时,那么农户也不会采用新技术。

技术生产率源于两个方面:其一是技术本身质量,即技术创新扩散形成的推广技术本身的实际效果,改进生产效率的能力;其二是技术服务,即在农业生产者既定技术理解与应用能力上,能够提供的技术指导和相关服务的密切和及时有效的程度。

3.2.3.4 技术的信息约束

给定其他条件不变,

$T=1$ 时,消费 $c(1)=(P(1)-C(1))A(1)K^{\alpha}\varepsilon(1)$,

期望效用 $E\{U[c(1)]\}=E\{U[(P(1)-C(1))A(1)K^{\alpha}\varepsilon(1)]\}$;

$T=0$ 时,消费 $c(0)=(P(0)-C(0))A(0)K^{\alpha}\varepsilon(0)$,

期望效用 $E\{U[c(0)]\}=E\{U[(P(0)-C(0))A(0)K^{\alpha}\varepsilon(0)]\}$;

如果 $P(1)=P(0)$,但是 $C(1)>C(0)$,此时 $P(1)-C(1)<P(0)-C(0)$ 仍然成立,同理有 $E\{U[c(1)]\}<E\{U[c(0)]\}$,农户不会选择 $T=1$ 的方案,即新技术的学习成本很高时,农业生产者也不会采用新技术。学习成本来自技术信息和农业生产者两方面:

(1) 技术方面信息不完全带来新技术学习的主要障碍。农业生产者技术采纳决策需要参考的信息包括技术属性与来源、技术质量或效果、技术指导与培训深度、技术农产品市场前景4个主要方面。以质量信息问题为例,在市场信息不完全时对消费者购买的影响,可以很好地说明农业科技信息的完全性对农业生产者科技的采纳意愿有非常重要的影响。假设科技创新扩散市场中有一个创新产品 X,由于信息不完全,农业生产者不确定这项科技产品的质量和具体效果如何,无从做出有利评价。其中部分对农业科技有积极态度的农业生产者会自发寻找参考依据以进行估计,如通过产品品牌公司的资质规模或市场口碑来做一些判断,或者听听别人的想法和推测来综合评估这项技术是否值得采纳;而另一些对农业科技持有保守态度或不具备分析评估能力的农业生产者,则做出干脆放弃或延迟采纳科技的决策。

农业生产者在进行科技采纳决策时,不仅考虑科技价格,科技质量和效果,也要考虑它可能带来的收入增长水平。一项技术即使很便宜,但如果没有性能太差或市场需求不明确,就不会采纳购买;反之,即使有些贵,但如果效果极高,对农业生产收益有确实的积极作用，农业生产者也会试着采纳。

(2) 农业生产者方面带来新技术学习的基础屏障。农业生产者认知基础和技术应用能力构成新技术学习成本。一方面是长期积累形成了的技术认知，随年龄和经验的增长更加不宜改变；另一方面，通过学习和体会形成新技术的合理且积极的认知需要农业生产者一定的投入；同时形成积极的新技术认知的经验实践，需要农业生产者具有相当的技术应用能力，也构成了新技术认知的成本之一。

3.2.3.5 技术的风险约束

每一个农业生产者作为新科技的消费者具有不同的风险意识，对于同一个具有不确定结果的事物，态度有所不同，实施决策行为有异。经济学家将对待风险的态度分为 3 类：风险回避者、风险爱好者、风险中立者。一般认为实际经济生活中多数人是风险回避者，大多数人们更倾向于风险回避，农业生产者同样大多数属于风险回避者。

给定其他条件不变，

$T=1$ 时，消费 $c(1)=(P(1)-C(1))A(1)K^{\alpha}\varepsilon(1)$，

期望效用为 $E\{U[c(1)]\}=E[c(1)]-bvar[c(1)]$；

$T=0$ 时，消费 $c(0)=(P(0)-C(0))A(0)K^{\alpha}\varepsilon(0)$，

期望效用为 $E\{U[c(0)]\}=E[c(0)]-bvar[c(0)]$；

当 $E(\varepsilon(1))=E(\varepsilon(0))$ 时，如果新技术会导致 $var(\varepsilon(1))>var(\varepsilon(0))$，即在技术 T 所带来的平均全要素生产率与农业产品价格不变时，$var(\varepsilon(T))$ 主导了期望效用的大小。因为期望效用与技术风险成反比，于是有 $E\{U[c(1)]\}<E\{U[c(0)]\}$。这时由于新技术没有导致产品平均收益增加，反而使得收益风险加大，农户也不会采用新技术。因为农户的风险规避倾向，除非 $E(\varepsilon(1))\gg E(\varepsilon(0))$，农户才会采用考虑采纳新技术。

农业为生产者面临的技术风险主要包括技术本身质量风险，技术应用过程中实际效果风险，技术农产品的市场风险三部分。技术本身质量来源于技术创新部门以及技术孵化和扩散部门的服务质量；技术应用效果风险受技术推广部门过程服务质量和农业为生产者技术应用能力影响；技术农产品的市场风险直接受到农产品消费市场需求约束，间接决定于技术创新和孵化服务主体在技术研发和技术导入时，基于农产品消费市场需求的水平。

风险厌恶水平与农业生产者能力、技术回报相关。现实决策中，存在着难度与可能回报的关系，可以考虑选择相对来说难度适中而回报较大的问题作为切

入点，以通过小收益获得提高，以增加决策行为的动力。对于一定的农业科技，部分农业生产者会努力通过交流观察降低可能面临的风险。通常有3种降低风险的方法：多样化、购买保险、获得更多的决策信息。这些方法可以鼓励风险回避者积极采纳新型的农业科技，提高农业为生产效率。

(1) 多样化。农业生产者可以在计划接受某一带有风险的科技产品时，采取多样化行动，以减低风险。在采用新技术同时，控制采用规模，同时，也保持原有技术的一定比例，以保证如有损失的情况下，损失最小。

(2) 购买保险。支付一定的保险金，以降低未来可能的损失额。经济学分析认为，一般地，如果购买保险的支出等于财产的期望损失，人们总是愿意购买保险，使自己万一遭受损失时能够获得全部的补偿，从而消除风险。

(3) 获取更多信息。不确定性是指经济行为者对自己将要做出的决策所涉及的所有经济变量缺乏足够的信息，由此面临风险。如果能够在决策时掌握更多、更确切、全面的关键信息，就可以做出明确的决策，也就不存在所谓风险了。也就是说，如果信息是完全的，不确定性和风险性就不存在了。

3.2.4　采纳决策约束的推断

鉴于农业生产者技术采纳效用最大化模型及分析，改善农业科技服务效率，需要降低农业生产者在农业科技采纳决策过程中的约束水平，提高做出科技采纳决策的概率。具体地归纳最大化约束于4个方面：

3.2.4.1　源于技术本身的约束

农业科技本身属性和质量，从基础上决定了技术服务的方向，能够解决的问题，提高农业生产率的程度，改善农业生产收益的空间范围，以及技术本身缺陷或要求蕴含的可能风险。

3.2.4.2　源于技术信息的约束

农业生产者决策依据及时、全面、可靠的技术信息。农业技术采纳决策来自农业生产者决策前是否可以及时得到各方面信息，及时的信息能够减少技术采纳决策的不确定性，减少技术信息的约束，提高技术采纳比率；农业技术采纳需要全面的技术信息，由于生产过程复杂，农产品且需面临农产品消费市场需求选择，农业技术采纳决策需要同时结合生产过程与生产成果销售收益作出平衡，不仅仅是对技术属性、价格、来源和差异化的产前信息，同时，需要分析产中、产后等全方位技术和市场信息；采纳决策目标是获得期望收益，真实可靠、准确实际的信息能够保证决策目标的可行性和可实现性，可验证的决策效率能够强化下一期决策的信心，以及提高信息服务主体的可信度，有利于提高下一轮技术采纳意愿。对于农业生产者的对于新科技的风险回避态度，通过提供全面信息服务，以及建立科技采纳的循序渐进服务机制可以得到逐步缓解。

3.2.4.3 源于资金规模的约束

农业科技采纳硬约束在于可投入资金的饱满水平，一方面在于当期可用于技术投资的资金总量；另一方面在于当期农业技术投入回报预期与前期技术回报的积累水平。因此，农业生产者当期技术采纳资金充足水平，同时，受到历史技术回报积累、当期可筹借资金量及其借贷利息、当期技术投入的收益预期共同影响。其中，除去资金本身的可得性和资金成本的纯资金约束之外，也包含技术可能带来的收益能力的潜在影响，即科技服务效率也会通过技术收益能力，构筑了非资金本身的资金约束。

3.2.4.4 源于农业生产者本身的约束

我国农业生产者素质是传统农业生产中，经历政治、经济、技术、社会等改革和变化日复一日积累形成的，具有一定的应变能力，同时，也保有相当的传统特色。在农业科技采纳决策中，他们的技术认知、技术驾驭能力、技术信息获取和分析能力主观地影响着科技采纳水平。现有基础教育、科技宣传和培训等服务能够减轻一部分，但这些源自农业生产者本身的影响因素，仍然会滞留相当长的一段时期，限制科技采纳水平。切实高效的科技服务是彻底消减农业生产者自身约束的关键手段。

农业科技服务主体需要结合自身能力和优势，基于以上 4 个方面，探索改善科技服务效率的策略和方法，提高科技采纳份额，提高科技转化效率。

这里构建的模型源于心理学概念的认知决策理论，从个体行为角度，为考察个体行为决定因素研究提供了有效的依据。人们对外在事物的判断是基于自己的相应认知，并结合从外部获得的早期体验和当期信息进行综合判断，以保证自己尽可能获得更好的结果，或把握好的机会。分析个体为什么做与不做，必须从内外两个方面要素分别进行分析，转变个体行为也要从内外两个方面提供动力和激发手段。认知决策理论同时也适用于以个体决策为主导的组织行动方向与动机的分析。

创新扩散理论在农业科技方面已经相对成熟，作为我国农业科技服务供给的研究框架，可以将宏观供给问题、服务主体建设问题、服务机制与效率问题归纳入格式化的分析框架中，规范揭示科技服务可能面临问题，并存在丰富国际经验可参考借鉴。

农业科技服务机制问题在主要方面上属于服务的供求问题，主要涉及农业科技服务市场中的科技服务价格和数量，是一个市场均衡问题。在“无形之手”失灵时，市场供给和需求不能平衡，供给大于需求，或者相反。市场均衡理论全面地研究了市场失灵的原因和解决策略，为农业科技服务机制问题的分析和改进措施提供了很好的依据。

第4章

农业生产者技术采纳行为研究

农业科技服务的效率还可以从科技服务需求的角度进行分析，以我国农业科技服务主体与服务内容为线索，进行农业生产地区科技服务需求调研，探讨当前服务效率在需求上显示出来的问题，结合科技服务需求特征和规律，探索改进科技服务效率的着力点。

农业科技服务内容相对宽泛，涉及农业生产相关的各个方面，主要概括成实物技术和非实物技术两大类，而技术服务的需求需要扩展到技术相关的各个方面。拟锚定于科技服务导入农业生产的必要因素，以自然的农业生产过程为顺序，分别针对技术的相关信息，如技术本身属性、技术价格、用途、质量等；技术的相关载体，如农药、种子、化肥、相关生产加工机械等；技术的相关服务，如知识辅导、田间操作、售前培训、售后服务、技术咨询等；技术投入后生产出来的农产品去向，如销售渠道、销售收益、农产品销售市场需求等。深入农业科技从进入农户，到生产过程，到销售含有技术的农产品，再到获得再投入的"技术回报"等受农业科技服务影响的全程需求细节。

随着多年开展的持续的实地调研数据和调研内容的不断深入，调研范围逐渐扩大。结合前一章供给方面的研究，考虑到供给实力与条件的各地差异，选择了上海作为研究重点。在需求调研的数据样本上，则考虑各地农业生产条件、人文环境，以及农业生产规模、农产品定位不同的代表性，选择了粮食、蔬菜不同农产品，山东、广东不同气候的农产区，上海、江西、浙江等不同农业规模特点的农产区进行数据采集，以保证需求研究可以从多个角度进行对比，能够反映农业科技服务需求的共性问题，以辅助制定具有普遍意义的科技服务效率改进建议。

同时，综合科技需求的各个方面显著要求，调查分析整体概念下的科技需求特征，顺应农业科技需求的终端内容，沿袭科技服务的来源，向科技服务的源头，寻找科技采纳问题的关键点，概括提炼农业科技需求对供给的要求，抓住提高农业科技服务机制效率的切入点，寻找改善农业科技服务效率的途径。

4.1　技术属性对采纳决策的影响研究

不同的农业科技在农业生产过程中的作用不同，实现技术效果的途径和形式也不同，农业生产者对具体技术的采纳热情和意愿亦有区别。罗杰斯在《创新扩散》一书中也提出，每一技术在不同国家、不同地区、不同时代的推广扩散速度均不同，对具体农业生产发挥的作用也不尽可比。不同农业生产者对某些技术有特殊偏好，采纳的意愿和行为动力也千差万别①。农业生产者对于需求偏好较高的技术采纳意愿更高于其不关注的技术，在同样属性、价格、质量条件下，偏好技术的采纳数量也会高于其不关注的技术。因此，农业科技创新扩散服务效率的提高，还需要科技服务部门考察农业生产者的不同偏好，了解研究技术偏好的方向，并参考农业生产者偏好趋向，提供科技产品才能得到农业生产者的积极态度支持。

4.1.1　研究思路

农业生产者科技采纳行为受各自技术偏好影响，如果能够发现技术类型偏好及其可能线索，则可以在一定程度上提供科技服务方向与诱导科技采纳行为的方法，以便推广有利于农业生产者提高生产效率的科技手段和技术。

农业生产者技术选择偏好一般受多种因素交互影响逐渐形成，相对固化，不易改变。其中，个人技术认知的影响构成偏好的基础认知，基础认知之上根据技术应用的经验不断积累调整，同时，受技术投入生产出来的农产品的消费市场收益回报影响，产生重大的积极或消极反馈反应性认知，当期的技术认知、技术应用认知、技术回报认知综合构成下一期类似技术采纳意愿和决策动机。

基础认知的形成过程极其复杂，一般认为受人文传统认知、文化教育、地区经济环境、生产领域等因素影响。我国农业生产者群体已出现老龄化趋势，早期自主流动性较低，所以，技术传统认知、教育经历比较相似，一定程度上可以反映在不同年龄段农业生产者身上，而且年龄越大越不易被影响和改变。基础认知的稳定性和历史性是多数情况下有碍科技采纳行为实施的关键问题，年龄可以

① ［美］E.罗杰斯.创新扩散［M］.北京：中央编译出版社，2002.

作为研究分析的一个线索。

基于深入生活在农业生产地区农业生产者，科技认知可能更加具有农业本质特征和传统农业色彩，调研考虑在城市化程度、农业发展程度、农业生产者富裕程度等方面注意样本的选择和控制。所以，技术偏好研究选择发达都市农业县区、都市周边农村、农业大省区农村为数据调查地点。主要目的是年龄与专项技术倾向关系研究，以年龄为线索，设定几种常用技术类别进行数据收集，调查研究以年龄为线索的认知背景下，是否代有科技采纳偏好，探索科技服务在技术偏好上可以采取服务效率改进方法的实证证据，以及诱导农业科技采纳决策行为的可行策略基础。

4.1.2 调查对象与量表设计

4.1.2.1 调查范围

选择上海周边农业生产较集中的省县进行调研，以调研定位地点的当地从事农业生产经营的农业生产户为对象，非从事农业生产的当地居民(户)不在调研范围。调研人群以种植业为主，经营规模不限，每个地区适当保持大户调研比例。

4.1.2.2 问卷设计

通过局部访谈确定了备受农业也生产者关注的 3 类技术：防治病虫害技术、高产技术、新优品种，这 3 项技术作为调研技术类别，辅以受访者实足年龄和性别信息，以及家庭月收入作为参考信息，形成简易调研问卷，通过 4 个小组同时在 4 个省市进行部分实地，部分网络式填报的方式进行调研。简易问卷包含性别、年龄、家庭月收入、最感兴趣的技术等问题。

4.1.2.3 调查对象

2010 年 7 月—10 月，选择位于洞庭湖—鄱阳湖平原，以及太湖—长三角平原地区。这些地区种植历史悠久，地势平坦，土壤肥沃，水光热充足，水运等交通便利，粮食生产适宜规模化，且随着近年来国家对粮食产出的重视逐步提升，农田基础设施配套稳健完善，生产经营条件相似。具体调查点按典型抽样的原则选择了湖南的岳阳、江西的九江、江苏的常熟和福建地区 4 个省市地区，以户为单位，选择种植为主，或以自给自足为目的的农业生产者，或以农场式农机化作业的农业生产者为调查对象，农作物集中于小麦、水稻、玉米等作物。每个地区选择 2～3 个乡或镇进行抽样调查，样本按随机抽样和典型抽样相结合的原则进行选择。调查的农户均为随机选择，共发放问卷 1 400 份，在删除无效异常数据

(包括空白数据、非常规数据和无效数据)后,得到有效问卷 1 376 份,有效率为 98%。

4.1.3　样本统计性描述分析

4 省调研数据汇总整理,共获得福建省 345 个有效数据,湖南省 458 有效数据,江苏省 321 个有效数据,江西省 252 个有效数据。样本总体数据表明在提高农业机械化发展,鼓励农民工进城就业,提高城镇化水平的时代背景下,常年留乡从事农业生产的主力农业生产者家庭成员年龄在 41 岁到 55 岁的农民达到近 60%(见图 4－1),他们的子女大部分都外出打工,部分农忙时会回家助农,然后再返城继续工作。尤其是农村家庭采集的样本中 51 岁以上留守务农的农业生产者占 43%,这些年龄段的各户主要农业生产者对农业科技的认知与偏好构成了影响农户对农业科技采纳行为的绝大部分。当年 40～55 岁左右的农业生产者应属于 1955—1970 年出生的两代人,早年出生的教育背景多数为小学或小学以下,20 世纪 60 年代出生的且留在农村从事农业生产的部分具有初中甚至高中或大专文化水平。他们都具有相同生活地传统农业科技认知,但具有不同的技术学习和应用能力和经历,面对的是相同的农产品消费市场,但具有不同的分析问题和总结经验能力。因此,在年龄的不同层次上,表现出来的技术偏好不尽相同。

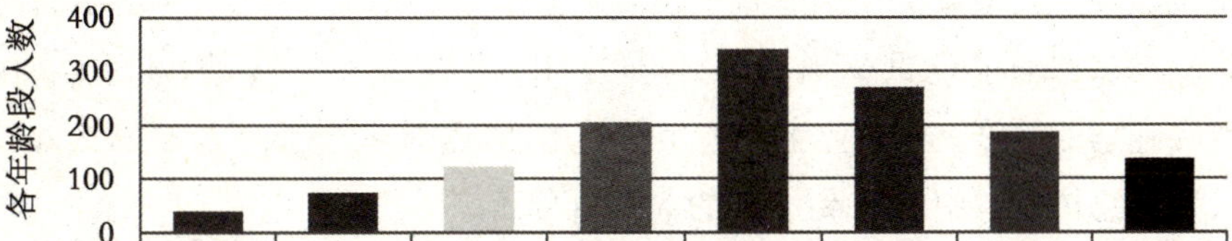

	30岁以下	31～35岁	36～40岁	41～45岁	46～50岁	51～55岁	56～60岁	60岁以上
■ 系列1	39	74	123	205	341	270	187	137

图 4－1　样本总体年龄分布情况

表 4－1 是对总体样本的频度分布统计,防治病虫害技术需求、高产技术需求和新优品种需求总体中比重分别约为 31 ∶ 34 ∶ 35,相对比较均匀,高产和新优技术需求意愿稍有突出,说明相对更多的农业生产者关注新优品种技术,其次高产技术,在其次病虫害防治技术。

表 4-1 样本总体年龄—技术偏好对照表

年龄区间	病虫害防治技术	年龄段频度%	高产技术	年龄段频度%	新优品种技术	年龄段频度%	合计
30 以下	10	25.64	13	33.33	16	41.03	39
31～35	20	27.03	28	37.84	26	35.14	74
36～40	34	27.64	46	37.40	43	34.96	123
41～45	60	29.27	74	36.10	71	34.63	205
46～50	103	30.21	112	32.84	126	36.95	341
51～55	87	32.22	94	34.81	89	32.96	270
56～60	70	37.43	59	31.55	58	31.02	187
60 以上	51	37.23	43	31.39	43	31.39	137
合计	435	31.16	469	34.08	472	34.30	1 376

新优品种需求意愿在同年龄层次分布中呈现了越年轻兴趣意愿越强烈的现象，最高比例处现在 30 岁以下，41%的农业生产者技术兴趣点在新优品种，而这一年龄段样本量在总体样本中仅占 0.3%；然后在下一年龄段形成 6%的落差，之后随年龄增长兴趣热情逐渐下降到 31%的比重水平；其中 46～50 岁年龄段对新优品种的兴趣意愿比例非常突出，超过第二高点 37%，这一年龄段总人数 341 人，占总体样本比重 25%，是总体样本中 60%主力农户中的 42%。新优品种的兴趣意愿总体上随农业生产者年龄的增加，逐渐降低，低于所有填选此技术的人数在总体样本中的比重 34%的 3 个百分点。

高产技术需求意愿也与新优品种技术类似，呈现出随年龄增长逐渐弱化的特征，从最高比例 38%降低到 31%的关注比重。其中 30～40 岁农户主相对更关注高产技术，维持在 37%～38%的同年龄层意愿比重，总人数占同年龄层人数比重为 37%，是总体样本总人数的 14%，不是农业生产主力构成；30 岁以下的户主中仅有 33%表示关注高产技术；51～55 年龄段对高产技术的兴趣突出前后两个年龄段 2～3 个百分点，为 35%，但低于同类技术兴趣比最高值 3 个百分点。

防治病虫害技术的兴趣意愿比例与年龄增长呈现了相对明显的正向影响，即随着年龄的增长，农业为生产者对防治病虫害技术的需求意愿也在不断上升；从 30 岁以下的年轻生产者 26%的意愿比，匀速上升到 60 岁年龄段的 37%，最高值出现在56岁以上年龄的农业生产者，121人，占两年龄段总人数的37%，该年龄段人数是总体样本人数的24%。

根据病虫害防治技术的样本数据，按照年龄段分类计算，使用OriginPro 8.0软件，对上述数据进行拟合分析，得出年龄－病虫害防治技术需求意愿的拟合关系。拟合效果较好，病虫害防治技术的需求意愿比例与年龄段的相关度为0.91（见表4－2），病虫害防治技术的兴趣意愿与农业生产者年龄存在较强的相关性。

表4－2　样本总体统计分析数据

	Intercept		Slope		Statistics
	Value	Error	Value	Error	Adj. R-Square
Original	15.88	1.82	0.35	0.04	0.91

4.1.4　基本结论与推测

4.1.4.1　技术兴趣与偏好的客观存在

农业生产者面对各种各样的农业科技有其自主地选择依据，即使是非确定性决策，也有其独特的思考和评价方法，这种评价和思考对于实际同类技术的选择和采纳存在一定的影响。在自身条件不允许，或外在信息不确定时，面对唯一或不充分的选择决策，会根据自己的评价和需求作出唯一选择，并倾向于某一种或一类技术，以保障其生产效率实现其预期最佳水平。

从农业技术采纳者角度思考，他们是农业技术的直接使用者，技术作用和效果关系到自身的经济利益，对于新出现的改良品种，上了年纪且种植经验丰富的老农户，多数抱有谨慎态度，对新技术的性能、收益以及信息真实性多有怀疑，除非是村镇里有人试用并在市场上卖出了好价钱，否则对新技术始终不愿接受，表现出较高的风险厌恶水平。在既定科技认知基础下，新技术采纳积极性不高，采纳意愿不足，采纳决策迟疑不决。而主要以农业生产为主业的农户则根据自己的经验和能力做出不同选择，使本次调研数据表现为3种技术选择的相对均等水平，对于这3种相对主要的技术，农业生产主力年龄层的生产者们随着总样本数的增加，虽然趋于平分结果，但足以说明选择的存在，个体技术兴趣和采纳意愿偏好的存在。

4.1.4.2　基于基础认知的技术偏好

年龄基础存在科技认知偏好。45岁以上的农业生产者大多数出现在20世纪60年代左右或更早，当时农业用地占了土地利用的大部分，农业人口也居高不下，农业生产技术不高，农业生产效率较低，对于农业的依赖性远远强于七八十年代以后出生的农业生产者。对农业生产的依赖强调稳定增长的收成和收益，鉴于技术知识能力和技术条件有限，沿用传统“可靠”的生产方式成为部分年龄段农业生产者的技术认知基础。

年轻的农业生产者随着改革开放的潮流，很多加入了进城大军或是乡镇企业大规模工业或农业生产中，相对前者对于农业生产或是没有太多要求和经验，逐渐脱离农业，或是希望突破传统农业生产方式，追求新优品种优势，期望借助高科技生产和管理方式获得更高农业生产收益。积极的科技意识，大胆引用试用高新科技改善生产效率的动机，支持产生农业科技采纳决策。

不同的生活背景和生产方式在不同年龄段农业生产者身上表现出“代际”差异，形成了对农业生产和农业科技的不同认知，影响其对不同性质技术的认知和有用性判断。

4.1.4.3 农业生产经验和农业技术能力影响技术选择意愿

种植经验强化农业科技认知。在数据的简单归纳中，以年龄为生产经验标志的农业生产者对防治病虫害技术表现出了递增的偏好；农户对自己的农地、生活地的气候、水源还有土壤的性质以及农作物的生长周期规律，已经形成了比较强烈而深刻的自我印象。农作物生产中发生病虫害问题是相对被动的，对农业产量和质量的影响也是最为直接的，只有在解决了病虫害问题，才有可能保障高产、新优产品技术的积极作用。年龄大的农业生产者从事较长时间的农业生产，掌握了较好的传统生产技术，积累了对农业技术价值与作用的认知，深谙农业生产重要环节与关键问题，并通过以前的种植经验，不断总结新的经验和认识，调节和加固原有认知水平，形成新的或更加传统或更加积极的技术采纳意识。

生产规模与生产能力客观促成技术采纳偏好。调研过程中发现，年龄在45岁到55岁的农民占了大部分。他们的子女大部分都外出打工或者远走他乡。家里的农田主要靠他们亲自打理，形成了相对较大的生产规模，而这部分农民，带着深深的农务本性，希望能在土地中得出尽量大的收获。他们发现要想让农业产量增加或者保持稳定，他们一定会倾向于选择防治病虫害的技术和化学除草技术。而且年龄大的农户，体力上相对没有年轻人好，但是还是比较能够吃苦的，他们期望能通过喷洒农药等防治虫害技术，减少对农地的管理负担。

4.1.4.4 技术兴趣与农业生产者年龄存在规律性变化

在基础认知、经验能力等综合作用下，农业生产者的技术兴趣与意愿与年龄的增加存在一定的规律。用于选择的 3 种主要常用技术中，新优品种技术、高产技术的技术兴趣与使用意愿在加总比重上较为突出，但大体趋势上随农业生产者的年龄上升，呈现逐渐降低，并抵达低于平均兴趣比重水平；病虫害防治技术兴趣随年龄变化比较平缓，表现为随年龄的增长而不断增加的趋势，但在总体样本中，病虫害防治技术兴趣总量明显低于另外两种技术。从技术性质上分析，高产与新优品种技术面临更加复杂的应用技术和存在可能风险的市场，病虫害防治技术是更加实在必需的常规性技术，对于不同年龄段的农业生产者可能存在不同的应对和驾驭能力的限制。

4.2　科技信息搜寻行为对采纳决策的影响研究

4.2.1　理论模型与研究假设

4.2.1.1　研究设计

根据“前景理论”，农户采用技术的出发点是追求自身效益的最大化，应用技术的过程是一个理性的决策过程。农户采纳决策受着技术因素、外界环境因素和农户自身特征等众多因素的影响。

技术本身的性质由创新推广部门决定，并对应农业生产者技术兴趣和偏好，影响科技服务效率；农户自身行为特征，如上一研究讨论的技术搜寻基础认知、生产经验和技术能力也会通过偏好、判断决策作用于科技服务效果；而外部环境等因素更是常常受到农业生产者自身内因特征辗转影响科技服务效率。

农业生产者自身特征除了年龄之外，还涉及教育程度、家庭规模、土地规模、投资能力等因素可以更充分地反映其生产经验和能力水平；外部环境一般包括当地基础设施、资金政策、农产品地区优势、当地科技服务水平、国家农业相关政策、地区经济水平等因素，在技术因素及外界环境因素等外因既定的情况下，影响农户采纳决策的主要因素是来自农户自身特征的一系列内在因素，以及农业生产者接受科技服务的程度或水平。

影响科技采纳因素研究一方面可以帮助农业科技服务组织了解农业生产者自身因素对科技采纳的影响，以便有效调节科技服务方式方法；另一方面了解现有科技服务在支持科技采纳行为上发挥的作用与局限，可支持设计出改善科技服务效率的策略。

4.2.1.2 理论模型与变量设置

逻辑回归模型被广泛应用于探索影响因变量的因素，研究在某一定特定条件下个体行为呈现某种状态的概率，适用于比较在不同自变量取值组合下个体行为呈现某种状态的相对可能性①。这里所要估计的内容性质，因变量是一个“0，1”选择变量，即“接受”还是“不接受”，自变量则是农业生产者自身特征以及其他相关因素，因此决定选用 logistic 回归模型进行估计。拟通过对各种要素的分类和筛选，引入影响农业生产者采纳决策的 7 个因素作为自变量，即农业生产者信息来源路径数量、决策者自身的教育程度、年龄、家庭成员数量，家庭农业从业人数，家庭富裕程度（包括家庭耕地面积、家庭年纯农业总收入）等变量。其中采纳技术的因变量，“接受”赋值为 1，“不接受”赋值为 0。

模型的表达式如下：

$$\ln(P/(1-P)) = b_0 + \sum b_i X_i + \in \qquad (4-1)$$

其中：

P：采用技术的概率；

$1-P$：不采用技术的概率；

$P/1-P$：采用与不采用技术的比率；

b_0，b_1，b_2，…，b_i：估计参数；

X_0，X_1，X_2，…，X_i：影响采纳决策的因素；

$\in$：随机误差项。

4.2.1.3 研究假设

基于前景理论，对农业生产者采纳技术的偏好特征（X_i）进行假设如下：

假设 1：农业生产者信息渠道数量与采纳决策行为呈正相关性，农业生产者在对收集到的新的技术的信息时，进行认知评价何决策选择事时，信息来源渠道越多，越容易接受新的技术。

假设 2：农业生产者受教育程度与其采纳决策行为呈正相关性。基于参照点假设，即农业生产者的受教育程度和他对技术的认知的编辑和估值是正相关的。

假设 3：农业生产者的年龄与采纳决策行为呈负相关性。假设参照点的设置与农业生产者的年龄相关的，且年纪较大的农业生产者保障型的需求比大于

① 吕美晔，王凯.菜农资源禀赋对其种植方式和种植规模选择行为的影响研究——基于江苏省菜农的实证分析[J].农业技术经济，2008(2).

年轻的农业生产者。

假设 4:农业生产者的家庭成员数量与农户采用技术的决策行为呈负相关性。基于参照点假设,即当农户的家庭成员数量更多时,如果有损失,可能要面临更多损失压力。

假设 5:农业生产者家庭主要从事农业的人口人数与采纳决策行为呈正相关性,即农业生产者在技术支持的条件下,会因为劳动力优势,更倾向于积极采纳。

假设 6:农业生产者富裕程度与技术采纳(风险偏好)没有显著相关性,农业生产者决策时更关注资产(土地和收入)带来的收入,而不是现有资产的充裕程度,即生产资源相对优越的农业生产者不会更愿意接受新技术。

4.2.2　调查对象与量表设计

外部环境因素尽量消除差异,同一时间节点,选择同一地区的种植业农户,相同的农作物为参照点,科技服务以相关技术信息的来源路径选择确定,以反映科技服务到位程度及其对科技采纳的可能影响;技术因素以同一种农业科技为技术采纳对象。农业生产者自身特征因素选择教育程度、年龄、家庭成员与从事农业人口数量、耕种面积、年农业收入为主要因素。

2011 年 4 月,调查点安排在上海市金山区枫泾镇,结合某农药公司的农药推广宣讲培训活动,通过现场指导式问卷形式,对农业生产者个体信息以及采用当场推广的病害预防技术情况进行调查,共计发放调查问卷 150 份,回收有效问卷 95 份,鉴于样本面临的技术因素和外界环境等外因既定的前提着重从农户自身特征来研究农户采用病害预防技术的决策行为。

4.2.3　数据分析与统计检验

4.2.3.1　运算结果及统计检验

用极大似然估计法对样本数据进行测算估计,所有自变量强制进入回归方程。经过运算后,模型(4-1)的表达式为:

$$\ln\left(\frac{P}{1-P}\right)=-11.604+0.835X_1+3.130X_2+0.021X_3-0.034X_4+0.519X_5+0.005X_6+0.000X_7 \quad (4-2)$$

表 4－3　分级表*

Observed			Predicted 接受与否 0	Predicted 接受与否 1	Percentage Correct
Step 1	接受与否	0	18	9	66.7
		1	5	63	92.6
	Overall Percentage				85.3

*. The cut value is .500.

根据分级表数据显示，该模型对采用病害预防技术的农户预测准确率为92.6%，对不采用病害预防技术的农户预测准确率为66.7%，总体预测准确率为85.3%，结果相对比较理想。

4.2.3.2　显著性检验

首先用χ^2检验样本方程(4－2)的显著性情况，在该项检验中，模型χ^2值的显著性概率为0，表4－4远远小于5%的显著性水平，所以应该拒绝零假设，该模型中的所有回归系数不同时为零，可以用线性模型拟合，全体自变量与因变量的线性关系显著。

表 4－4　模型显著性检验表

		Chi-square	Sig.
Step 1	Step	47.375	.000
	Block	47.375	.000
	Model	47.375	.000

表4－5所显示的Nagelkerke R-Square值相对比较接近于1，说明方程的拟合度较好。在进行参数显著性检验时，即判断一个自变量是否应该包含在模型中，可以使用Wald统计量来检验。

表 4－5　模型总结

Step	－2 tog likelihood	Cox & Snell R-Square	Nagelkerke R-Square
1	66.033[a]	.393	.563

a. Estimation terminated at iteration number 6 because parameter estimates changed by less than .001.

表4－6给出了结果，即表4－4中各自变量估计系数详细信息，根据Wald

统计量检验标准[①]，信息来源路径数量和教育程度在统计上时显著的，而年龄、家庭成员数量，主要从事农业的人口人数、土地面积和年收入是不显著的。

表 4-6　等式变量

		B	S.E.	Wald	Sig.	Exp(B)
Step 1[a]	信息来源路径数量	.835	.353	5.606	.018	2.306
	教育程度	3.130	.680	21.201	.000	22.868
	年龄	.021	.055	.144	.705	1.021
	家庭成员数量	−.034	.305	.012	.911	.967
	从事农业的人口人数	.519	.473	1.206	.272	1.680
	土地面积	.005	.016	.094	.759	1.005
	年收入	.000	.118	.000	.999	1.000
	Constant	−11.604	4.484	6.698	.010	.000

a. Variable(s) entered on step 1：年龄，教育程度，家庭成员数量，主要从事农的人人数，土地面积，年纯农业总收入，信息来源路径数量.

4.2.4　主要结论

4.2.4.1　假设结果

假设 1 的信息来源路径的数量（X_1）与接受技术与否呈正相关性通过统计检验。其中，信息来源数量对农业生产者采纳决策影响达到显著水平（Wald.为 5.606），回归系数为 0.835。这说明农业生产者的信息来源每增加一个，应用病害预防技术的概率就增加 0.835，即农业生产者信息来源数量与采纳决策行为呈正相关性。

假设 2 的受教育程度（X_2）与农业生产者采纳决策呈正相关性通过统计检验。受教育程度对农户采用病害预防技术的决策影响达到显著水平（Wald.为 21.201），回归系数为 3.130。这表明农户的受教育程度每增加 1 级，应用病害预防技术的概率就增加 3.130，农户受教育程度与农户采用技术的决策行为呈正相关性。

假设 3 的农业生产者年龄（X_3）与农业生产者采纳决策有正的相关性，但与其他因素相比没有显著效果。该假设没有通过统计检验。且统计结果年龄对农

① Wald 检验统计量是回归系数的显著性检验统计量在 $\alpha=0.05$ 时自由度为 1 的分布的 χ^2 临界值为 3.841，如果 Wald 值大于 3.841，则拒绝原假设，表明该系数在 95%的置信度上统计显著。

户采用技术决策行为的作用方向与假设相反。可能原因是在前一章主要是针对年纪较大的农户保障型的需求比较大，对技术的选取以稳健为主；年轻的农户生活负担小，属于风险偏好者，会更容易接受新技术。

假设4：家庭成员数量（X_4）在统计结果中系数为负，但是与农户采用技术的决策行为的相关性并不显著。因此，该假设一农户的家庭成员数量与农户采用技术的决策行为呈负相关性，没有通过统计检验。

假设5：主要从事农业的人口人数（X_5）与农户采用技术决策均有正的相关性，但均与其他因素相比没有显著效果，该假设没有通过统计检验。

假设6：农业生产者富裕程度土地面积（X_6）和年收入（X_7）与风险偏好存在正向但不显著的相关性，即并不是土地和收入持有水平越高的农业生产者越会接受新技术。

4.2.4.2 综合结论

教育水平影响科技采纳行为。在棉花种植，病害预防技术限定和外界环境因素相同条件下，农业生产者自身特征因素中，教育程度的增长与技术采纳有正向的相关关系，即拥有较高教育资历的农业生产者更倾向于采纳科技。

科技服务组织的科技信息宣传影响科技采纳行为。农业生产者获得相关信息的来源路径（科技服务的信息服务充分）增加与技术采纳有正向的相关关系，即获得相关技术信息的渠道越多越有利于农业生产者采纳意愿的加强，亦即说明，各科技服务组织可以通过加强相关技术的信息宣传和传达，提高科技采纳程度，有利于提高农业科技服务效率。

技术能够带来的资产收益率更可能是科技采纳的正向影响因素。农业生产者的土地规模和资金条件不是采纳科技的正向影响因素，农业生产者更加关注科技应用可能带来的现有资产收益变动值一可能新增加的收益，而不是因为拥有相对多的资产而更倾向于采纳技术。因此，科技服务供给的技术质量和效果，以及技术对农产品增产增收的作用应该是科技采纳的一个重要非内在因素，一方面由技术因素决定，涉及技术创新和孵化部门的工作质量；另一方面由外在环境因素决定，涉及科技服务在指导农业生产正确有效应用技术上的效率，也涉及农产品市场对载有科技成分的农产品性价比的认可程度。农业生产者的家庭规模与从事农业的人口数量可能通过某些方式，对科技采纳意愿有不明微弱影响。

4.3　科技服务对采纳决策的影响研究

4.3.1　研究思路

4.3.1.1　农业科技服务需求内容反映科技服务关键服务内容与时机

总结归纳农业科技门类与进入农业生产的载体或途径，结合农业生产过程的顺序和技术导入方式，农业科技服务需求研究归纳为 4 类服务内容(见图 4－2)，分别为：技术信息、物资设备、技术服务、农产品销售。①信息需求，与农业科技性质、效果、价格、应用、市场等相关信息的需求；②物资需求，对技术与嵌入科技的实物技术的需求，包括实物技术的生产资料和非实物技术两类，生产资料包括种子、化肥、器械、农药等，非实物技术如技术操作方法，应用技能、预处理与加工方法、市场动态分析方法等无形技术；③技困需求，即解决遇到的技术困难的需求，生产前、中、后对遇到的，以非实物载体的技术为主的，方法、信息、培训、指导和协助的需求；④销售需求，即应用科技生产出来的农产品完成预期销售的需求。这 4 类需求在农业生产前开始，是逐个有序发生的，前一需求得到了满足时，才能推进下一个需求的产生，农业生产者对每一环节的确定估计和决定，最终形成对技术的有用、易用认知，并推动实施技术采纳行为①。

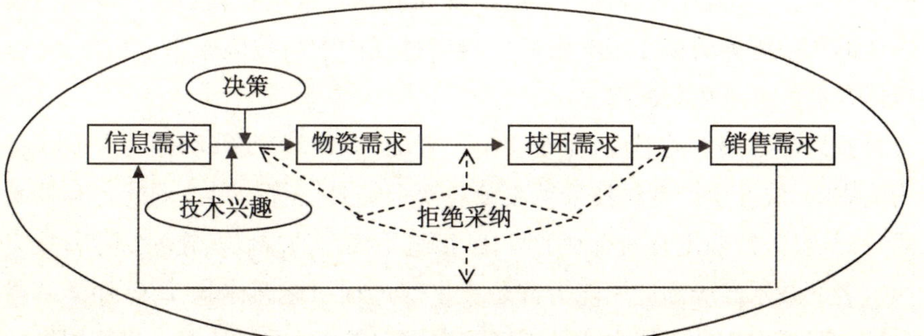

图 4－2　农业科技需求与关键决策因素结构

4.3.1.2　农业科技服务需求的路径反映科技服务主体服务效率

需求偏好除了表现在技术类型的选择上，还表现在获得技术的渠道上，且差

① 王青，许源，周波.上海农业科技社会化服务机制构建初探[G].上海管理科学，2010(12).

异显著。一方面农业为生产者的选择根据采纳技术的易得性和便利性等选择科技服务主体；另一方面对于科技服务主体提供技术的效果，以及服务的质量和信用进行选择。所以，研究科技供给的有效途径，了解农业生产者接受科技服务的主体来源，具有十分重要的意义。

不同的服务主体具备不同的技术创新与推广优势资源，能够提供不尽相同的科技服务内容。不同科技需求从不同科技服务主体那里获得满足，科技服务体系构成中的各服务主体的服务效率、效果，就可以从农业生产者4类科技服务需求内容实现的主要路径中得以反映。分类调查农业生产者获得技术信息、技术物料、技术指导和技术农产品销售中科技服务参与主体，以及各主体在参与农业生产者活动中所占比重，分析科技服务主体在科技供给的内容和各自充当的科技服务现实角色中的效率水平，借以发现和总结农业科技服务主体角色在自身定位与市场定位之间的差异，以及各科技服务主体在服务效率上可能实施的改进策略。

4.3.1.3 农业科技服务需求的疑虑反映科技服务关键环节

广义农业科技包括技术及其载体本身与技术和操作应用方法，以及相应技术信息宣传、技能培训和现场配套服务。农业科技被农业生产者采纳后，在复杂的生产过程中，需经历较长时间的气候、土壤、操作、应用，逐步发挥作用，技术效果及其可见性将会受到应用过程中多种因素多个环节的综合影响，及时有效的科技服务与指导、监控对科技效果的实现和显现非常重要且必要。改进科技服务主体的科技服务效率亦应考察科技应用过程中的科技服务水平与作用，以发现可能存在的低效瓶颈问题。

科技兴趣与偏好的形成，受农业生产者的生产经验实践和应用农业科技的能力的影响，农业生产者科技采纳决策需要根据自己驾驭科技的能力和技术效果进行评价，采纳确定有效有利的科技，拒绝不确定的难以实施的农业科技。农业生产者的技术经验和应用能力都是在生产过程中逐渐体验、磨炼和学习提高的，经验不足、应用技术能力不足直接影响相应科技的采纳决策。提高积极的科技应用经验和全面的技能应该成为农业科技服务主体新的服务内容，借此提高农业生产者应用农业科技的素质和能力，丰富农业科技经验，提高农业生产者科技认知，促进科技采纳意愿和决策行为形成。

对于农业生产者经验和能力可能不足，通过设计“拒绝技术的原因”调查，了解农业科技服务在技术导入过程中可能遇到的，来自农业生产者科技认知的阻碍与问题，据此寻找提高服务效率的途径，进而为机制设计提供思路。

4.3.1.4 农业科技采纳决策过程的科技服务要点

基于前面的分析，农业生产者科技采纳决策过程中，科技服务需求的内容与时机设定为图 4－2，农业科技在产前、产中和产后的表现形式，需求节点，以及对农业科技采纳决策发生的影响与作用方式有所不同，对农业科技服务支持的服务内容、形式和时机提出了不同的要求。

在产前，首先是科技信息的需求，农业生产者对技术属性、用途与效果等特征进行了解，分析形成从技术投入到技术回报整个过程的认知和评价依据，并据此形成产能预期，收益预期，构筑技术态度，萌生采纳意愿。农业科技信息使农业生产者了解技术的内容、机理与获得渠道等情况，形成对技术本身的可用性认知；然后，农业生产者通过各种途径获得关于这项技术的生产效率以及操作难度等多方评价和参考信息，形成对这项技术的易用性认知。

产中，当农业生产者决定采用技术时，农业科技需求表现为对科技物资形式或具体农业科技方法，以实物形态或知识技能形态被农业生产者购买或获得。首先农业生产者根据自己投资能力，进行生产决策，具体化技术物资需求数量或技能培训需要；然后进行认知积累，在生产资料可得的条件下，将技术投入生产阶段，面对技术现实的可试性、复杂性、易用性，结合产中科技服务提供的技术咨询与指导协助程度，与自己的努力预期进行对比，对技术经验和自己的技术应用能力进行重新认知和评价，并强化或弱化原有技术态度。

产后，生产过程结束后，农业技术最终以载有农业科技的农产品以实物商品的形式，进入农产品交易市场，通过农产品销售的收益或农产品市场需求热度使农业生产者对农业科技形成科技效用认知，进而构筑继续采纳意愿，或者建立对农业科技的积极态度。此时在完成技术经验认知积累，考察生产成果上表现出来的技术效果(技术特征的可得性)之后，通过完成农产品销售获得的农产品收益，亲身体验实际技术的市场风险，考察技术农产品市场优势和回报水平，与产能预期与收益预期进行比较，识别技术的价值认知，形成下一轮继续采用或终止采用的意愿；下期采纳意愿决定，结合前 4 个阶段的考察体验，农业生产者会考虑对下一轮技术的采纳、延迟、停止或拒绝行为的发生。

4.3.2 调研对象与量表设计

4.3.2.1 调研对象

农业生产者在生活与生产上都有科技服务需求，本研究只涉及农业生产相关的农业科技需求，所以调查内容以生产相关科技服务为主进行科学分类。农业生产相关的农业科技服务中，根据科技服务的表现形式分为实物技术，非实物技术两大类型技术分类，分别考察不同类型农业科技服务主体供给的需求情况。

基于大都市周边的农业生产基地，基础设施较好，接触高新科技较多，技术信息渠道丰富，农产品市场需求量大，当地拥有各类农业高校，农业科技服务组织比较健全，农业生产者生产动力较积极，自身资源与特征比较充沛，政策经济条件相仿的地区，适合作为调查农业生产者在各种条件都具备的情况下，在其科技采纳决策过程中，各地科技服务主体提供的科技服务内容，效率，以及农业生产者在技术采纳和应用过程中遇到的科技服务不足与问题。

选择上海市及其周边省市农业产区进行样本选择范围，以农户负责决策的农业生产者为独立样本，以种植业为主，不拘泥于种植品种。2012 年 1 月组织 4 个调研组，分别前往上海崇明、福建莆田、梧塘等地、湖南岳阳、浙江菱湖、江西都昌、吉安、九江等地开展调研。采用随机选样方式，以纯农户为主，兼顾大户和小户样本比例符合现实情况。

在问卷小规模测试过程中发现，虽然近年农业生产者的教育水平相对较高，但由于大多数农业生产者从来没有直接接触过问卷调查的形式，存在独立完成问卷的困难，所以，在通过电话口头完成小规模测试的基础上，除对一些预期设计不完整、不适宜的问题进行修改之外，还制定了访谈式问卷的调查设计。部分采用现场逐项解释后填写问卷的方式，以保证数据填报的有效性。

4.3.2.2　问卷设计

考虑农业生产者不善于填写复杂问卷，所有问题设计与填答方式尽量精简明了。根据认知决策的一般规律和市场需求的研究方法，设计农业科技需求多项选择问卷，调查项目具体设计依据如下：

(1) 农业生产者基本条件信息调查，包括性别、年龄、教育、劳动力规模、生产规模、收入水平等基本情况，作为分析基础信息。

(2) 基于农业科技服务主体类别设计的科技服务来源调查项目，采集农业生产者采纳的科技的科技服务主体来源，汇总分析农业科技服务主体服务供给的分布情况。问卷中问题都是基于技术的四大类型为参照，涉及技术信息、技术载体(农用物资)、技术服务、农产品销售 4 类服务获得的来源，进行各种需求特征的问题提问，借此了解农业生产者在采纳农业科技服务的实物形式上是否在需求渠道上具有某些偏好，对比农业科技服务供给的主要渠道，分析农业科技服务的供求在渠道上对接程度。选项顺序从公共组织经私人部门向企业延伸。

(3) 科技采纳关键因素与疑问。基于农业科技类型设计的技术兴趣偏好调查。需求偏好首先表现于对不同类型或特质商品的需求强度上，相对偏好与绝对偏好的需求特征可以为更好地满足需求提供改进依据，以及更加细致的科技服务内容的需求偏好。同时，技术类型的顺序为:从技术本身向技术外围和市场把握延续。

结合访谈了解到，农业生产者科技采纳决策在很多情况下，尤其是信息不充分时并非理性决定，多数提及问问父母，看看邻居做什么就决定了，受周围人群影响较大。此处设计调查农业生产者科技采纳决策的主要依据，希望了解农业生产者现实科技选择受到哪些方面影响，哪些影响对农业生产者采纳决策有积极作用。选项顺序从农业生产者个人因素向公共组织，企业，市场因素延续。

对于不采纳科技的农业生产者通常有各种各样的原因，常听到的如“不赚钱”“不会做”是不采纳新技术的原因，如此需要广泛了解农业生产者不敢、不能、不愿意采纳新的科技的不为人知的内在原因，在科技服务体系中提高这部分困难的服务力度，从农业生产者内在顾虑上彻底解决问题。选项顺序缺乏了解，向获取能力，应用能力，技术效果，技术的市场前景方向逐渐延续。

4.3.3　数据基础分析

四省一市的实地调研共发放了 500 份问卷，其中剔除非正常问卷后，得到了 471 份有效问卷，回收率为 94.2%。样本总体中年龄分布情况中，35 岁以下和 46～50 岁的农业生产者居多，各占样本总数的 26%，25%，36～40 岁、41～45 岁、51～55 岁年龄段比较均匀，各占 13%～14%，56 岁以上的 43 人，9%左右，相对最少。

样本总体中的教育程度平均值 2，相当于平均初中水平，其中小学及以下约 100 人，大专及以上学历 28 人，初中教育程度的劳动者 250 人，在样本总体的 53%。样本总体教育程度较高。

劳动力人数以 2～3 人的家庭式生产居多，有 10%的受访者称只有一位从事农业生产的主要劳动力，较多地出现在土地规模在 5 亩以下的样本中。据了解，在农忙时节，大户会租赁农用机械或是雇佣五六个人帮忙，最多的有时雇佣有十几位之多。

耕地面积小于 5 亩的 244 户，占总样本的 52%，90 亩以上的占到样本总数的 38%。据访谈了解，大户一般组合生产粮食、经济作物和蔬菜多种作物，既适应市场变化，又能满足土地轮作的科学性要求。

年纯农业收入最大差距 14 万元还多，1 万以下的 131 户占 28%，其他各收入段户数随收入额的提高而逐渐减少，9 万以上的 19 户。

4.3.4 科技服务主体被动分工的效率分析

基于农业生产者在农业生产过程的不同阶段，采纳科技的主体渠道报告，对科技服务主体提供的 4 类科技的效率进行评价，具体统计各阶段样本数据见图 4－3。

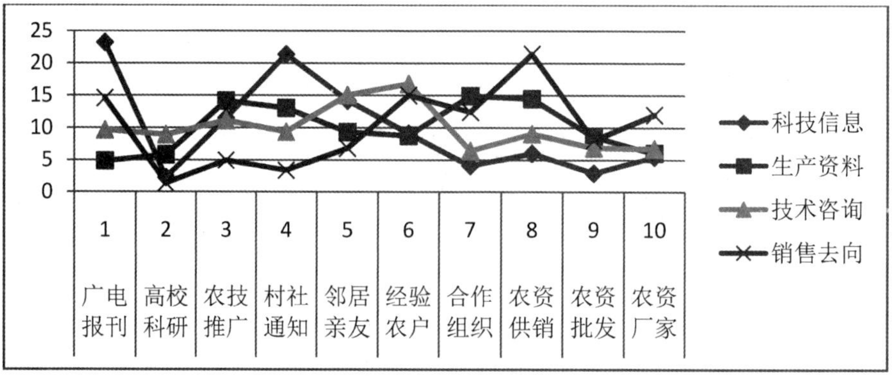

图 4－3 农业科技服务主体对应需求的分布

4.3.4.1 公共媒体与村社机构是农业科技信息服务的主要主体

包括广播、电视、报纸在内的公共媒体，当地村队社委员会组织的技术通告和科技信息传播是农业生产者了解各种农业信息的主要主体，受访农户报告的科技信息服务在这两个主体上累计达到 44%，远远高于其他服务主体服务接收的频率。

公共媒体是具有公共属性的信息来源，尤其是电视和广播在农户家庭非常普及，国家与省市台都设有农村经济与技术节目，信息内容广泛，跨越地域涉及国内各省、国际各国，以及农业经济形势和专家评判，科技教育与专业知识经验介绍；信息获得经济、方便和简易，使其成为半数以上农业生产者的科技信息服务主体。

村队委员会组织和相关网点，承载着更为具体、多样、具有地域特征的农业科技信息服务的重任。调研中也了解到国家各级技术推广组织、农业物资生产厂商、农业高校研究所经常借助村社工作人员的组织号召能力，向当地农业生产者提供科技信息和技术培训等服务活动。农业生产者遇到一些问题有时也会向村社工作人员打听、核实。

当地农业科技推广站技术推广人员的下乡服务，也是农业生产者接收科技信息服务的一个比较重要的主体，提及频率占样本总数的12%，居于10个主体的前四位。

农户之间进行的科技信息的自我服务构成了科技服务体系主体以外的新型科技自主服务主体。邻居亲友提供的科技信息占农业生产者获得信息源的14%，经验农户也达到9%，高于合作组织和零售及厂商3～4个百分点，两项简单累计达23%，与公共媒体信息服务效率持平，在调查结果中非常突出。

其他如农业高校、农业研究院所，批发商的提及频率只有2%～4%，科技信息服务效率较低。

我国各地农业信息网络化建设已经渗入农村，但调查中只有很少的农业生产者口头提及网络信息，相比国外农业生产领域的网络信息服务形成了较大的差距①。部分农户家里虽有电脑，或者正打算买电脑，但也没有希望通过网络获得农业科技信息，指导自己农业生产，进行网络购销的明确意愿。

总体上，科技信息服务主体主要是国家系统和地方基层公共组织，以及农业生产者群体。

4.3.4.2　基层技推人员、合作组织、农资店与供销店是实物技术服务的主要主体

科技服务主体提供的实物科技服务效率表现为三级层次。第一级包括合作组织、农资店供销商、技推人员和村委会，采纳比重从15%到13%，明显是实物科技服务的主要主体；第二级包括邻居亲友和经验农户、农资批发商，比重8%～9%，其中，农业生产者群体通常几户搭在一起，或追随经验大户采纳农业科技物资，也有农业大户开车去较远的大型农资批发市场采购农用物资。农资服务效率较低的第三级主体包括国家统拨、农业高校科研院所和厂商推销3个主体，其中，国家统拨主要针对粮食和重要经济作物农户，比重不大。

其中农业合作社是农业生产者最热衷的实物技术采纳主体。访谈中了解到，农业生产者大多不满意厂商和批发市场的农资供应服务，一方面是物资的类别和价格在各组织间纷乱错杂，难以辨别真伪和优劣；另一方面，在采纳购买了农资之后很难得到与相关的技术服务和技术指导，相对公共属性的组织表现较差。

农资店（近村零售店）的实物技术服务需求表现也非常集中，仅次于合作社需求的0.44%，且是近年十分受小户推崇的科技服务私人主体，这些农资店主大

① Kelly Burke，Kelvin Sewake. Adoption of Computer and Internet Technologies in Small Firm Agriculture：A Study of Flower Growers in Hawaii[J]. Journal of Extension，2009(3).

都有较高的教育背景，或者较熟练的经营技能，同时自己也从事农业生产，又是当地农户，熟悉村落农户及其需求，了解地区种植经验和要点，具有集约农户资源，集成农户需求，集信息、物资、技术服务、销售于一体的新型服务主体模式。

4.3.4.3 农业生产者群体与技术推广人员是科技指导服务主要主体

农业生产过程中的技术疑问，技术有效操作手段，以及临时技术问题的咨询服务与现场培训服务，在调研中发现是意外地由邻居亲友和经验农户为主承担着，经验农户提供的相关服务频率为17%，邻居亲友为15%，之后才是科技服务推广站的技术人员为11%；公共媒体、村委会、农业高校与科研院所、农资店以各自9%的服务比重居于次要服务主体；合作组织、批发商以及厂商提供的技术说明与产中指导服务频率只有6%左右，远低于农业生产者自主服务水平。产中农业技术困难的服务集中于农业生产者私人群体，公共组织和农资生产商一类技术创新和推广源头主体在此项服务上效率表现非常悲观，受访生产者只有很小部分求助科技供给部门。

在问卷调研后的田间交流中，很多农业生产者还表示，不同类型的问题他们需要借助不同的途径。比如，农药的用药量与用法更愿意咨询亲朋好友，既合乎实际又方便；而关键的农业技术与诀窍，在不熟悉或缺乏利益联系的农业生产者之间很难进行获得支持和帮助。至此可以发现，简单的且贴近生产实践的技术服务和辅助需要借助农户自主服务更有效率，而公共组织的农业科技服务，对有竞争性（排他，非公共品）的农业科技服务更有效率。

4.3.4.4 农产品收购商贩承担科技农产品销售服务

市场性科技服务主体中的农资厂商在农产品的销售服务上基本上消失得无影无踪，相反，农产品上门收购的商贩取代农资厂商，充当科技农产品的销售服务主体，而且在调研数据结果中，支持了21%的销售服务；其后合作社与涉农企业买断或代销、国家统购、农资店代销、农户自销各自提供了15%～12%的销售服务；批发商或超市承担了8%，技术推广站和村队组织代销5%～3%，农业高校与科研院所提供销售服务比例为1%多些。

上门收购的商贩为农业生产者提供方便快捷的销售服务，但同时也是农产品的销售价格的主要决定者，虽然也依据市场行情而定，但其利益空间相对农业生产者有更优势的选择余地，在没有自销能力和其他销售主体提供服务的条件下，农业生产者只能将农产品卖给商贩，在上海数据中，有45%的农业生产者将其农产品通过当地收购商贩销售到各地市场。

有自销能力的农业生产者，到当地批发市场或各种零售市场自行销售自己生产的农产品，以获得更高的销售价格。在销售服务的需求上，公共性组织服务的需求仍然占有意愿上的优势，如国家采购价格多数农户是比较满意的，农户对公共组织的信任优于合作社与龙头企业，这也是散户与合作社和涉农企业在生产合约上经常出现争议的原因之一。当公共性服务主体服务不能满足农户需求时，完全市场性组织服务无可或缺地成为科技农产品销售服务主要主体。

4.3.4.5　农业科技服务主体的现实角色与服务效率对比

农业科技服务体系中服务主体数量众多，结合各自所属管理部门的性质，以及公共与私人属性等可以归为 4 类，即公共组织、个人群体、合作组织、零售与厂商。公共组织包括公共媒体、农业高校，农业科研机构，各地农业推广机构和网点，各地村镇、大队、公社等政府行政机构。公共组织一般受国家相关政策影响较大，经营行为和活动带有浓厚的政府色彩。个人群体即指具有某些紧密或松散的农村社会关系的农业生产者群体，其行为方式具有传统地域文化和农村特色。合作组织包括各种形式和合作成分形成的农业、农村合作社、合作加工企业等，是相对个人群体较紧密的合作经营组织，但相对企业又是比较松散的合作运行机制，各地各具体合作组织的成员合作深度、利益关系、管理和控制机制各不相同。零售厂商则包含农资生产和技术创新的规模企业厂商，专门从事农用物资与农产品销售的批发商，各级私人农资与农产品零售与收购商贩，以及分散在村落间的，由农业生产者改行、兼业或承包经营的农资店、零售店、供销社(店)。零售厂商是纯经营性运行模式，其行为目的是经营收益，并在法律范畴内履行其经营权利、责任和义务，社会责任行为的多少则受其经营理念和自身能力影响，各有不同(见图 4-4)。

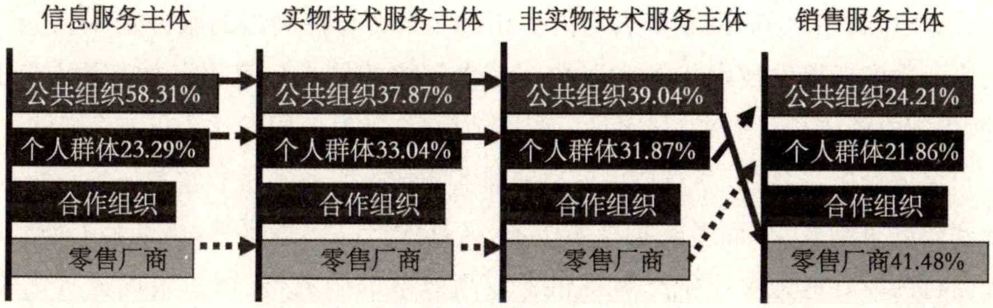

图 4-4　农业科技服务主体的服务效率

公共组织汇总能力在信息服务、实物和非实物技术服务上表现出最高的服务效率，同时也是独立组织服务最高效率的部门。在销售服务上，位居第二，低于零售厂商的服务效率 17 个百分点。公共组织拥有广大的传媒平台和深入农村的多级农业科技推广机构，对农业高校以及农业科研院所拥有较大的政策导向作用，尤其对相关国家粮食安全和经济发展的农产品，有能力、有措施、有实体机构实施指导性科技服务，对其他私人和商业组织也极具号召和影响力。值得注意的是，技术服务的效率优势并没有像科技信息服务效率那样显著，与排在第二位个人群体相差 4～8 个百分点，而独立最高效率也分别由合作社、农资店的实物技术服务，邻居亲友和经验农户的非实物技术服务担当。

农业生产者个人群体的自我服务在信息服务，尤其是实物和非实物技术服务上都紧跟公共组织之后位居第二位，销售服务位于第三位，自主服务水平明显较高，而且经验农户提供的非实物技术服务远高于公共组织和零售厂商服务独立部门效率比重的 5～10 个百分点，“自己摸索”提供的非实物技术服务是另一个农业生产者“采纳”的主体。农业生产者既不是技术创新主体，也不是技术推广主体，更不是技术经营厂商，却承担了复杂的技术服务，也同时从其自身群体中吸收了来自生产实践的技术服务。个人群体的销售服务虽然排在第三位，也表达了农业生产者希望跨越农产品销售中间商，靠近农产品市场，获得更多农产品销售回报的愿望。

零售厂商作为科技服务主体大类之一，在散户农产品集中和销售服务中充当了近半数比重的服务，其中，农产品商贩作为独立主体的服务效率最高，为 21%，超过其他独立主体服务比重的 6～19 个百分点。在实物技术服务方面排在第三位，主题大类汇总效率水平低于个人群体 4 个百分点，而其中农资店的实物技术服务效率位于近 15%的次高水平，发挥着与技术推广站和合作组织共同三分“天下”的服务职能。在非实物技术服务方面，远低于个人群体服务效率 9 个百分点，其中，仍旧以农资店为内部相对 2 个百分点高出的服务主体，更多地向农业生产者提供技术指导和服务。零售厂商的技术信息服务效率也是较低的，内部农资店相对最高，其次是厂商推销信息，批发商服务比重仅有 2.9%。

大体分析，零售厂商对技术信息和非实物技术服务不是非常关注，或者没有收到较好采纳效果；而对实物技术服务，尤其农产品销售服务，借助私人商贩的经营行为较好地为农业生产者提供了较高效率的服务，发挥了市场经济优势。相关实物技术的应用技术，生产厂商和零售商在技术性能、技术信息，以及操作技术应该具有非常专业的优势，但生产厂商和零售商却未能承担农业生产者迫切需求的非实物技术服务，以及在科技信息上提供或被接受相应当量的技术服务，市场机制只满足了物资技术服务，非实物技术服务没能通过市场供给很好地满足农业生产者相应的需求，政府不得不充当部分缺失服务供给的农业科技服务主体之一，个体农业生产者和私人经营者也成为农业科技服务中不可或缺的主体成员。

合作组织几乎在信息、技术和农产品销售服务 4 个方面都没有较好的效率表现，全部落在最后，尤其是技术信息和非实物技术服务方面仅获得 4%～6% 的采纳比重，没有发挥组织和带动其周边散户了解、消化、吸收新技术的组织定位意义，也可能是由于样本总体中受访者加入合作组织的农户不多，或者与合作组织的关系比较松弛。在实物技术和农产品销售服务上，合作组织效率表现不错，尤其实物技术服务是所有 10 个主体中采纳比中最高的，在销售服务上也是除农产品收购商贩外最高的。由此可见，合作组织在农资技术选购和相关农产品销售组织上具有较好效率，而在科技信息和非实物服务上没有发挥合作组织本应发挥的引导和扩散作用。

4.3.5　关键需求要素的服务效率分析

农业科技在产前、产中和产后的投入转化过程中，受到来自于农业生产者个人的技术兴趣影响，决策依据选择，以及可能发生在任何阶段的，可以直接导致农业生产者拒绝采纳技术的因素干扰（见表 4－7）。农业科技服务必须关注这些影响科技采纳的关键因素，以及它们发生的关键环节，积极提供相关服务，补充和改善农业生产者科技采纳决策条件，提高农业科技服务效率，强化科技转化效果。

表 4－7　影响农业科技采纳的关键因素构成与其影响程度

	个人因素						市场因素
样本 N：471	1	2	3	4	5	6	7
技术兴趣	新优品种	高产技术	病虫害	种养技术	设备与加工	信息技术	市场信息
（%）	35	48	34	19	19	17	21
决策依据	个人擅长	自家需要	个人经验	从众	推广建议	合同订单	市场动态
（%）	35	33	23	16	20	27	32
拒绝原因	不知道	不了解	缺乏资金	担心做不好	观望待定	技术效果差	盈利性不明
（%）	20	27	35	25	28	21	29

农业科技服务主体可以通过培养、示范、推动部分农业生产者使用这些尚未受到重视的技术，利用现实例证技术的有用性，努力提高农业生产者关注热情，提供传授、辅助技术应用服务，创造和拓宽农业生产者技术认知领域，添加农业生产过程中的技术含量，提高农业生产效率。

4.3.5.1 培植农户技术应用能力和市场评价技术的深度服务

数据显示农业生产者的技术采纳决策依据，在纯个人因素和市场因素两端表现稍有突出（见图 4－5），一方面完全顺应自己力所能及（35%）和当前需要（33%）的角度进行技术决策；另一方面也顾及市场动态进行决策调整（32%），同时，也考虑追寻其他组织和私人企业订单生产（27%），而在没有清晰的决策方向时，也愿意采纳技术推广部门的建议（20%），或者干脆盲从跟风、随大流（16%）。可以看出，农业生产者决策依据主要考虑 4 个方面：个人能力与经验、市场前景、其他组织协议或建议、周边众人取向。除了市场动态之外都具有一定的非理性，缺少充分的决策判断，更多的是按照“他人”的决策在组织生产，或者仅就自我条件或优势作出决定。

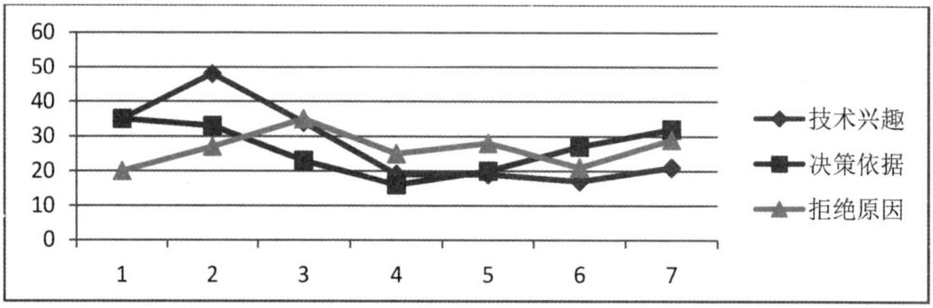

图 4－5 农业科技采纳关键影响因素分布

由此可以归纳，农业生产者决策主要依据以下两个方面因素，其一是个人驾驭技术获得技术效果的能力，这与农业生产者的教育、知识积累、生产经验积累有关；其二是相关技术农产品的市场需求，市场需求肯定或否决了一项技术成果在未来市场能够表现的收入预期。当农业生产者对于推广的新技术有足够的驾驭能力，或者在指导服务下能够应对新技术的使用，同时，从市场动态趋势中又能够比较肯定的预期到新技术能够带来的利润时，新技术的采纳决策应该被支持并实施。

所以，从决策依据的调研结果可以分析，农业科技服务内容在聚焦新技术推广和示范的同时，也应该锚定农业生产者的技术应用能力和市场意识的培养和服务。农业生产者个人技术和生产能力可以通过培训加以培养和提高；新技术农产品的市场需求也应该被比较清晰的感知出来，那么，对于农业科技投入的拉动，既要考虑科技本身对农业生产效率的作用水平，也要平衡农业生产者可以驾驭的操作难度，更要基于农产品消费者的需求偏好和市场趋势，先行落实科技研发部门的技术产出，这是对农业科技服务主体中，具有科技创新职能、科技扩散、推广、指导职能、农产品销售职能的主体综合提出的科技服务效率改进路径。

与此同时还要注意一点，在农业生产者没有清晰的决策的前提下，科技服务主体通过技术信息服务、实物与非实物技术服务、销售服务的支持是能够对农业生产者施加技术采纳影响的，全面、贴心、有效的服务足以吸引农业生产者追随科技服务主体引导方向，进行农业生产。

4.3.5.2 加强科技信息、技术指导和降低融资、技术应用和产品市场风险的深度服务

资金融通风险对科技采纳意愿的约束。资金不足是限制科技采纳的重要原因，在调查中出现了35%的反馈。农业生产者尤其是小户生产经营资金金额较小，从农业银行申请贷款程序复杂，一些农户会通过赊购方式，向大户、农资店或农用物资销售商融通资金问题，另一些农户则退后选择资金需求较小的或维持原有生产方式，而拒绝新技术的使用。目前国家已经推动了银行对农业小额信贷的支持，资金缺乏也不会成为农业科技推广最主要的困难，所以，这个资金问题实际上映射了另一个背景原因：即农民保留资金缺口的原因是因为没有收益动力。采用农业科技的资金回报水平转化成为进行农业信贷并采纳技术的动力，资金缺乏问题实际上是对农业科技可能带来的市场效果和生产效率产生的疑问。借贷资金采纳新技术，如果新产品销售收益不足以归还借款(收益不高)，又如何能借呢？

技术实力与技术利润空间对科技采纳意愿的约束。农业科技采纳因其效果受到质疑而步履迟缓，在调查中，累计78%的频率反映了农业生产者因了解农业科技效果不佳，或不能确定科技的可能带来的收益，抑或是因持观望态度而不愿接受农业科技，而不愿采纳技术的现象。农业生产者接受一种农业要素的速度可以根据采纳和使用该要素的有利性做出。技术投入需要资金、精力、较长的生产周期，预期的产出是农业生产者赖以生存和维持生产发展的唯一支持，拒绝没有或可能没有效果和市场的技术，在农业领域，是理所应当的，拒绝行为符合经济规律。农业科技效果在农业生产者心中的概念是农业科技质量的保证。如，农药的好坏评价依据：①直观效果，立竿见影的可见效果；②显著效果，不同药肥之间的明显差别；③价格始终是关注的重要因素，效果确定时当然技术价格越便宜越好；或效果特好，价格高些也可以接受。在上海有一个黄瓜品种“申青一号”被农户认为是一个效果很好的品种，其果实总能保持粗细均匀，而且挺直，市场非常走俏，采纳的农户非常多。科技效果是农业生产者最为关心的因素，好

用的技术一定不会被拒绝。因此，农业科技社会化服务要向更深入地走向农村，必须首先验证农业科技的效果，保证农民看到农业科技的效果，用农业科技效果的现实力量拉动需求。

技术信息及时性、明确性、全面性、可参考性构成了采纳决策的前期约束。除去资金缺乏之外，拒绝采纳技术的重要因素之一就是“不了解”(27%)，即也许知道这项技术，但信息的内容不足以形成对技术的认识，也难以产生采纳意愿；同时还有“不知道”(20%)虽然比重数值为最低的影响因素，但也反映出科技信息服务中的效率问题，即根据农业网络、广播电视、推广示范、市场销售等科技服务活动中传递的技术信息尚不能满足生产者的信息需求，且从需求角度来思考，农业科技的信息不够易得、全面和系统；从产前、产中、产后来看，技术在信息、实物、效果和市场实现等方面的信息来源分散，难以衔接，而且众说纷纭。因此，农业科技信息服务尚缺乏细致和深入。“细致”意为科技信息的具体和详尽，农业科技信息不只是告知新的产品和技术的出现，告知新技术的获得渠道和空洞的效果评价，而且需要具体技术的实施细节、详尽技术的各种可能要求和真实可证的市场效果，给农业生产者提供尽可能确定的决策依据。

科学技术应用技能和素养是农业科技采纳决策的软约束。从调查结果中观察，有25%的反馈比重提及“担心自己做不好”，即农业生产者可能存在采纳科技的意识，但不能确定自己是否有能力把握科技的应用，以获得既定的技术优势。一方面，如学者们观点，农业生产者科技素质较低，教学背景较差；另一方面，拒绝农业科技是因为采纳技术后可能缺乏产中的农业科技服务。农业科技推广过程中，较复杂的农业科技扩散速度慢，也比较难以推广，简化农业科技的实施技巧可以避免农业生产者望而却步的问题发生，同时，加强农业科技服务深入农村，生产中随时发现问题随时上门解决，多种媒体沟通经常反馈，这样也可以降低“担心做不好”的心理，降低科技采纳的障碍。尤其对于农业科技的具体内容和其他相关信息，如收益水平、具体操作方法的可操作性等进行充分宣传，配合技术推广细致进行，使农业生产者对科技全面了解，适当评估可能遇到的应用困难，辅以充足有效农业科技培训，是可以建立一部分农业生产者的采纳信心的，克服应用过程中的技术约束，提高采纳意愿。

4.3.5.3 紧扣农业科技服务的关键环节加强深度服务

从科技兴趣、决策依据和拒绝因素三方面的数据结果分析，科技服务的需求在信息全面性、信息及时性、信息的市场相关性方面提出了更高的要求，信息服务效率直接影响农业生产者对农业科技的第一印象，也决定了农业生产者对科技的应用能力、应用效果、技术效益可能回报的判断，是科技采纳决策的关键因素，也是扶助被采纳的科技在科技转化过程中顺利发挥作用的基础条件，积累下一轮技术采纳意愿的积极动力；农业生产者决策更多地依据其自身能力与经验，农业科技迅速发展与科技传统认知之间的差距，要求农业科技服务密切结合科技发展和农业生产者认知偏好，循序诱导和逐步提升农业生产者科技认知，培养和提高科技应用能力，扩大生产者农业科技选择范围，提高农业科技应用效果，从实质上提高科技采纳意愿；更加重要和艰巨的深化服务，还在于科技服务主体能够促进农业科技本身首先适于农业生产需求；其次实现对农业生产中的预期效果；同时，也适于农产品市场需求，保证科技效果用的发挥，也保障农业生产者采纳技术的收益回报；还要增效生产过程中的技术指导和田间服务，从而疏通农业科技采纳路径，减少技术被拒绝采纳可能，顺畅农业科技转化过程，提高科技服务效率。

4.3.6 农业科技服务主体偏好的地区差异分析

基于上一总体数据的主体服务效率分析结果，了解到总体样本对科技服务的主体选择有不同偏好，猜测农业生产者选择偏好可能源于不同主体的服务效率；同时，不同地区的相同属性服务主体可能具有不同效率。因此，就不同地区样本数据分类再做逻辑回归分析，探索可能存在的科技服务主体的地区差异。

4.3.6.1 样本总体地区分类

将样本总体数据根据主要省市地区分别整理归类，并汇总各地区样本户总数及其分布频率(见表 4－8)。其中，上海与浙江农业生产环境条件相近，合并浙江 12 个数据进入上海汇总样本数据进行分析，作为浙沪地区样本汇总数据，由此构成福建、江西、湖南、浙沪共 4 个地区对比样本数字。

4.3.6.2 科技服务主体类型归类

在科技服务内容的信息服务、实物技术服务、非实物技术服务、农产品销售服务 4 个方面，数据总体中涉及的科技服务主体有 10 类别，其中主要可以归纳为公共组织、私人组织和企业组织 3 个主体大类。公共组织主要包括国家涉农机关与各级政府，以及相关推广部门网点，还包括各地农业高校与农业科研院；私人组织主要包括农业生产者自己，以及自发联络组织起来的松散群体；企业组织包括各类涉及农业科技和农产品的生产、制造、加工、销售的厂商、其代理商、批发商、零售商。这三个主体大类覆盖了农业科技转化的全过程，包括了农业科技创新、孵化、推广、培训指导、农产品加工、销售服务的全部服务内容。

表 4－8 样本的从业地户籍分布

省/直辖市	县	N	百分比/%	省/直辖市	县	N	百分比/%
	白沙	1	0.21		安福	1	0.21
	福州	1	0.21		德安	1	0.21
	黄石	1	0.21		都昌	3	0.64
	闽侯	1	0.21		共青城	1	0.21
	闽清	1	0.21		湖口	1	0.21
福建 N=67(14.2%)	莆田	34	7.22		吉安	2	0.42
	秋芦	1	0.21		九江	44	9.34
	梧塘	24	5.10		乐安	1	0.21
	仙游	2	0.42		泸溪	1	0.21
	缺失	1	0.21	江西 N=69 (14.9)	彭泽	1	0.21
湖南 N=51(10.8%)	岳阳	50	10.62		鄱阳	1	0.21
上海 N=272(57.7%)	崇明	48	10.19		沙河	2	0.42
	金山	92	19.53		上栗	1	0.21
	其他	132	28.03		咸宁	1	0.21
浙江 N=12(2.5%)	菱湖	12	2.55		新港	1	0.21
江西(重庆)*	宝峰	1	0.21		新余	2	0.42
江西(湖北)*	黄梅	1	0.21		寻乌	1	0.21
	王店	1	0.21		永修	1	0.21
江西(湖南)	平江	1	0.21				

(人数 N=471)

注："(　)"中是户口所在地。

具体的，科技信息服务主体中广播电视报纸、高校科研单位、技术推广人员、村社通知归纳为科技信息服务的公共组织；邻居好友、经验农户归纳为私人组织主体；合作社、农资店/供销商、批发商、厂家推销员归纳为企业组织主体。

实物技术之生产资料的服务主体中，国家拨送、高校或科研单位、技术推广人员、村委会归纳为公共组织主体；私人组织汇总邻居或亲友、经验农户服务主体；企业组织汇总合作社/涉农企业、农资店/供销社、批发商、厂家推销员等服务主体。

对于非实物技术服务的技术困难服务主体，公共服务组织集中上网查资料、高校或科研单位、技术推广人员、村委会等主体；私人服务主体集中自己摸索、经验农户两项数据；企业组织则包括合作社、农资店或供销社、批发商、厂家推销员4项主体。

对于农产品销售服务，将国家统购、高校或科研单位代销、技术推广人员代销、村委会归入公共组织主体；将经验农户代销、自销归纳为私人组织主题；企业组织主体则包括合作社或涉农企业、农资店或供销社、农产品商贩、批发市场或超市等服务主体。对471户农业生产者数据重新归类后，根据4个地区进行进一步的数据整理分析，如表4－9所示。

表4－9　农业科技服务需求的渠道(地区分类)

		政府/公共渠道偏好	私人渠道偏好	公司渠道偏好	多渠道偏好	总计
福建	使用频次	33	2	15	17	57
	百分比(%)	49.3	3.0	22.4	25.4	100
湖南	使用频次	22	6	7	15	50
	百分比(%)	44	12	14	30	100
江西	使用频次	21	19	10	20	70
	百分比(%)	30	27.1	14.3	28.6	100
浙沪	使用频次	134	9	93	48	284
	百分比(%)	47.2	3.2	32.7	16.9	100
总体	使用频率	210	36	125	100	471
	百分比(%)	44.6	7.6	26.5	21.2	100

4.3.6.3　模型设计

以上数据从大体频率上观察，公共科技服务主体大类的服务相对更受农业生产者喜好。进一步地，希望通过逻辑回归，以科技服务主体服务频率数据为因变量，考察4个省份地区、家庭农业人员数量、经营的土地面积和年农业总收入对科技服务主体服务的采纳实效影响。由此，在逻辑回归中可生成4个哑变量(虚拟变量)，3个自变量。

由于难以获得地区主体服务效率的连续性数据，此处地区分类数据主要为离散数据，在分析离散选择问题时采用概率模型(Logit、Probit和Tobit)是理想的估计方法，而且考察农户选择单个主体服务(1)选择多个主体服务(0)，或者选择某个主体(1)与其他主体(0)的偏好(因变量)时，属于二元选择问题，故采用Logit回归模型进行进一步数据相关分析。

涉及分析的共有 3 个主体选择因变量、一个单主体或多主体选择因变量与 7 个相同自变量共同构成 4 个独立回归，因 4 个回归的自变量都相同，因变量性质相似，仅区别在因变量取值，故回归模型以其中之一：自变量对单主体/多主体选择的影响为例论述，利用如下形式的 Logit 模型估计农户对服务主体选择的偏好：

$$\ln\left(\frac{P_i}{1-P_i}\right)=\beta_1+\beta_i X_i+e_i \tag{4-3}$$

即：

$$P_i=\frac{1}{1+e^{-(\beta_1+\beta_i X_i)}} \tag{4-4}$$

其中 P_i 是对选择单主体的概率，越接近 1，说明选择单主体的概率越大，反之，选择多主体的概率越大，β_1 为常数项，X_i 为解释变量，包括家中劳动力数量，耕地面积、年收入、地区数据的等，β_i 为解释变量的系数，其值的正负表明了对偏好单主体的正相关或负相关，e_i 为随机扰动项。

4.3.6.4　模型分析结果与统计检验

由于调查结果中(见表 4－10)，除地区之外的解释变量取值都是连续值，农业人数的数值范围是从 0 到 9，均值 2.64，标准差 1.16；土地面积的取值范围从 0 到 200，均值是 48.50，标准差是 56.79；年收入取值范围从 0 元到 20 万元，均值 3.10，标准差是 3.11。

表 4－10　科技服务主体需求的影响因素分析

	单主体/多主体 单主体＝1 多主体＝0		公共主体 公共主体＝1 其他＝0		私人主体 私人主体＝1 其他＝0		企业主体 企业主体＝1 其他＝0	
自变量	B	S.E	B	S.E	B	S.E	B	S.E
福建 X_1	.067	.651	2.254 *	1.126	－1.794	1.023	－.720	.774
湖南 X_2	.083	.641	2.468 *	1.120	－.711	.846	－1.515	.796
江西 X_3	.481	.629	1.653	1.103	.344	.773	－1.629 *	.768
浙沪 X_4	.981	.636	.504	1.110	－2.612**	.965	1.196	.743
农业人数 X_5	.024	.108	.117	.118	－.057	.164	－.079	.131
土地面积 X_6	－.003	.003	.022**	.004	.007	.007	－.024***	.004
农业年收入 X_7	.107	.065	.115	.064	－.214	.143	－.074	.067
常数项	.460	.622	－2.539 *	1.113	－.409	.840	.551	.764

*：5%，**：1%，***：0.1%

4个Logit模型的原理一致，只区别于因变量，当考察服务主体的偏好时，预测值越接近1，则越偏好该主体；反之，偏好其他主体，根据回归模型各解释变量的系数大小，可以分析相关因素对偏好的影响，利用SPSS进行回归，得到的结果，如表4-10所示。

（1）单主体/多主体选择的分析。选择单个主体服务时，因变量取值1，选择多个主体服务时因变量为0。结果表明，所有系数均未通过显著性检验，所有自变量对单主体还是多主体偏好没有显著影响，所有自变量对单主体还是多主体服务需求没有影响。

（2）公共主体、私人主体、企业主体的选择分析。去除样本总体中多主体选择偏好的100个数据，再通过多元逻辑回归比较公共主体、私人主体和企业主体，3个主体服务需求偏好的影响因素，分别作3个逻辑回归，在每个逻辑回归里，选择某个主体服务时因变量取值1，选择其他主体时因变量取值0作为参照。

公共主体选择分析 p 值<0.05，显著性好，说明偏好福建地区农业生产者选择科技服务主体时，公共主体的可能性更大，即越是福建地区的农业生产者越倾向于从公共主体获得农业科技服务，模型回归系数为2.254。

湖南地区 p 值<0.05，显著性好，说明偏好湖南地区农业生产者选择科技服务主体时，公共主体的可能性更大，即越是湖南地区的农业生产者越倾向于从公共主体获得农业科技服务，模型回归系数为2.468。

土地面积 p 值<0.01，显著性好；说明农业生产者土地面积越大，就越倾向于选择公共主体服务的可能性更大，模型回归系数为0.022。

私人主体选择分析浙沪地区 p 值<0.01，显著性好，模型回归系数为－2.612，说明浙沪地区农业生产者选择科技服务主体时，选择私人主体服务的可能性显著更小，即越是浙沪地区的农业生产者越倾向于更少地从私人主体那里获取农业科技服务；其他地区和自变量系数没有通过显著性检验。

企业主体选择分析江西地区 p 值<0.05，显著性好，模型回归系数为－1.629，说明江西地区农业生产者选择科技服务主体时，选择企业主体的可能性显著较小，即越是江西地区的农业生产者越倾向于从私人主体以外的服务主体获得农业科技服务。

土地面积 p 值<0.01，显著性好，说明农业生产者土地面积越大，选择企业主体服务的可能性显著更小，模型回归系数为－0.024。其他自变量与虚拟变量

没有通过显著性检验。

以上研究证明科技服务主体的服务效率，在4个不同农业产区的表现有所不同，农业生产者实际需求分布也有所差异，且可以发现农业生产者耕地面积也是影响农业生产者科技服务主体选择的因素之一。

不同农业产区对农业科技服务主体选择偏好不同。根据总体样本数据分析，福建、湖南地区样本更显著地选择公共服务主体，而相对忽略私人与企业主体的农业科技服务；江西和浙沪地区样本数据统计分析结果则分别表明，江西地区农业生产者更少地选择企业主体，而浙沪地区农业生产者更少地选择私人主体。

耕种面积因素影响农业科技服务主体选择。当农业生产者耕种土地面积逐渐增多时，农业生产者会更多地采用公共服务主体的服务，会更少地选择企业组织。

4.4 服务主体对采纳决策的影响研究

据以上研究和分析可知，农业科技服务效率在湖南、江西、福建和浙沪省市地区表现不同，反映出不同地区的农业生产者对农业科技需求的实现，在不同科技服务主体的选择上，有不同的渠道偏好。也可以猜测为不同科技服务主体，对各地区的农业生产者在科技服务主体的选择上产生了不同的影响。同样，据以上分析，也可发现农业生产者的耕种面积也是影响科技采纳主体的因素，只是通过回归模型分析，其影响比较微弱。由此，希望能够进一步了解科技服务主体效率的影响因素，以及改善农业生产者科技采纳意愿。

4.4.1 研究目的与研究设计

考虑到科技需求包括实物技术与非实物技术（如技术操作方法、销售导向等）等多重内容，需要定位讨论的技术需要尽可能多地具有实物与非实物兼有的服务内容，所以，此处选择“农药”作为技术载体进行分析，再选取国内主要农业大省且对病虫害等问题的易发水平相当的地区为调研对象，以我国南部、中部的农业大省广州、山东两地的农药技术采纳决策行为特征作为研究主体。主要目的是进一步了解农业生产者获得农业科技服务的主体偏好，提炼现行有效的科技服务方式，试图为农业科技服务的供给挖掘高效途径。

4.4.2 样本选择与基本情况

此处引用某国际知农药企业的调研数据，以农药为技术参考主体，对国内各地区平均温度较易于产生病虫害影响的两个农业主产地区进行调研，定位了国内南方和中部农业大省广东和山东两地，其中，广东省在广州番禺区、江门、阳春和佛山地区各选择 90 个样本 4 地共 360 个样本农户；在山东确定了寿光、聊城、淄博和青岛 4 地各 90 个，共 360 个样本农户，均以蔬菜种植为主。

原数据是农药企业应用分层随机抽样，即从上面每个城市中先指定一个点，在该点东西南北 4 个方向 10 公里内的村庄和种植公司都是本次调研的抽样范围，然后在每个村子里先设定一个随机点，然后按成功样本隔 5 个抽一个。若不能获得足够的样本，则增加一个区域作为新的抽样起点。

数据获得的方法结合电话访谈、面访、问卷(包括单选与多选)，选择数据集中于科技采纳有关的技术信息和采购渠道依据，具体包括 8 项指标：其一，农业生产者自己之前的生产应用和体验经验；其二，农业生产者的亲友邻居与经验农户的技术使用经验和体验；其三，地方植保站、政府设在村镇的科技推广机构，以及乡镇大队生产队管理和技术人员的经验和建议；其四，当地大小农业科技物资经销商，零售商的介绍与经验建议；其五，农业科技生产厂商委派到地方的宣传和推广技术销售人员的推荐和建议；其六，以各种形式传播的与农业科技相关的商业广告信息。在部分科技信息传递推广路径中，具体农业科技公司、某技术品牌，相关技术产品的效果经使用表现良好的，形成广为流传获得肯定的“口碑”也构成对农业生产者科技认知和技术采纳意愿的影响“其七”；为提高农业生产者对农业科技的实效的积极态度，多数农业生产厂商首次推荐会免费赠送若干“试用样品”，对于关注科技效果，持有怀疑态度的农业生产者，有改善科技认知，提高采纳意愿的作用，这里引入作为渠道的“其八”进入统计分析。

4.4.3 数据分析与基本结论

如表 4 - 11 所示，数据整理分为总体、地区汇总值，同时，区分土地面积规模对数据进行统计，集中农业生产者对科技实物技术的信息服务主体、采购服务主体、对服务主体的信任和技术采纳决策影响的信息服务主体等进行归类分析，从各类主体选择数据中标志最高值，作为农业科技采纳决策的特征方向，再结合访谈内容与数据对比获得科技服务主体选择偏好与决策行为特征。

表 4-11 农业科技采纳主体汇总表

	样本构成		农业科技信息、决策参考、信任、实际采购、采购满意主体																																		
	实际值	分布	（1）了解技术信息 *						（2）影响采纳的信息源								（3）最信任的主体						（4）实际采购主体						（5）最满意的采购主体							
	户	%	①	②	③	④	⑤	⑥	①	②	③	④	⑤	⑥	⑦	⑧	①	②	③	④	⑤	⑥	①	②	③	④	⑤	⑥	①	②	③	④	⑤	⑥	⑦	⑧
总体	720	100	35	18	6	33	7	2	63	67	25	62	22	14	14	27	29	19	7	27	4	3	/	/	/	32/65	2	/	84	82	55	75	53	51	52	77
山东	360	50	35	13	8	33	9	1	75	73	22	68	12	12	12	23	41	16	6	25	4	2	/	/	1	29/68	3	/	/	/	/	/	/	/	/	/
广东	360	50	34	23	4	32	4	2	50	61	28	55	31	16	16	31	17	21	8	29	4	5	/	1	/	35/63	2	/	/	/	/	/	/	/	/	/
1～3 亩	496	69	34	18	6	34	7	1	64	69	23	62	20	13	13	24	30	19	7	28	3	3	/	/	1	33/64	2	/	/	/	/	/	/	/	/	/
4～9 亩	186	26	29	21	7	34	6	4	60	62	28	64	23	16	16	30	24	21	6	28	6	4	/	1	/	27/70	3	/	/	/	/	/	/	/	/	/
10 亩上	38	5	66	9	6	14	6	/	55	61	26	47	29	5	5	45	39	20	11	8	3	3	/	/	/	37/61	3	/	/	/	/	/	/	/	/	/

* 基数总体：530　山东：272　广东：258　其中：基数为比较担心抗药性的部分样本　"/"：极小数、0 或无理值

① 自己以前经验　② 别人的使用经验　③ 植保站或政府推广机构　④ 经销商（大）或零售商（小）

⑤ 厂商技术下乡　⑥ 广告　⑦ 厂商留样　⑧ 品牌口碑

4.4.3.1　首要的技术信息服务主体以个体经验和经销零售商为主

以个体经验和经销零售商为主即以私人主体和企业主体为主。在样本生产者中，不论地区、生产规模都首选或依赖自己以往经验认知对新技术的基本情况进行估计和判断；同时，生产者也愿意听取来自技术产品经销商和零售商关于新技术和产品的信息。私人主体与企业主体的科技信息服务是农业生产者获得了解科技，进一步认识科技，培养技术采纳意愿的两大主体源头。在经营规模上，10 亩以上的生产者超过其他经营规模的生产者平均水平，更加依赖自己经验认知。

4.4.3.2　影响科技采纳的信息服务主体以私人主体为主

以私人主体为主，即以个体和邻友经验为主要源头。其中，山东样本在个体和邻友经验建议的认同远远超出其他地区；另外，10 亩以下农业生产者另外也很接受当地经销商和零售商的意见或建议；广东地区样本和样本总体中 10 亩以上的生产者唯一看中邻居朋友或有经验的生产能手的经验和建议；样本总体数据中当地销商和零售商的经营宣传活动对当地农业生产者的科技采纳意愿的影响也受到比较显著的认可。

4.4.3.3　科技采纳决策依据以私人主体和企业主体为最信任的信息源

以私人主体和企业主体为最信任的信息源，即个体经验认知和经销零售商为最信任的信息源。从样本总体上来看农业生产者的个人经验最为受到信任；仅排在第二位，但远远超出其他渠道的是当地农业科技经销商和零售商的提供的信息和建议。

两个最受重视的信任主体在地区分布和生产规模上存在戏剧性的差异：山东样本超乎寻常地信任个人自己的经验判断，对经销商和零售商的信任趋同于总体样本水平；而广东样本在个渠道之间突出信赖当地经销商和零售商的信息和建议；10 亩以下农业生产者对两个信任主体都抱有差异不大的信任感，越是小规模，越是倾向于对自己经验的判断；而 10 亩以上的经营者，只信赖自己的经验，兼顾部分邻居朋友和经验农户的建议参考，对当地经销零售商的信任度极低。

4.4.3.4　重要的技术采购主体以当地经销商和零售商为主

国内农业生产物资市场条件优越，实物技术丰富。国内外种子公司、农用设施生产企业、农药公司在各大省市都设有经营网点。它们通过政府补贴采购、批发市场、供销社、零售农资店，甚至网络销售、电话订购等多种渠道提供农作物资，销售人员更是走村串户，送货上门。样本数据中在总体、地区、生产规模 3 个方面都表现出一致的倾向，农业科技实物资源的采购主体集中在了当地大型经销商，和小型村头镇尾的零售点处，令人惊讶的是，村落之间的私人小型零售店商虽然规模、专业水平不高不大，但却承载了样本中2/3以上的农业技术物资的服务需求，大型专业化较强的经销商仅支持了不足1/3的农业科技物资需求。数据结果与研究阶段一的上海地区科技采纳行为调研中的数据结论有相似的发现，证实了村落间的小型“农资店”在满足村落农业生产者科技需求上的积极活跃能力和效率。

4.4.3.5 积极反馈的技术采纳决策依据是以农业生产者个人与邻友经验为最有效因素

样本总体对最满意的技术服务主体的评价中，普遍认为农业生产者经验和建议最有效，即私人主体服务最有效，且认可度达到总体的80%以上，生产者自己的经验为两个因素中的最优；其次为植保站或政府推广机构和科技产品的“口碑”，即公众认可的技术声誉和积极评价，可归类为公共服务主体和企业服务主体；其他的，植保站或政府推广机构，技术产品的商业广告，使用留样也获得了半数以上样本的认可，但仍旧归口在公共服务主体和企业服务主体范围。

4.4.3.6 不同地区存在不同技术偏好

在直接提问下，持效期长、起效快，不容易产生抗药性和在作物上的残留少是农民普遍关心的技术内容，但在实际采纳过程中，真正起影响作用的两个要素是价格和预防治疗的双重药效，其次是安全性和持效时间，以及其他因素。数据中发现，不同地区农业为生产者拥有不尽相同的技术需求。如耐雨能力和厂商推荐留样本试用方面，广州比山东农业生产者更加关注这两个要素，而对药物的持效期却没有特别的想法，除非在宣传力度上有所增加，否则农民在实际购买中并不会特别注意这个因素；而山东很重视持效时间和安全性，不如广东那样看重价格和试用。

4.4.3.7 其他因素影响农业科技采纳行为

在研究农药产品品牌认知的数据中，发现农业生产者了解知道的品牌，与曾经自己使用的产品品牌，与经常使用的产品品牌多数不是相同的。这一现象显示了人们的技术采纳行为，在认知接受和行为接受之间并不是同一个过程，可能还受到其他因素的影响，如：资金、收益、易得性、必要性等。在阶段一的调研中就发现，有些零售店希望先卖积压品，而优质品会掩藏起来惜售使当地农业生产者，尤其是农业技术物资自采购能力不足的农业生产者不能获得哪怕是价格相差不多且性能优越的产品。

农业科技信息是农业生产者技术采纳决策的重要依据，私人服务主体和企业服务主体是农业科技信息的相对高效服务主体。

农业科技效果和回报的反馈是下一轮科技采纳的依据之一，私人主体与企业主体是具有地区差异和耕地面积差异的相对高效的倍受信任服务主体和服务效果反馈最满意的服务主体。

农业科技实际采购服务主体中的小型零售商服务实现远大于农资经销商服务选择水平。

从需求角度，分析我国农业科技服务尚且没能解决好的一些问题。基于连续 4 次的实地调研数据分析，各节分别做出相应调研结论，具体的包括以下几方面：①农业生产者的个体基础条件影响其对农业科技服务的选择；②农业生产者的技术信息搜寻行为影响其对农业科技服务的选择；③农业科技服务本身属性影响生产者对农业科技服务的选择；④农业生产者对科技服务主体有选择性偏好；⑤某些农业科技服务供给明显缺乏，甚至空白。

农业生产者方面的特征与决策依据主要来源于技术认知，技术认知中一部分由教育、地区文化相对稳定地构成，是内在的技术采纳决策影响因素，可以通过教育、培训、咨询、沟通逐渐改变；另一部分由早期和前期自己或他人的技术采纳经验和经历积累形成，是外在的技术采纳决策影响因素，也是更为重要的，目前采纳意愿低迷的主要原因。

农业生产者对农业科技服务主体的偏好，以及农业科技服务主体对采纳决策的影响，都是来自科技服务主体的服务角色、服务动机，以及其服务效率和长期建立的信誉。不同地区对某些科技服务主体都有相似偏好，说明这些服务主体在服务效率的某些方面更加符合农业生产者的需要，也具有更好的信誉和可信度。

农业科技服务主体总量和职能角色虽然有所发展，但是在实际科技服务供给上的配合和部门之间的协调程度非常不乐观。政府性公共组织和利益性私人组织并没有形成全面有效的服务网络，在某些环节出现缺失和不足。

这些问题的解决可以从以下 3 个方面入手：一方面是市场机制的调节；另一方面是政策制度的激励和管理；第三个方面是技术认知的培养和转变。其中，前两个问题是可以短期解决的，至少可以马上做起来，而第三个问题是一个相对长期培养的过程，并且受到前两个方面落实的程度和效果的重要影响，如果说要在短期改造出积极的科技认知，就必须长期保证农业生产者投入的所有科技都能高效作用于农产品生产和销售收益，单靠市场调节应该是达不到的。

第5章

驱动农业科技服务的社会化力量

5.1 农业科技服务供给的推动力

5.1.1 计划模式的主导力量

政府的引领职能仍为科技服务的主导力量,然而,从上到下实施的科技服务一方面面对需求疲软的难题,同时又面对科技转化的推动力不从心。当前我国的农业科技服务体系中,政府下设的各级推广机构框架最为完整,基本覆盖了我国所有农业产区,各机构肩负着传递和推广中央和地方政府下达的政策信息和科学技术,科研机构的科技服务多以国家科研立项为导向,部分企业和农业合作组织的建设与运行也不同程度地得到了国家资金扶持和指导,这一现状说明政府在一定程度上仍旧支撑着我国农业科技服务体系建设,并且承担着较大比例的农业科技服务工作。农业科技服务体系的建设还不能离开政府的支持,仍然是以政府农业部门为基础的农业服务体系。政府为引领的农业科技服务体系内部众多的组织不均匀地分布在各个服务领域,使服务内容上出现重叠,不能充分发挥各组织的服务效率,难以达到资源的有效利用。比如对农户的灌溉服务,需要水利、农技、农机、电力、气象等多个部门的专业化服务相互结合,但这些服务分属相互不隶属的各部门,于是县、市党委政府只能以"中心工作"之类的方式对某项为农服务进行硬性组合,既耗精力又耗成本。

5.1.2 需求导向的引领作用

政府与企业、农业生产者在技术采用的目标上不一致,缺乏主动了解农民及市场对技术需求的积极性，导致政府、农业科研、技术推广人员的技术创新与推广与农民的技术需求相脱节。涉农企业与私人组织以营利为目的，按照市场规律调整自己的服务内容与服务形式，倾向于收效高投入少的服务项目；农业合作组织自我服务能力参差不齐，服务质量高低不定，服务内容多变。不同的服务部门、不同的服务目标、不同的服务形式都是按照各服务实体意愿设定的，政府与企业、农户在技术采用的目标上、形式上的不一致，源于缺乏了解农民及市场对技术需求的积极性，导致政府、农业科研、技术推广人员的技术创新与推广与农民的技术需求相脱节。

农业生产者自我供给能力尚不能正合成组织水平不足。在国家政策鼓励下，在各地区政府大力支持下，民间合作组织逐渐成为农业科技服务体系中的重要成分，经过改革开放 30 年的发展，合作组织数量和规模不断增加，服务功能不断加强，越来越多的农户加入农业合作组织，通过合作组织的协同效用获得生产资金、农业科技、新特品种、生产技术培训和农产品销售等优先服务。由于农业生产过程复杂，农业各种市场庞大，合作组织管理人员调控不利等因素干扰，当前我国民间合作组织还存在一些问题。组织内部管理不规范，经济力量弱小，小农观念导致组织关系松散、能够提供的服务内容和范围有限、难以保障农业科技服务的质量。

参考国外发达国家，农业社会化服务体系均有农民自己的主导力量，如日本的农协、北欧的合作社、美国的农业服务公司和各种农业合作社等。我国主要的 4 种类型的农业合作经济组织，即信用合作、供销合作、股份合作及各种类型的专业协会存在诸多问题：管理不规范、组织松散、经济力量弱小，服务内容和范围有限、政府保护不足、小农观念时有浮现。由于我国的农业生产规模过小，农民对技术的需求也越来越细，使得乡镇级农业技术推广组织尤为重要。农民收入低，无法进行太多的有偿服务。

5.1.3　服务主体间的协同力量

农业科技服务主体间服务动机与内涵不匹配。为了发挥市场经济的最优配置，合理化行政机构规模，除了与国家安定发展密切相关的粮食等作物之外，极大地放开了农业生产资料市场、农业服务与咨询市场和农产品交易市场，制定多项优惠政策引导各界组织参与农业科技服务，增加市场活力，减轻国家负担。然而，中央政府目标与其他创新扩散组织创新扩散动力与目标不一致，服务角色各有选择而不同，服务方式与重点不易协调匹配，在调控或以国家政策为主，或各自定位，在供给间难以协调一致。除专业的农业技术推广体系外，农业科研机构、农业院校、民间科技组织、供销合作总社，以及国内外的涉农企业和个体户都开始介入农业技术服务活动，缺乏组织协调，甚至处于无序竞争状态。因而，服务体系内部目标经常发生矛盾或重叠，农业技术推广人员过于集中于县级技术推广部门，乡村级技术人员越来越少。

农业科技服务内涵有限。注重产前产中服务，忽视产前和产后服务。随着市场的扩大和农业劳动力的转移，对产中服务的需求量增长较快，多数服务组织将农业服务的重点放在生产资料的采购和生产过程中的植保、防疫、排灌等方面。而在产前的信息提供、保险、信贷和技术培训，产后的销售、加工服务等方面，产后的收割、脱粒、干燥、贮藏等服务比较缺乏。对比农业科技社会化服务的内容，还发现多数服务组织将农业服务的重点放在生产资料的采购和生产过程中的植保、防疫、排灌等方面，而在产前的信息咨询、农业保险信贷、各种技术培训，产后的收割、脱粒、干燥、贮藏、加工、销售服务等方面比较缺乏，暴露了当前农业科技社会化服务在服务内涵上的缺陷。

5.1.4 供给机制促进动力

近年来，通过各种政策大力推进科技服务，农业科技对农业生产的支撑力和拉动力进一步增强，取得了显著的社会经济和生态效益。在现有的科技服务模式中，大学主动参与、政府直接参与、龙头企业主导、外部企业介入、农民基层组织、科研单位合作等都是比较好的模式，但作为一个单独的模式也都有局限性。政府直接参与会促进相应领域的发展，但是政府的定位是否准确，是否过于注重形象工程，政府投入效果效率如何都是难于控制的。虽然大学是公益性质，但是其资源可以用在不同的领域和方面，目前国家重视新农村建设，一些高校就积极参与，但能持续多久，它们的利益如何体现等，都值得考虑。科研单位合作能够实现资源共享、成果共享的优势，但是科研单位多数是事业单位，合作者（单位）之间的利益协调还是一个关键问题，协调好了有利于进一步的发展，否则合作服务就会停留在表面，只是一个形象。龙头企业主导和农民基层组织应该是自发的、比较接近市场化的方式，问题是如果这两者对接，农民还处于弱势，还不能平等贸易，需要完善。外部企业的介入既为农业注入了新的资源，又是市场化运作，应该是鼓励发展的，只是外部的介入还比较少。农业发展由主要依靠扩大外延转向主要依靠科技和提高劳动者素质的轨道，但目前在农业及服务上仍旧存在一些问题。

5.2 农业科技服务需求的拉动力

基于第四章对农业科技服务需求的4个实证调查研究，从农业科技服务需求的角度始发，遵循农业科技转化过程线索，汇总分析农业科技服务的供给效率中存在的不足和问题，总结归纳为4个方面的关键改进要点。

5.2.1 农业科技供、产、销信息是采纳决策的重要依据

结合第四章中的技术偏好和技术搜寻行为的调研结果，认为农业科技信息不完全(不对称)对于科技供给和采纳双方的效率都有影响。农业生产者因为信息不完全而不愿意做出不确定性决策，担当采纳科技产品的风险，不能够提高农业生产效率；农业科技采纳决策不接受技术供给，农业科技服务部门不能实现科技成果转化，不能提高科技进步贡献率。

5.2.1.1 可靠全面的信息保证了采纳决策依据的有效性

对于农业生产者技术采纳决策的信息需求，总体要求是信息服务的真实性、全面性、一致性、可追溯性、及时性、易得性6个方面的要求，具体包括技术基础信息与技术效益信息两大方面，供、产、销3个阶段，7个内容。农业科技服务效率需要不断丰富技术信息服务的内容，以及技术信息服务的总体要求，支持农业生产者基于尽可能完整的技术信息，做出尽量确定性的决策，提高农业技术的采纳概率。

重要决策依据的技术信息内容包括：基础信息，包含技术服务主体与服务义务、技术属性(技术对口保障)、技术价格(技术成本)、技术应用现状(技术效果)；效益信息，包含技术效果(技术质量保障)；技术应用要求(技术服务保障)；技术收益前景(技术回报保障)。

目前国内农业科技信息服务上只有信息不十分全面的为数不多的专业网络，市场行为的信息网站多以企业和公司为主，信息简单，内容不够具体完整；农业生产者依靠自己的能力无法在市场上获得充分的信息。较多农业生产者由于信息相对闭塞、信息渠道狭窄，信息识别能力不高，对市场上的农业技术信息不能进行充分的分析和判断，农业科技信息不对称现象屡见不鲜。

5.2.1.2 全程完整的信息提高采纳决策依据的确定性

农业科技的信息服务必须涵盖产前、产中、产后3个环节，对当期技术采纳决策提供充分的决策依据，正确引导采纳决策预期，使决策结果贴近农业生产的

全部过程。

产前信息，包括载有科技的种源，机械、化肥、农药和劳动力供给信息，也是农业科技信息服务的基础环节。科研单位和企业研究开发的高效农业生产资料信息，通过市场信息传播给农业生产者；农业技术指导、教育单位、农业生产资料和销售企业部门向农民宣传先进生产资料的科学道理和正确的使用方法，这些信息可以提高劳动力的技术接受能力，也促使农业生产者强化其运用技术的信心，积累决策的基本信息条件。

产中信息，包括技术服务部门如政府、企业等服务主体如何监测、指导和协助农业生产，能够提供什么样的技术指导和服务，技术问题需要向哪些部门发出；技术在生产过程中的操作和效果需要哪些具体工作，一般会出现哪些问题，出现风险谁来负责，赔付程序如何进行；技术导入过程中，具体时机的识别与判断方式等。农业生产者需要根据相关产中信息评价农业科技的实效，以及可能出现的各种困难和关键环节，评估获得技术效果的概率，赋予采纳决策变量的评价权重。

产后信息，包括加工企业、销售部门、合作组织有哪些技术服务，对采收、预加工农产品有何要求，服务价格、质量经验值，提供农产品加工、销售等服务质量如何，市场对这种技术农产品的消费需求前景趋势，以往类似技术农产品销售收益经验等等信息。这些信息可以参考评价技术收益或回报比率以及得到回报的概率，以取定技术期望收益水平，用于比较采纳与不采纳技术两种决策方案的收益成本情况，作为采纳决策的收益参考值。

总之，农业科技信息服务不只涉及浅显的技术宣传、技术交流和培训，还要真实反映技术的产前、产中、产后的各种因素的真实表现，亦即涉及农业科技有关的各个方面，确切细节，提供可用于决策分析的必要投入、产出、成本、收入信息，是一个与采纳决策相关的必要的信息系统，涉及农业科技服务各主体的技术相关量、本、利信息，要求各服务主体全面真实宣传和解释，打破商业隐私，密切配合。

5.2.2 科技质量和收益空间是采纳决策的决定性指标

基于第四章科技服务内容对采纳决策的影响研究结论，发现科技服务的实际效力，即科技服务的质量，以及科技服务可能提升农产品销售收益的水平是影响采纳决策行为的关键指标。

农业生产者决策，除资金约束外，更加关注农业科技的可行性和收益性，因而，农业科技的实际效果，以及可能带来的农产品销售收益成为科技采纳决策的决定性指标。对于不能确定带来生产率提高，或者改善收入水平的技术，农业生产者倾向于直接拒绝技术采纳，或持观望态度。因此提高农业科技服务效率，提高科技采纳水平，农业科技服务必须以技术质量为基础条件，以提高农产品销售收益为前提目标，从本质上提高农业生产者对农业科技的积极意愿，树立农业科技在农业生产者意识中的重要地位，是农业科技真正展示其价值所在。

农业科技服务的质量体现在农业科技的性价比、可行性、可操作性 3 个方面。科技本身性能特点是吸引农业生产者的基础条件，技术实现的效果则通过现实成果向农业生产者证实技术实力，基于农业生产者技术能力设计技术实施手段，或辅助积极到位的技术指导和现场支持以便让农业生产者获得驾驭技术的能力，提高可采纳技术的难度水平，改变技术意识。

农业科技的收益期望体现在技术对农产品产量和售价的影响上。农业生产者通过判断技术可能带来的农产品消费市场的获利水平，考察技术的性价比，接受能够带来较高净收入的技术，拒绝可能性小的或负收益期望的技术。即使当期“冒险”采纳了没有带来更多净收益的技术，在下一期新的采纳决策前，一定会首先拒绝类似技术的选择，以“纠正”这次决策的失误。农业科技服务效率的提高必须以提高并能落实农业科技收益期望为改进目标，使其推广的农业科技具有满足农业生产者愿望的成本一收益比。

农业科技的质量要求对技术创新主体和技术推广主体的服务效率提出了要求；农业科技的收益性对农产品销售服务主体提出了要求，同时，也为技术创新主体的技术创新定位，技术推广服务主体的技术推广方向与服务内容提出了改进服务效率的路径。

5.2.3　科技服务效率是采纳决策的激励力量

依据前一章的后半部分研究结果，还可以得到这样的判断：有效的科技服务，高效的科技服务对科技采纳存在积极的促进作用。农业科技服务主体通过长期的科技服务，能够与农业生产者之间构筑信任、满意的科技服务供求关系，影响和改善农业生产者的技术采纳意愿，影响技术采纳决策的方向。

农业科技服务通过及时、真实的信息服务，赢得农业生产者的信赖和尊敬。农业生产者对技术信息、实物与服务的需求都建立在信任的基础上。不同科技服务主体在各自信息服务效率上存在差异，在获得农业生产者的信任上也有不同，其推广的农业科技自然采纳水平各异。也许是基于公共组织的公共利益性质，农业生产者对于公共组织组办的技术推广活动，来源于政府的重要预报和信息都能受到农业生产者关心与关注，他们更倾向于相信政府的培训和技术建议，参与政府主导的技术推广活动，表现出相对积极的态度。

农业科技服务通过推广有质量保障的农业科技，赢得农业生产者的技术采纳热情和积极意愿。技术质量影响技术供给者的信誉，切实保障技术质量的实施有利于构筑农业生产者的信任和响应。研究中私人主体在信息、物资、生产、销售服务各方面服务响应力量巨大，说明最了解技术的实际质量和应用保证的服务主体，最能够得到科技需求的积极采纳。

农业科技服务通过切实、有效、方便的技术指导和培训，赢得农业生产者对技术效果的认可和驾驭技术的自信。农业科技服务的主要载体包括人、财、物、信息 4 方面技术服务要素。技术不能单独存在于生产过程之中，必须承载于生产过程中的各种要素中发挥作用。农业科技与各生产要素完美结合，协同实现农业生产技术进步。其中，物化技术，包括品种、肥药、机械、加工与保鲜技术等；人载技术，包括农业科学与田间管理技术，如品种种养技术、农肥农药使用等操作方法；金融技术，如信贷项目、渠道、组合方法；信息技术，如捕获、分析各种供求信息的方法与渠道。科技服务需要结合具体技术特点，整合各种要素条件提供适宜有效的科技服务。

农业科技服务通过提供价格合理、快捷简便的农产品销售渠道，或代销及销售支持，赢得农业生产者对技术效益的确认和满意，在保证农业生产者技术采纳效用同时，积累了下一期技术采纳意愿基础。

5.2.4 科技服务或缺阻碍采纳决策生成

基于第四章的服务主体对采纳决策的影响研究，我们还发现：科技服务主体在不同的科技服务项目上存在优良不齐的供给差异，以至于农业生产者在某些科技服务内容上，更倾向于采纳某类科技服务主体提供的服务，而相对疏远其他。这一现象使得某些科技服务不能很好地推动和转化。

5.2.4.1 农业生产者自主服务乏力，阻碍积极的技术决策评价

各类服务主体呈现出公共主体专注物资供给和信息，企业专注销售和物资供给，而中间过程缺乏服务支撑的现象。中间过程仅有科技推广部门提供一些指导和咨询服务，多数农业生产者技术需求以个人群体自我提供的科技服务为主，而私人主体尚不具备充分的创新、推广自我指导和服务能力。不够科学、不够完备的自我服务虽然能够缓解科技服务的空缺，但自我服务的效率与不能彻

底解决的技术问题的潜在困难，以及自我摸索的漫长过程，影响技术效果的实现，带来对技术效率的怀疑，阻碍积极的技术采纳决策完成。

农业生产者借助个人群体学习和印证技术性能。各地农业生产者在遇到生产问题是更愿意首先咨询父母；其次问询好邻居；还不能获得解决办法就主动去请教有经验农户，或大规模生产的农户；之后才会想到用电话联系厂商的销售人员或公共组织的技术人员。尤其是，在技术使用方法方面，他们更多地依赖个人群体，而不是专业技术人员。在问卷调查比例上，在技术的交流方面，个人群体交流与公共组织求教几乎有相同的需求水平。

面对农业科技服务需求，科技服务的供给还缺乏一些疏漏或不足：农业生产者分布分散，组织农民进行宣传和培训十分困难，更深入广泛的信息传递，靠农业生产者口口相传；农业推广组织和农业企业中缺乏具有专业和实践经验的技术专家，不能保证创业农民培训、普及型农民培训等的需要；地方语言多样面对面语言技术沟通困难，随技术队伍年轻化，与当地年长农户交流有困难，文字性、宣传材料受农业生产者教育水平限制；各组织进行的农业科技推广，尤其是农资生产企业的技术推广与培训，不能针对具体地区自然与社会特色的具体情况进行；农技服务行政部门职能有别、服务重叠，服务成本高，难以取得规模化服务效率；农资市场部分出现不规范现象。

5.2.4.2　农业科技服务主体角色重叠，局部疏漏，压抑采纳决策意愿

农业科技服务领域广泛，需要将技术范围延伸至与农业生产经营相关的人、财、物、信息各方面技术服务。科技服务范围需要贯穿于农业生产经营的产前产中产后全部过程。科技与人、物结合发挥作用，科技与各生产环节相伴随发生作用。因此，科技的服务必须由多个部门整合，协同发挥作用，必须发展多元服务主体默契支持科技服务需求，促进农业生产者认识并认可技术力量，积极采纳。

以市场机制出现的技术培训与服务，目前多表现为实物技术销售前的产品推广和销售后的售后服务。形式上是农业技术的培训和推广，但实质目的是促进销售，由销售人员作为联系人，以售后服务的方式进行。技术服务缺乏专业性质、综合性质和及时解决的保证。农用物资生产厂商的销售人员及其分销商多数从事某一物资的生产和销售，了解农业科技信息和科技内容单一，只能在销售其产品前后的一段时间里，向农业生产者提供一些同类产品信息和口头传授一些产品的使用方法；企业的销售人员一般按地区分片包干，数量很少，无法提供周到细致的技术服务，比如，上海地区某国际农药企业长年只安排一位销售人员进行销售和服务，相应季节每天跑一个地区，通过农民会进行宣传，农民遇到问

题只能通过电话与其联系；具有规模效应的农用物资开发一般围绕具有相似条件区域的几个大地区进行，尤其是像上海这样郊区自然条件差异化较大、农产品品种众多的地区依靠销售人员和零售人员进行农业信息和农业技术传授是远远不够的。

5.3 农业科技市场的均衡力量

农业科技服务的供给与需求是产品或服务的市场需求与市场供给的问题，以下根据市场均衡理论，结合农业科技服务需求和供给的现实情况，构建农业科技服务机制的总体分析框架，建立供求之间的连接关系，并分别区分形成农业科技服务市场，农业技术采纳与生产过程，以及农产品消费市场三个相互联结的区间；同时，通过市场失灵一般理论和思想，逐个分析每个区域科技服务转化和传递关键制约环节和因素。

5.3.1 一般均衡理论

5.3.1.1 市场中的经济活动构成

经济选择的对象为商品，其中包括服务。服务表示一段时间内的收益流，它可能来自有形的物品，也可以来自人的操作或服务活动。商品的消费是第一类经济活动，也是最基础的经济活动，个人的消费决策会自动地根据自身的收入与商品市场价格来选择自己偏爱的商品。生产是第二类经济活动，是个体或组织的有利益追求的特定经济活动，生产活动把现有资源，通过具体生产行为转化为可供消费的商品。生产过程改变了原有资源的外形，或者是商品在空间和时间上发生了移动。理性的生产者对于资源外形的转换，或者移动，应该是把物品从不理想的外形转化为比较理想的外形，从不理想的时间和空间转移到理想的时间或空间位置，以获得更多的回报。第三类经济活动就是交换，也是极重要的经济活动，从社会角度来看，交换与生产不同，是将商品在不同的经济决策主体之间（即组织外部）进行重新分配，而在组织内部，一定程度上，资源是通过行政指令来分配，而不是通过交换或交易而实现的。

5.3.1.2 市场均衡

市场交换活动的一般均衡需要将所有相互联系的各个市场看成一个整体来思考，每一种商品的需求和供给不仅取决于该商品本身的价格，而且也取决于所有其他商品的价格，市场的一般均衡是当整个经济的价格体系恰好使所有的商品都能够保持供求相等时的状态。一般均衡的概念也适用于所有市场间都同时处于均衡状态时的情况，而且，这时社会能进一步得到更多的“好处”，即社会将会获得更多的福利，处于资源最优分配的水平。

市场交换行为有两个至关重要的特征：互惠、自愿。市场的关键特征是价格体系，价格是商品的交易条件。市场价格决定了商品和资源的分配，从买卖双方的角度来看，价格引导并影响着生产决策。当商品现行市场价格超过其生产成本，生产更多的商品就是有利可图的，既有的生产者就会增加生产，提供更多的商品，而新进入市场的生产者也有动力进入市场，并提供相同商品，使商品供给的总数量增加，而增加的商品正好就是消费者最愿意购买的商品。

“无形之手”的这种经济活动调节的原理，促使组织或个人在追求个人利益的同时，也会被引导着去为公众服务，提供市场最渴望得到的商品或服务。“无形之手”的有效作用在于在市场价格引导下，达到均衡时，个人和组织会选择有效的消费模式、有效的生产模式、有效的消费与生产的平衡，使对每一个商品来说，所有消费者都有相同的边际价值，对于每一个商品，所有企业都有相同的边际成本，即商品的边际成本等于边际价格。在理想状态下，自由放任的经济在“无形之手”的调节下能够有效地使用资源，实现最优配置。

但是，当信息不对称问题、公共品问题、共用品问题、外部性问题出现时，“无形之手”的调节能力不再能够有效地发挥作用。

5.3.2 信息不对称

5.3.2.1 信息不对称与风险

所谓信息不对称是指买卖交易双方对交易的商品的信息的拥有上是不对称的，卖方在对商品的质量、功能等信息了解得更多，为了自身利益，可以隐瞒一些信息，可能会使买方利益受损；同时，卖方在对买方信用等方面的信息占有上则处于劣势，这时同样不利于卖方利益的实现。

理性的决策者，并不能代表他们了解全部信息，是无所不知的，几乎所有理性决策者的决策都受制于信息的不确定性，无知与不确定性在此时对决策者的影响似乎是一样的。决策者不一定清楚商品质量等信息，同时，个体决策者还经常把其他人的行为考虑在内，比如，他人通过什么行为，如何促使某一现象发生的，又如，其他人如何利用这种不确定状况决策等行为。

当很少能获得有关新技术性能的信息时，不确定性在技术生命周期初期是普遍存在的。当新技术的风险不能被明确地描述时，市场风险也不能很好地被定义。“不确定性”和“风险”都导致了不同程度的市场失灵。因为信息不足带来的“不确定性”阻碍了决策者有效地制定决策，由于缺乏对可能的技术和市场结果概率分布及相关知识的足够了解，决策者对新技术的投资意愿通常是比较保守的。

信息不对称意味着购买方面临着一个卖方不会面临的风险。根据格雷欣法则的一个重复循环，在信息不对称条件下，会发生“坏的驱逐好的”现象。此时，市场失灵是因为价格机制没能给好的商品赋予一个比坏的商品的更高的价格。

5.3.2.2 商品质量的信息不对称的效应

消费者都希望获得性价比与自己消费效用预期相当的商品，分析质量的关键是区分和比较市场上出售的产品和消费者真正感兴趣的产品背后的服务差异。如果使用者的信息是充分的，则每家企业产品的价格都会反映其质量，消费者可以容易进行购买决策。

在竞争性的产业中，企业组织可以生产质量水平不尽相同的产品，并根据各自的生产成本函数确定价格。某些企业可以专注于更高质量的产品，制订相对更高的价格；而其他企业则可以选择专门生产低质量的商品，并给出相对更经济的价格。其中的关键要点是消费者购买的是商品背后的服务，且消费者了解服务的真实信息，因此，质量差异会完全反映在高低不同的价格上。

当商品质量的信息不充分时，消费者不能区分商品的服务信息，追随利益的企业有可能报告虚假质量信息，并可能获得更高的价格回报；而有些诚实的企业如实地报告商品质量，而获得相当的价格，更可能在高质量商品供给的前提下，获得市场平均质量的价格，因为消费者不能确定哪一方的质量报告是真实的，为了降低自身的利益风险，选择了相对合适的价格的结果。

相似地，当信息充分时，质量改善型创新等同于成本降低型发明给消费者带来的作用，消费者也会因此而受益；当信息不够充分时，消费者可能感知不到质量创新的好处，也不会采纳，更不会用更高的价格接受新的创新产品。

5.3.2.3 改善信息不对称下决策认知的措施

(1) 信息供给量的合理控制。由于信息的不完全与不对称，现实中的人是有限理性的，他们只具备有限的获取和处理信息的能力，因而有必要通过设计合理的激励机制、寻求与特定交易信息结构相兼容的契约安排等来改进理性程度，提高资源配置效率。信息贫乏，信息不对称，以及信息超载是影响消费者消费决策的重要原因。信息缺乏直接造成对商品的不知情或不了解或采纳迟疑；信息不对称会降低供应商的可信度，以及引发第二次消费决策的调整，降低商品的采纳意愿;信息超载与信息贫乏会造成类似的结果,同样不会形成相对理性的决策。

(2) 通过建立声誉补充信息缺失。声誉好的商品可以通过设置一个品牌来传达商品可靠性的信号,并且可以通过保障承诺对此信号进行长期支持。一般情况下,消费者愿意为高质量产品支付更高的价格,但前提是消费者们需要在初次购买之后,才能真正识别质量的高低,所以,企业的声誉必须是在初次购买时期就建立起来,使消费者即使因信息不充分而呈现"无知"状态时,也能够让市场力量支持生产高质量产品,即声誉使生产高质量产品的企业有利可图。高质量企业在建立声誉时接受暂时损失可能是值得的,因为它可以由此赢得未来的消费市场。如果无法在消费者初次购买时期建立声誉,企业承担建立高质量声誉的额外成本可能是无利可图的。

(3) 通过广告补充信息缺失。优质品的制造商可以通过广告来宣传自己的商品。优质品牌的优势是真实的质量本身比虚假的宣传更容易获得消费者的信任。真正的实施和逻辑正确的推理在某种程度上是不争自明的,而且在其他条件相同时,优质品的广告会更有说服力。

当接受广告的消费者不能分辨广告的真实性时,优质品可以通过给消费者更好的体验证实自己的真实性,之后,消费者就会把优质品推荐给朋友,并在未来购买更多的优质品。而对于劣质品,与广告不相符的体验经历,会使消费者更少地继续购买。因此,广告对于优质品来说,至少在长期来说,这种声誉效应意味着广告为质量较高的品牌带来了更多的收益。

与此同时,低质量商品的制造商可以用较低的成本生产,通过以次充好,带来较高的平均收益,使其可以做更大量的广告宣传,而且在广告内容、广告规模上,都可以看起来更可能像高质量的品牌。虽然一段时间后,经过消费者体验会丧失市场,但在初期,消费者仍然可能无法识别哪一个是自己真正想要购买的商品。

(4) 通过评估或认证补充信息缺失。正规的组织愿意耗费一定费用进行认证和评估,通过一些独立机构,给出一个公正的评估或认证结果,以表明其生产的商品的优良品质。而劣质品制造商因了解自己难以通过验证,且需消耗一定的费用,因此,不愿参加认证。所以,这些认证或评估的设置有利于确保价格和质量更加紧密地联系在一起,以消除一些信息不对称,部分地纠正了市场失灵。

(5) 从众也是一种信息的补充。人们可以通过观察他人的决策行为结果而获得一些启发。在很多人面对相似的选择问题时,每个人都能观察到先行者的行为结果，而根据对其他人的观察而不是根据自己获得的信号进行决策。这样的行为一般会成为“从众”或“随大流”，这种决策依据的选择可以很好地补充信息不足的问题。在这种信息流形成后，之后到来的一系列的“新”的信号都无法打断这个信息流的渗透，当个人的私人信号不够完美时，在某一点之后，私人信号就无法改变之前所有行动加总起来形成的“公共”信息。也就是说，一旦信息流形成，新的信息就不再影响人们的决策，且后来的私人信号永远不会加入到知识的共同判断之中。如果获得私人信号需要承担一些成本的话，人们就会理性地停止为之付费。因此，一旦信息流形成，不仅公共信息，就连私人信息也不再积累产生对决策的影响了。

信息流是根据少数“公共”信息，即早期的几个决策者的行动启发而形成的，在信息尽早被公开，或者得到更明确的信息时，这种信息流会停止，并不再发生作用。当另外收到强有力信号的人，如果他知道这个信号比先行者收到的信号包含更多的信息，即他就会理性地偏离先行者的选择，从而另行决策，并因此打断了信息流的继续影响。

打断信息流最重要的信息本质是哪一个行动更为成功和有效。通常，后来的追随者在一定程度上，观察到的不仅是先行者的行动，还有这些行动的结果。所以，关于真实状态的信息往往还是会随时间而累积，或者因不利结果而即刻终止的。

知道自己信息不充分的人是可以通过观察别人的行动来努力获得信息的。更多的人加总起来或许能比一个人获得更充分的信息，这是出现信息流或是从众行为的原因。一旦信息流形成，新的即时有用的信息就不再积累。而真实的结果会瞬间结束短暂的跟风决策和行为。

5.3.3 公共品与共用品

5.3.3.1 公共品

公共品是使用不受限制的物品，是市场失灵的另一种形式，主要原因是产权没有得到清楚的界定。公共物品是每个人必须“消费”相同数量的物品，如国防、空气污染等。如果公共物品按某个固定数量提供或根本不提供，公共物品提供量是帕雷托的有效的充分必要条件就是支付意愿之和超过公共物品的成本；如果公共物品按可变数来能够提供，提供帕雷托有效的公共物品量的必要条件就是边际支付意愿之和等于边际成本。

对于公共物品的供给问题，有多种的集体决策方法，包括中央集权机制、投票和关键人物征税等方法(即税收由关键人物交纳),以鼓励消费者表达真实需求。关键人物即消费与不消费决策的直接影响人。

5.3.3.2　共用品

共用品与公共品的区别在于,共用品的共享范围受到一些限制,而公共品则没有办法限制共同享用。共用品是一种特殊的外部性,是任何一个人对某种商品的消费不会减少它对其他人的供给量,把共用品提供给任何人,无须负担额外的成本就能把它提供给每一个人。提供共用品的有效条件要求每个供给者的边际成本等于所有需求者的边际价值之和。如果能够排除不付费的人,总供给就是有效率的,向需求者收取足够费用,以出清市场的价格体系也会存在。

当可消费的共同品数量不是像通常假设的那样由私人供给之和决定,而是由私人供给的最小值(最起码保证供给效能实现的水平)或最大值(足以选出最佳供给效能物品的数量技术)决定时,供给总量能够较接近于帕累托有效的水平。

即使可以定义一组有效的价格,使生产者对共用品的生产量与消费者的需求量是有效的,但这些价格无法通过市场过程来达到,因为私人供应共用品的动力不足,所以,政府需要充当某些无法定价的公用品的供给。甚至公用品的生产可以决定政府的适当规模。人们会理性地自愿提供部分,富人会提供与其财富不成比例的较大份额的公用品。但如果只依赖自愿供应,有效数量与供给量之间的差额会随着社区的扩大而越来越严重。

阻碍私人自愿提供共用品的关键问题是搭便车行为,虽然,每个消费者都愿意提供一些共用物品,但每个人都宁愿其他人代为付费。可以证明"私人品"应该由私人提供,"共用品"应该由公众提供。但是,实践中,私人和政府都提供部分共用品,如电力、灌溉、保险(社会保障)、教育(公立、私立学校)、邮政服务(快递)等。

5.3.4　外部性问题

无形之手可能由于垄断或直接的外部性而失灵。垄断使商品的产量不能达到最优产量;直接的外部性导致由别人承担部分成本的商品产量偏高,而为别人带来利益的商品产量偏低。

5.3.4.1　外部性的客观存在

外部性"是无法在价格中得以反映的市场交易成本或收益"。外部性存在正的外部性和负的外部性。由于交易价格中并不体现外部性带来的成本,因此,行为人很难顾及第三方的利益。如果外部性是负的，市场会使得花费社会成本的活动看起来对私人有利；如果外部性是正的，市场会使得实际上社会得益的活动看起来是对私人无利。不管哪一种形式都会产生市场失灵，要么是因为市场允许"错误"活动发生，要么是因为市场阻止"正确"活动发生①。

5.3.4.2 外部性下的科技创新及采纳行为

创新本身具有公用品特征，这些特征可能导致某种市场失灵或市场分配的次优化。市场结果可能在两个方面是次优的，一方面，可能存在太少或太多的研发和创新；另一方面，可能存在研发项目或创新活动的错误组合。

正外部性：关于完全竞争市场的论述。研发以及信息的生产和收集都显著受正外部性支配，即可能会对其他公司产生正的收益。此时，创新的公司不能享受创新的所有好处：即创新或者信息收集的私人收益少于社会收益。即使社会收益超过研发成本，但私人收益可能不足以弥补研发支出。对于正外部性较多的创新项目不能靠市场，应该给予一定的政策支持补充。

负外部性：认为创新公司研发支出的私人收益大于社会收益：创新者对同质产品通过自己增加市场份额，其他公司失去市场份额而受益。消费者可以从这样的创新中受益，但消费者增加的收益却没有创新者的私人收益那么多，这是研发被复制的结果，会形成社会浪费，而私人会因此获益的创新。某些特殊的市场结构情况下，正负外部性可能同时出现，可以相互抵消一部分。

5.3.5 政策调节

当市场不能成功地产生理想的竞争状态，而低于完全竞争的状态不能带来有效率的结果时，政府还可以发挥经济调整的作用。比如，市场竞争不会带来一个繁荣经济所必需的技术创新；生产者对其产品知道的比消费者要多得多；交易的额外成本及收益没有完全被市场价格所反应时会产生市场失灵。而市场失灵的存在表明，如果政府能比市场做得更好，那么，政府是可能在纠正市场失灵方面发挥作用。经济政策集中于两项政策目标：效率与公平。效率决定总量的多少；公平决定分配的方法。经济制度的要素涉及的决策者主要有 3 类：个人、企业、政府。

个人是社会的基本单位，因为家庭成员之间互相支持，统一决策，所以家庭可以被看作有效的消费单位，农户即是。企业是由个体组成的，可视为生产而聚

① [美]G.M.彼得·斯旺.创新经济学[M].上海：格致出版社，上海人民出版社，2013.

集起来的团体，是具有集体行为决策的部分。其他组织行为虽不完全是生产，但情形类似。政府也是经济决策者。最重要的活动是制定法律框架，让整个经济运行其中。政府决策是通过政治程序而非市场进行的。

市场失灵是为政府采取创新政策辩护的必要条件，但不是充分原因。政府找到能以一个成本有效的方式真正改善市场结果的政策安排是很有必要的。把纠正市场失灵的政府政策分为三大组：①对研发活动及其他创新活动出现的正外部性的补贴；②创建或者巩固产权以确保没有向第三方免费溢出的制度；③促进“市场未能给予足够支持的活动”的政府支出或采购。

5.3.5.1　补贴和税收

皮古（Pigou）提倡的传统政策有两种形式——对供给的补贴或者对使用的补贴。源于一般税收的补贴是用来补偿那些通过研发活动可以产生正外部性的人们的。在受到补贴的行为技术扩散的情况下，使用者被补贴，即采用一项新技术来补偿他是因为采用该技术而产生正外部性。一般和特殊的补贴：一般补贴，如研发支出的税收减免，行政执行上简单，但其影响可以促进一系列额外的活动；特殊补贴，可以被赋予研发的那些特别有希望的领域，或为了促进一项特别有前途的新技术的采用，行政执行上复杂，更加耗费成本，但其影响确实能更清楚地集中于政府可望去鼓励的特定范围的活动。

可以通过对有害的外部性征税促使组织减少对他人的损害。理想的正税收等于边际外部性的水平，即使私人的边际成本加上惩罚性税收就等于生产的社会边际成本。

5.3.5.2　产权

科斯定理告诉我们产品明晰可以解决外部性问题。产权分配更重要的是它的可交易性，是外部性核心的问题。产权体系的成本是它给予了发明者以垄断权，通过为最初免费溢出的东西设置一个价格来组织技术扩散。所以，产权的建立有利于获得更高水平的供给，但是不能提高扩散。知识产权框架的关键挑战就是对创新的激励，不能过度限制消费者和随后的创新者的进入。在理想情况下，通过产权的市场交易克服外部性的“市场失灵”，但如果需要交易发生，必须从一开始就把产权界定清楚。

在以下情况时，产权是界定不清的：并非所有资源都有归属，如某些资源在法律上不属于任何人；某种资源的使用权虽然在正式的法律意义上有界定，但执行过程不够顺利。这种情况下，人们将致力于对产权作出改变或防止非自愿改变的行为，称为攫取活动。

产权不完全时，专用性活动和寻租活动竞相获取资源的控制权，都成为效率损失的另一个重要原因。个人或企业争相获取的产权是额外的法定特权，如许可证或特许权，这种攫取活动称为寻租；如各类协会会努力获得相应便利特权，以获得更多的利益。

一体化的目的是将外部问题内部化，将两个决策者合并由一个决策者控制。有时一体化可以解决产权难以明确界定的尴尬。

5.3.5.3 政府支出与采购

在市场失灵的严重情况下，政府可以通过直接的政府研发支出或者科技基础设施的其他支出来确保有社会价值的活动的进行。困难之一是，公共机构缺乏行业中的公司拥有的商业信息和市场激励。由此，政府更适合基础研究而不是接近市场的研发。因为正外部性和实用性问题对于基础研究来说要比接近市场的研究更重要。困难之二是政府资助的研究可能会排挤私人资助的研究。

5.3.5.4 激励政策的发展方向

政府在创新方面的政策可以按照对市场调节的要求，将和过去以及现在的创新政策保持不同方向，以引导必要的市场行为。大部分政策仍然是被创新如何发生以及创新如何有利于创造财富模型所支配。当创造发明与创新可以创造财富的多元渠道时，就需要更加精细的政策方法来指导和激励；创新并非越多越好，创新对于可持续性与福利的全部意义比现实要复杂，面对市场失灵的创新方向调整，政策目标必须从增多的任何创新上转移到实现越来越多的正确创新上。

5.4 政府调节的力量

我国农业科技服务主体构成丰富，主体性质和职能的理论分布比较合理，主体之间成分关系明确，主次有别，数量比例大致适当，总体上与国际上农业发达国家的科技服务体系的建制和成分构成相似，但综合各主体参与完成的农业科技服务，在实际经济生活中并没有看上去那么有效率。究其原因，应不在政策力度上，也不在主体结构上，而与各主体之间的服务供给职能的衔接上，服务交叉或空当之间的匹配协调上有关，与各主体的科技服务供给机理有关，也就说与科技服务机制有关。

总结我国农业科技服务体系做出的成绩，以及未能解决的新问题，结合我国农业经济发展的目标，不难发现，摆在我国农业科技服务面前的任务艰巨，对农业科技服务效率提出了挑战。接下来将对我国农业科技服务效率进行测量，并试图从科技服务效率的时间序列数据中，分析科技服务效率变动的规律，发现改善农业科技服务推动力的着力点。

5.4.1 我国农业科技服务的阶段性成绩

5.4.1.1 服务体系发展进程持续进行

20世纪50年代，我国建立了农业、林业、畜牧兽医、水产、农机、气象等部门的科技推广机构(包括供销合作社、信用合作社)。当时农业服务主要以计划手段为主，是以自上而下的行政体系推动的农业技术推广体系。

到了60年代，市场化、产业化、规模化、标准化成为我国农业现代化建设追逐的目标，要实现这个目标，农、工、商、服务业必须相互补充，有机融合，此时，农业科技服务的组织性质向社会化范围逐渐展开，并通过技术传播活动连接这些部门形成了更为庞大的农业技术推广体系。

1978年开始，我国农村范围推行了“联产承包责任制”，改革了农产品原有的单一的供销社式购销体制，农业生产物资的供给由少数专营变为多主体供应，其中个体、私营经济组织加入进了我国的农业科技推广体系。

1986年，我国农业技术服务体系初步成型，其中农业推广体系是主要部分①。

20世纪90年代初期部分重要科技服务体系，由国家为主调控。如，出于对国家安全的特殊考虑，农业科研创新部分仍然按照领域不同程度地由不同的主管政府部门负责立项和实施，服务主体以国家和地方的农科院、农业技术推广站和大学等公益性的机构为主。90年代后期一些具有研发能力的企业和私人机构开始介入农业科研体系内，通过产业化推广企业的品种和产品，但在科技服务农业方面还不是主流。

从2004年开始，我国农业部制定并推动了农业“七大体系”建设，包括农业科技创新与应用体系、种业体系、动植物保护体系、农产品质量安全体系、农业信息和农产品市场体系、农业资源与生态环境保护体系，以及农业社会化服务与管理体系的建设。

2006年开始，强调形成多经济成分、多渠道、多形式、多层次的服务体系，并以乡村集体或合作经济组织为基础，以专业经济技术部门为依托，以农民自办服务为补充。形成了以政府技术推广机构为主体的农业推广系统。它包括种植

① 潘宪生，王培志.中国农业科技推广体系的历史演变及特征[J].中国农史.1995(3).

业、畜牧业、水产业、农业机械化、林业，水利 6 类专业技术推广体系。

近期，我国农业科技服务体系的框架包括产前种苗、化肥、农药、机械等生产资料的供应体系；产中的机械化种植、田间管理，以及产后的加工、销售等环节服务体系。中央及地方政府工作重点部分集中在公益性领域，提供指导性政策，为基层合作组织、龙头企业等服务部门提供技术，信息、培训等服务，成为技术、人才、信息等服务的主要源头。

我国农业经济发展已经进入了关键时期，正在逐步由传统农业向现代农业转变，农业科技人才队伍的建设、科技推广网络的建设、培训体系的构建成为农业科技服务体系新的热点，同时也是提高农业科技服务水平的关键。

5.4.1.2 服务主体功能格局基本确立

对比国外各国的农业科技服务体系结构，我国已经逐步完成了一套比较完整的科技服务主体网络建设，各主体功能全覆盖，社会职能比较协调，理论上，实现了科技服务体系的结构上的健全完整。

我国农业科技服务体系中，基本上形成了以政府主导的农业科技推广机构为主的，农业科研部门、农业相关大专院校、农业科技协会组织等为辅的 4 类机制线条。其中，包括科研、教学、推广相结合的机制；技术、政策、物资相结合的机制；政府机构、专业机构、民办机构相互结合的机制；培训咨询服务，以及技术推广服务、经营服务相结合的机制。

1）政府发挥农业科技服务中的引领与扶助角色

（1）政府施政于农业科技社会化服务。通过国家政策和法规建设强调农业发展在我国经济发展中的重要性，投入大量资金和优惠税收政策提高农业生产者收入，减少税负，激发了农业生产热情，引领了一大批工、商、教育组织直接参与农业科技社会化服务。

（2）政府是农业科技服务的主要投资人。政府设立各种基金支持农业科技创新。农民投资科研可能性极低，科研单位无奈于资金短缺，而企业与农业生产尚未建立起密切的利益纽带。政府通过各种优惠政策引导企业各界参与农业科技建设和推广，通过科研立项和行政指挥引导农业科研单位研发农业急需的技术，不断提高我国农业科技水平，提高农业生产力、提高农民收入，促进农业快速发展。

（3）政府主导决定了农业科技创新的方向。国内从事农业科技创新的科研机构和单位科研选题，科研人员主持的科研项目，多数是通过向政府部门申请立项获得，政府引领农业科技的发展方向。近三年，我国农业科技创新成果的辉煌也证实了政府在农业科技创新中起到的重要作用。

(4) 政府培养了大量的农业科技服务人才。这部分科技人员(包括研究机构、推广机构、高等院校等)既是科技的研究和提供者,也是政府科技服务的需求者。作为研究人员,他们在攻克科学难关、创新实用技术,为农业生产经营提供科技服务。但他们以此作为职业,需要科研经费保证研究、维持生活,需要以其他研究人员的成果作为创新基础。政府的各种科研经费对他们来说是一种重要的资源,相关科研人员的研究成果也是他们需求的一部分重要内容。

政府保有中央和各地省市级各类农业管理部门和行政部门,拥有农业各类专业人才,设有完整的县镇级基层推广机构和乡村政府机构,对各地县的农业生产自始至终发挥着政策和技术的指导作用。通过这些机构和人员的纽带作用,政府得以在农业基层地区落实农业政策,以各种形式投放农业补贴与发展资金,获得农业一线的真实信息,了解农业发展的实际需求,提高农业科技的应用和推广。

2) 科研院所与高校充当农业科技服务的研发和推广的角色

(1) 高校融通基础研究、专业研究、研发创新、推广支持、专业教育等功能。高校与科研院所服务角色包括:各类农业院校和科研机构拥有大量科研设备和科研人才,具有规模化的科研能力,运用高科技选种、育种,改善了我国种源质量;鼓励教师和科研人员进行田间推广,展开教育培训服务,更新农民的知识体系,提高农民生产技能;利用国家投资项目进行田间试验和示范;结合市场合作项目,按照合作单位要求向农民提供相应服务。改革开放以后,我国高校与科研机构在农业高科技领域获得了显著的成就,新产品、新设备、新技术层出不穷,为我国农业科技发展做出了贡献。教育资源供给,农业院校的专业师资为农业科技服务提供了丰富的教育资源。政府推广部门、企业邀请农业专业人员协同进行农业科技教育、生产科技指导、技术咨询服务;农业专家学者通过电视、电话和网络等中央和地方建立起来的各种沟通渠道,直接与农民进行农业科技的交流。人才后备资源支撑,农业院校在国家教育资金的支持下,通过正规专业教育培养、输出大量农业专业人才,增添了整个社会的农业科技发展潜力,提高了未来科技兴农的知识水平基础。

(2) 科研院所联结高校和基层推广部门为农业生产服务。中央及各省市农业科学院与农业专业研究所是我国农业科技重要的研发基地,在国家研发与教育资金的支持下,向农业提供农业科技创新与技术推广服务。其主要职能是培养地方性专业创新人才,面向当地优势资源提供专项研发服务,积极参加地方技术扩散和技术指导，支持服务扩散单位的生产经营。

农业科研院所受国家投资研发项目的资助，参与农业科技社会化服务，将最新的科技成果直接导入农业生产。这些科研单位根据国家科技发展方向，结合自身的科研优势，申请国家设立的科研项目，利用政府投资，进行专项科技研究。鉴于项目的客观要求，研究人员通过在农业生产地区建立项目推广基地，向农民展示科研成果，接受农民的技术咨询，指导农民的生产应用，带动了示范地区的农业科技发展和实践。

3）涉农企业积极加入了农业生产前后的购销服务

（1）农资厂商与经销部门为农业生产者与市场之间搭建桥梁，通过向各地农业生产者提供生产资料（产前），加工销售（产后），集结散小力量（汇总产能），加工销售，附加技术培训（技能提升）等形式的服务参与到农业科技服务之中。承载着新技术的生产资料和技术，将新的生产技术传递给农业生产者，利用其设备优势、规模优势和信息优势，协同农民完成农产品的加工、包装、运输和销售，获得更广泛的市场，取得更高的附加值。这些组织单位之间的竞争使农业生产者在产前、产后与市场的联系更加紧密，对农产品市场的反应更加迅速。

（2）农资厂商与经销部门为了赢得更多的市场需求，会自主进行一些创新行为农业生产资料的生产企业进行科学育种，生产农药、化肥和农用机械设备，为了使农业生产者了解和认识产品的效用也同时提供与其产品相关的科技培训，技术知识宣传等，在产前积极开展讲座，宣传产品的功能和应用方法，免费赠送试用产品，出资进行科技示范，展示农业科技的应用方法与效果。为了强化农民购买产品的欲望，有些技术扩散单位承诺进行全面售后服务，提供免费技术培训或咨询。这些以销售为目的的农业科技服务增加了农业生产者学习农业科技的机会，有利于先进技术产品的应用和推广，有助于提高农业生产力。

（3）参与农产品销售的企业和组织联系着农产品消费市场和农产品生产者，为谋求市场与生产者之间的利差，参与农业科技服务。企业向已确认收购意向的农户提供安全生产指导，进行采摘与保鲜技术培训，提供简单加工技术和设备，以保证获得优质的农产品。在长期合作基础之下，企业会根据市场标准促进农民的品种更新和种植技术的改进，增加农业生产者对市场信息的捕获和分析能力，提高农业生产者的市场意识和自主学习新技术的能力。

（4）涉农企业的创新和扩散活动为其谋利于农业科技服务，既满足了其生存需要，也填补了科技服务需求。市场化的科技服务主体多数是营利性组织，其通过向市场提供科技产品和科技服务获得收入，得以生存和壮大。参与农业科技服务的各类企业单位为农业提供各种生产、生活资料，收购、加工、销售农产品，从中获得收益。企业参与农业科技服务实质是经济行为，企业需要从农业科技服务中得到经济回报，经济利益是衡量企业是否参与农业科技服务的重要条件。

4）农业合作组织活跃了科技服务的乡间热情

农业专业合作社是从事同类农产品生产经营的农民为了维护和实现共同利益，按照自愿互利、民主协商的原则建立的一种合作经济组织，以自身特有的民办性、合作性和专业性，为社员提供产前、产中、产后的全程服务，解决了社区集体经济组织统一不起来、国家经济技术部门包揽不了、农民单家独户解决不了的事，推动了农业社会服务体系的建设。

农业合作社的形式多种多样，包括生产合作型，销售合作型，科技服务型，中介服务型等。已涉足生产资料供应、生产协作、加工运输、市场销售、农业信贷等大部分农业科技服务。合作社提高了农民认识科技、应用科技的能力，提高了农民生产规模效益，增强了农民的讨价能力，同时也扩大了农业科技的推广范围和转化速度，提高了农民使用农业技术进行农业生产和管理的能力，一定程度上缓解了小农户与大市场的问题。

农民合作组织参与农业科技社会化服务的目的是整合分散经营的农民各自的优势，为农民自己提供所需要的各种各样的更经济更适用的科技服务。农民合作组织对于组织内部成员实行免费或象征性收费服务。农民合作组织参与农业科服务，可以使社员获得技术整合之势，发挥专业特长，获得学习和使用技术的机会，互相借鉴，相辅相成；可以使社员获得规模竞争之势，缓解产前、产后分散经营与大市场之间的矛盾局面，降低生产成本，提高市场讨价能力；可以使社员获得政策导向之势，充分响应国家政策，借助国家资金政策扶持提高竞争能力；可以使社员获得信息管理之势，提高农民的市场运营能力、市场信息分析与经营决策能力。农民合作组织对于组织以外成员通过收费方式提供服务，将组织内部的产品和技术向更大范围推广。

由政府机构、高校与科研院所、涉农企业和合作组织4类科技服务主体构成的科技服务网络，基本上形成了服务职能完整、服务范围广泛、上下功能衔接、主体成分合理的科技服务体系框架。当前我国参与农业服务体系部门有以下五大类：第一类是村级集体经济组织，组织开展统一机耕、排灌、植保、收割、运输等服务；第二类是乡级农技站、农机站、水利（水保）站、林业站、畜牧兽医站、水产站、经营管理站和气象服务网等提供的以良种供应、技术推广、气象信息和科学管理为重点的服务；第三类是供销合作社和商业、物资、外贸、金融等部门开展的以供应生产生活资料，收购、加工、营销、出口产品，以及筹资、保险为重点的服务；第四类是科研、教育单位深入农村，开展技术咨询指导、人员培训、集团承包为重点的服务；第五类是农民专业技术协会、专业合作社和专业户开展的专项服务。其中，并不包含农业生产者个人群体，以及农业生产者经营的私人单位。

5.4.1.3 科技成果转化促进措施落实

随着我国农业科技服务体系的顺利发展，以及科技服务主体的不断研发推广努力，我国农业科技成果转化率、农业科技成果贡献率逐年提高，日趋接近国外农业发达国家水平。

1）政府部门推进科技成果转化力度与措施

(1) 科技部星火计划是经中国政府批准实施的第一个依靠科学技术促进农村经济发展的计划，是我国国民经济和科技发展计划的重要组成部分。其宗旨是：把先进适用的技术引向农村，引导亿万农民依靠科技发展农村经济，引导乡镇企业的科技进步，促进农村劳动者整体素质的提高，推动农业和农村经济持续、快速、健康发展。

政府充分发挥引导、调控和服务作用，坚持政府调控与市场调节相结合，为企业适应市场、开辟市场创造环境和条件。体制方面，星火计划的实施在科技与经济结合、科技与金融结合、中央与地方结合、政府与农民结合等方式。以经济实体和乡镇企业为载体，追求技术含量，使星火技术和产品在较长时间内占有市场优势，使星火企业能在市场竞争中领先一步。项目支持上，星火计划实行以项目带技术、带资金、带人才，合理配置资源。支持、鼓励科技人员、科研单位参与星火计划，建立多种形式的科研生产联合体，通过广泛的技术协作，开发星火产品和技术。动员并依靠社会力量推动星火计划不断发展。

政府通过不同模式引领科技创新单位、当地政府机构，以各种形式开展技术推广工作，具体模式主要有：农业专家大院，农业科技园区、示范县市、农村专业化合作组织、农村科技信息共享和服务体系、科技特派员、龙头企业技术创新中心、农村专业技术协会、农村区域科技成果转化中心、农村信息化基地、农业产业化龙头企业、科技扶贫专项贷款等具体形式。

工作效率表现在优良新品种、农产品增值和流通、重大动物疫病防控、农产品安全和绿色食品、环保型肥料和农药创制、特色产业、废弃物资源化或能源化利用、村镇建设和绿色社区、农林生态安全、农业装备与设施、资源节约型农业、农业精准作业、农业生物技术等方面。其中，支持转化的成果中15%左右要来源于国家涉农“863计划”、科技支撑计划等；支持特定贫困区域和特定生态脆弱区域加强科技开发。

(2) 农业部“跨越计划”目的为了解决中国农业科技成果转化率低、技术普及薄弱的问题、农业科研与推广中间环节断档问题。“跨越计划”上接国家“攻关计划”、“攀登计划”、“863计划”等科研计划，下连“丰收计划”等农业推广项目，针对农业科技难点和农业应用性、行业性的重大科技问题，为农业技术推广提供先进适用的科技成果。整合科技创新单位与一线推广单位的技术衔接问题。

科技单位＋当地政府模式：通过实施“跨越计划”，形成一批农业生产性试验和示范基地，农业科技产品中试基地；通过对重大农业技术和农业科研成果、科技产品的熟化、中试和组装，培育一系列可以大规模推广应用的新品种、新产品，培养一批集成配套技术的示范样板，实现21世纪农业科技和农村经济的跨越式发展。

2) 科研院所与高校配合政府和市场支持和推动科技成果转化

(1) 农业科学院是各地农村科技推广体系中的重要主体之一，科技资源主要包括，全体科技人员所取得的科技成果，是农科院服务“三农”最重要的科技资源；科技专家资源，技术干部、高级专业技术人员、中青年科技人员都是农科院服务“三农”最宝贵的科技资源；科技研发资源条件，各类农业工程技术研究中心、原种基地、实验室、农产品质量监督检验测试中心、高技术研究室、农业生物技术研究中心、生物防治技术工程研究中心等科技研发基地，是农科院服务“三农”最急需的资源。科技信息资源，农业专业图书馆、农业电子图书馆、农业信息网，数字信息资源中心等是农科院服务“三农”最广泛的资源。科技服务渠道资源，与各地农业生产基地、农业生产者建立的合作关系，培训、教育推广于一体的“三农”服务体系，是服务“三农”最直接的资源。

农科院能够提供科技资源的有效支撑，表现在以下几个方面：①信息资源支撑，农科院信息所、信息中心的成果、专家、技术等信息资源为农村科技服务港提供支撑；②服务手段的支撑，农科院把现有的语音平台、短信平台、远程教育等整合到农村科技服务港中，为农村科技服务港建立现代服务手段提供支撑；③科技条件的共享，农科院现有国家蔬菜工程中心、国家果品与苗木检测检验中心；④科技成果支撑；⑤农科院的科技专家的支撑，科技推广离不开专家的参与。在开展科技需求调研的基础上，还可以广泛联系科研院所、高校等机构，收集专家、技术、成果等信息，对促进农村经济增长的各类资源进行整合。还要通过推介会、展览、论坛等形式推进农业科技成果转化。

(2) 高等学校的农业相关院系积极推进科技服务项目，参加并影响当地农业科技导入水平，提高农业科技转化效率。形成一系列科技服务项目，涉及各类基础工程、专业工程、营运工程、培训服务工程，有效支持各地农业科技成果转化。

高校教师学生等人才资源积极参与农业科技服务。鼓励教授教师和优秀学子深入当地农村，开展人才培训和技术服务。鼓励学生参与农村管理与建设，组织博士生挂职当“县官”，为当地建设与发展献智，为农业创建规模经营与区域特色的农产品品牌，改善农村管理效率，推进这一“头脑农业”人才工程。

培养农业人才。为新农村建设带头人培训，配备与农村专业技术人才和农村服务人才的教育培养体系，成立了技术干部培训中心、农村紧缺人才培训中心、食品安全师培训中心等进行科技人才培养；设立正规专科、本科和专业学位研究生项目提供农村专门人才的培养，以及各类农村技术和管理干部的培训。在职业教育上，开展食品安全师、植物营养师、园林景观设计师、芳香养生保健师、农产品经纪人、农业环境监测人员的培训。农村中外合作教育有：国际农产品贸易、食品科学与安全专业。从各方面为新农村新郊区建设培养多元化的人才。

集结专业能力资源参与农业科技服务。结合各校专业能力和农业科技领域的发展方向，在食品安全、可再生能源、高端农业生物技术、健康医疗、农村信息化等各方面进行了科技服务探索和实践，改善农业生产者科技应用条件，提高科技应用能力，提高科技效果实现的概率，保证科技成果顺利转化成现实。

实施跨地区农业专项科技辐射。与各省市政府合作，成立合作组织、公司、基地等，发展技术难度较大的农业科技研发和推广环节实践活动，农业生产者提供质量优良，技术先进，简单易用，收效显著的科技成果。协助建设重要农用工程或项目，扶持建设农业现代化示范基地，吸引更多农业生产者参与技术应用，提高科技成果的转化水平。

3）农资厂商与经销商协助完成大量科技成果的转化工作

农资生产厂家为农业生产者提供间接供货、间接供货和直接供货相结合等多方面宣传、推广农资技术产品活动，向农业生产者直接提供高技术附加值的生产资料，提高了科技成果转化程度，也同时推动了农业科技在农业生产者心中的地位。部分公司联合地区农业技术推广部门，采用“订单”形式示范种植技术品种，带动成千上万农业生产者提高收入水平，实现科技成果转化。利用当地主导产业优势，推广农产品加工包装技术，拉动农产品价格，既给农业生产者带来实惠，又提高科技成果的带动力度。

农资店在农业科技服务中的表现活跃，它们搭桥为农技培训，代买代销，代为提供科技服务。在考察上海青浦、嘉定、崇明、奉贤、松江几个农业大区县的过程中，在农户口中“农资店”是一个出现频率极高的名称。农资店一般均匀分散在各农业生产区域，离农户生产和生活场所较近，大多由具有经营能力的农民自己集资、自主经营，与农户都是邻居或朋友关系。农资店为农户提供各种生产资料，包括种子、化肥、农药、农用工具种类齐全，并且能够为农户解释各种生产资料的技术原理和应用方法，对农业生产中常见的问题也能提出一些正确的应对措施。有些农资店有代销业务，收购农产品或协助农户销售，并且能提供一些市场信息，为下一轮生产出谋划策。很多农户都有在农资店赊购的经历，使农资店带有银行信贷的色彩。政府农业服务部门和涉农企业在推广新产品和新技术时，也常常借助农资店的人脉和其在农村的纽带功能宣传和推广，同时农资店也给政府和企业及时地需求信息，并从政府和企业获得一定的收益和优惠。农资店日益成为农业科技社会服务体系中的一个枢纽，以市场化的方式，衔接技术供给者和技术需求者，充当了两者信息、资源和产品的传递渠道，其在农业科技社会化服务中的发展潜力不可小视。

4）农业合作组织

以农户为核心合作组织，以农户经验为事实，吸引缺乏农业科技的农业生产者采纳科技的兴趣和意愿。对上，易于技术推广机构技术推广实现，以及政府鼓励政策的落实奏效，对农业生产者便于技术问题解决，技术实效的顺利发挥，从基层的角度看，有利于农业生产者效仿学习、跟风采纳类似农业科技，并投入自己的农业生产与生活中，在当地的合作组织帮助下，逐地逐户地实现农业科技的成果效率。

农业推广站技术人员承包创业型农业合作组织。拥有技术的基础是这类合作组织在技术属地应用成果上具有更好的收效。一方面技术上更加了解当地科技应用的问题，技术转化应用困难阻力不大，成功概率极高，以及当地农产品消费市场的需求，另一方面具有当地农业生产者对其的信任和了解，技术传递性极强，有利于农业技术迅速扩散，实现更大范围的技术转化。随着当前农业合作组织不断带动周边农户生产创收，农业生产者获得的收益也就越来越高，而指导周围农户人数也是逐渐增多，拉动种源、技术物资供给，农产品的加工、仓储、销售等技术服务型合作组织的建设与活跃，更广泛地推动农业科技成果实现转化。

5.4.2　基于农业投入的农业科技服务效率分析

按照索罗经济增长模型的概念，经济的增长来自劳动力、资金的投入的增加，当劳动力的供给不变时，资本的边际产出递减。在长期的经济增长过程中，劳动力的增加和技术进步决定了经济增长。其中，劳动力的增长既包括劳动力数量的增加，同时还涵盖劳动力素质及其掌握的技术能力的提高。在索罗的长期经济增长模型中，经济增长除了要有资本以外，更重要的是靠技术的进步、教育和技术训练水平的提高。

结合对农业科技服务的界定，农业科技服务效率表现在两个不同方面：一方面来自以实物为载体的技术成分，即包括农业基础设施、农用机械设备，以及种子、化肥等农用生产物资，也包含科技服务的水平表现在这些物资中的科技含量以及应用价值；第二方面来自实物技术以外的，无形的农业科技服务活动，如科技教育、科技培训、田间技术指导、市场信息分析等科技进步因素。

具体地，研究范畴与数据取值包括：对农业设施投入的效力研究，以农业水利建设投资代表设施类实物技术基础的投入水平，以分析农业基础设施的投入是否与农业产出存在关联；对无形的农业科技进步水平进行研究，以与农业生产过程关系更为密切的中间消耗值代表资金投入，与农业从业劳动力数量，以及农用耕地面积一起，测量非实物技术服务对农业经济增长做出的贡献水平。

鉴于农业科技的教育、研究、应用、需求等地区基础要求高，各地农业数据统计口径选择不一致的现状条件，特此选择上海作为样本进行数据收集和测算。一方面，上海是经济金融大都市，经济实力雄厚，农业投入能力高，农业生产者素质较高，农用耕地面积人均较低，农产品需求人口基数大，农产品质量要求较高，是科技服务需求和科技服务能力双高的典型地区。有利于反映资本投入、劳动力素质等不足问题以外的技术效率问题。

国家与地区政府对各地农业投入不断扩大，尤其是农村基础设施投资，政府是主要投资者和建设组织者。对于农业生产来说，农田水利设施的健全性和先进性，更会直接地影响农业生产的顺利进行。此处以上海数据为样本，对主要农业投入和农业产出两项时间序列数据进行格兰杰因果测量分析，考察农业投入对农业产出是否具有解释力。

此处选择上海政府对上海农村地区农田水利设施的历年投资数据，代表农业投入，选择上海农业产出历年对应数据，作为农业产出，通过格兰杰检验方法进行分析，探讨农业投入的累加是否可以反映农业产出的变化，以探索农业投入的实践价值和效用。

5.4.2.1 测量指标与数据选择

依据《上海统计年鉴》选择 1985—2011 年的 27 年数据，截取其中的历年农业产出、农田水利投资下的政府投资数据(数据表中斜线部分为 12 个相关年份数据缺失,已采用临近年份均值平滑后填补作为基础数据,分别计算农业产出、农田水利投资政府投资的一阶差分数值,见表 5-1)。

表 5-1　农业投入-产出原始数据表

时间(年份)	农业产出(亿元)	农田水利政府投资(万元)	农业产出一阶差分	农田水利政府投资一阶差分
1985	31.38	5 079		
1986	38.74 *	7 711	7.356	2 632
1987	46.09	7 821	7.356	110
1988	53.45	11 655	7.356	3 834
1989	60.80	13 299	7.356	1 644
1990	68.16	15 959	7.356	2 660
1991	91.02	21 697	22.86	5 738
1992	113.88	27 436	22.86	5 738
1993	136.74	33 174	22.86	5 738
1994	159.60	38 913	22.86	5 738
1995	182.47	44 651	22.87	5 738
1996	200.95	56 421	18.48	11 770
1997	204.41	60 497	3.46	4 076
1998	206.75	83 596	2.34	23 099
1999	206.90	119 193	0.15	35 597
2000	216.50	151 539	9.6	32 346
2001	227.61	188 477	11.11	36 938
2002	233.57	264 370	5.96	75 893
2003	247.29	375 688	13.72	111 318
2004	248.89	219 506	1.6	−156 182
2005	233.39	176 215	−15.5	−43 291
2006	237.01	202 815	3.62	26 600
2007	255.98	379 071	18.97	176 256
2008	280.35	443 344	24.37	64 273
2009	283.15	497 583	2.8	54 239
2010	287.03	433 825	3.88	−63 758
2011	314.58	647 510	27.55	213 685

注：* 数字为平滑数据。

5.4.2.2 测量模型与数据分析

在时间序列情形下，两个经济变量 X、Y 之间的格兰杰因果关系定义为：若在包含了变量 X、Y 的过去信息的条件下，对变量 Y 的预测效果要优于只单独由 Y 的过去信息对 Y 进行的预测效果，即变量 X 有助于解释变量 Y 的将来变化，则认为变量 X 是引致变量 Y 的格兰杰原因。

进行格兰杰因果关系检验的一个前提条件是时间序列必须具有平稳性，因此，在进行格兰杰因果关系检验之前，首先应对各指标时间序列的平稳性进行单位根检验(Unit Root Test)。此处用迪基-富勒检验(ADF 检验)分别对各指标序列的平稳性进行单位根检验。

将农业产出记为 Y_t，农田水利政府投资(此处简记为农业投入) F_t，用 Eviews 软件对价格指数做平稳性检验，所得结果，如表 5-2 所示。

表 5-2 农业投入与农业产出的 ADF 检验结果

变量	ADF 检验值	各显著水平下的临界值			检验结果
Y	−1.931 3	−3.749 7 ***	−2.996 9 **	−2.638 1 *	不平稳
F	−1.181 2	−3.766 7 ***	−3.003 8 **	−2.641 7 *	不平稳

注：***、**、* 分别表示 1%、5%、10%的显著性水平。

从表 5-2 可以看出，在 1%，5%，10%显著性水平下，生产价格指数和零售价格指数的 ADF 检验值都大于临界值，说明价格指数序列都是不平稳的，将农业产出、农业投入数据的一阶差分分别记为 DY、DF，用 Eviews 软件对一阶差分做平稳性检验，所得结果如表 5-3 所示。

表 5-3 农业投入与农业产出一阶差分 ADF 检验

变量	ADF 检验值	各显著水平下的临界值			检验结果
DY	−3.869 6	−3.766 7 ***	−3.003 8 **	−2.641 7 *	平稳
DF	−7.176 5	−3.766 7 ***	−3.003 8 **	−2.641 7 *	平稳

注：***、**、* 分别表示 1%、5%、10%的显著性水平。

从表 5-3 可以看出，在 1%显著性水平下，DY 的 ADF 检验值为−3.869 6，小于临界值−3.766 7，农业产出的一阶差分在 1%显著性水平下是平稳序列；DF 的 ADF 检验值为−7.176 5，小于临界值−3.766 7，财政支农投入的一阶差分在 1%显著性水平下也是平稳序列。

从上述分析知，财政支农投入与农业产出都是 1% 显著性水平下的一阶单整序列，满足格兰杰因果检验的前提。

建立模型如下：

$$DY_t = \alpha_0 - \alpha_1 DY_{t-1} + \alpha_2 DF_t + \alpha_3 DF_{t-1} \quad (5-1)$$

$$DF_t = \beta_0 + \beta_1 DF_{t-1} + \beta_2 DY_t + \beta_3 DY_{t-1} \quad (5-2)$$

其中，Y_t 以上海市 27 年的农业总产值代入，F_t 以上海市 27 年的农田水利政府投资总额代入，并构建零假设如下：

零假设 H1：农业投入不是农业产出的格兰杰原因，且$\alpha_2 = \alpha_3 = 0$；

零假设 H2：农业产出不是农业投入的格兰杰原因，且$\beta_2 = \beta_3 = 0$；

做格兰杰因果检验，检验结果，如表 5-4 所示：

表 5-4　农业投入与农业产出的格兰杰检验

	零假设	P 值	结论
检验 1	财政支农投入不是农业产出的格兰杰原因	0.057 26	拒绝零假设
检验 2	农业产出不是财政支农投入的格兰杰原因	0.119 98	接受零假设

注：P 值>0.1 时，接受零假设；P 值<0.1 时，拒绝零假设。

从表 5-4 可以看出，在 10% 的显著性水平下，检验 1 的概率值为 0.057 26，小于 0.1，零假设H_1：农业投入不是农业产出的格兰杰原因，被拒绝，即农业投入是农业产出的格兰杰原因；相同显著水平下，检验 2 的概率值为 0.119 98，大于 0.1，零假设 H2：农业产出不是农业投入的格兰杰原因，被接受，即农业产出不是农业投入的格兰杰原因。

5.4.2.3　分析结论与评价

由以上测算和检验，说明当期和往期的农业投入的增长或是变动，有利于解释当期的农业产出增长或变动的情况。在农业投入的累积增加条件下，可以预测后期农业产出具有相应前景，所以，可确定，国家以及各级政府对农业的财政支出的不断积累增加，直接增加了农业投入总量，且这些投入总量的变动和增长对农业产出的变动或增长具有一定的预测意义，对于农业产出的不断提高具有较好的说明和解释能力。

此时，可得到一个比较宽松的结论，即国家各级政府对各地农业基础设施投入的增加，的确从一个比较宽泛的意义上，从某些方面引导或影响了农业产出的提高。

5.4.3 农业科技进步贡献率测算

“科技是第一生产力”，在农业投入中，落实在农业科技的各项投入构成了我国农业投入的重要部分。农业科技创新研究、创新技术广泛应用农业生产要素生产以及农产品加工销售等各个领域。在不断增加的各项农业投入中，各类、各种形式的农业科技的导入，是否也能取得相应的贡献绩效，更有效地发挥了促进农业产出增长的积极的作用，使农业产出更迅速地提高？随着城市化进程加速，以及农业劳动力不断转移到其他产业，是否会抵消农业投入对农业生产率的促进作用，是此处研究的主题。

5.4.3.1 数据选择与说明

上海市农业科技推广组织和执行单位，是上海市农业科技推广站，其名下常年开展上海郊区农村统计工作，形成各年的《上海郊区农村统计年鉴》，此节选择上海市 2002—2011 年的农业从业人员数量、农业中间消耗、农作物播种面积、农业总产值等时间序列数据（见表 5－5），其中，中间消耗，包括种子、肥料、农药、农膜、燃料等物质消耗，以及生产过程中发生的修理费、运输费、外雇排灌费、机械作业费等无形的服务费用。运用“增长速度模型”测算上海农业科技进步贡献率，期望分析农业科技投入对农业产出发挥的效果和产值贡献程度。

表 5－5 农业总产值、中间消耗、劳动力投入和播种面积表

时间（年）	从业人员数量（万人）	农业中间消耗（亿元）	农作物播种面积（万公顷）	农业总产值（亿元）
2002	81.45	23.09	47.67	47.05
2003	71.74	23.57	41.92	43.72
2004	65.22	25.62	40.44	43.53
2005	59.05	25.78	40.36	44.16
2006	46.08	25.97	40.14	44.08
2007	51.78	25.28	39.07	45.85
2008	47.52	27.84	38.84	47.24
2009	45.55	28.84	39.61	46.58
2010	34.06	27.38	40.12	44.39
2011	33.38	28.78	40.06	44.65

资料来源：上海市郊区农村统计年鉴。

5.4.3.2 测量模型与数据分析

(1) 模型。

测定农业科技进步贡献率的方法很多，此处根据 Cobb-Douglas 生产函数，见公式(5-3)，

$$Y = CK^{\alpha}L^{\beta}M^{\gamma}\lambda\ \mathrm{e}^{\delta}\ t = 0 \tag{5-3}$$

其中：

Y：农业总产值；δ：农业科技进步率；

K：资本投入量；α：物质费用产出弹性；

L：劳动力投入量；β：劳动力产出弹性；

M：耕地投入量；λ：耕地产出弹性。

运用增长速度测算模型测算上海市2002—2011年农业科技进步贡献率，纵向分析上海市农业科技进步与农业经济增长的关系。农业科技进步率是农业总产值增长率中扣除新增投入量产生的总产值增长率之后的余额，所以，农业科技进步率的计算公式：

$$\delta = \frac{Y_t - Y_0}{Y_0} - \alpha\frac{K_t - K_0}{K_0} - \beta\frac{L_t - L_0}{L_0} - \lambda\frac{A_t - A_0}{A_0} \tag{5-4}$$

其中：

$\dfrac{Y_t - Y_0}{Y_0}$：农业总产值增长率；

$\dfrac{K_t - K_0}{K_0}$：物质费用增长率；

$\dfrac{L_t - L_0}{L_0}$：劳动力增长率；

$\dfrac{A_t - A_0}{A_0}$：耕地增长率。

式(5-4)中符号下标“0”表示基年，下标“t”表示计算年，且假定 $\alpha + \beta + \lambda = 1$，即规模报酬不变，农业科技进步模式是希克斯中性型，农业科技进步率除以农业总产值增长率，即是农业科技进步贡献率。

(2) 数据取值与调整。农业总产值(Y)，采用从《上海市郊区农村统计年鉴》查得的2002—2011年，按当年价格计算的农业总产值，并以1990年不变价格计算，以剔除物价因素对测算结果的影响；

物质费用(K)，农业的主要构成是种植业，对种植业的物资投入常使用中间消耗数据，此处也使用《上海市郊区农村统计年鉴》中的中间消耗数据代表物质

费用，并按下列公式进行物价因素调整：

$$\frac{\text{按 1990 年不变价格计算的农业总产值}}{\text{按计算年价格计算的农业总产值}}\times\text{按计算年价格计算的中间消耗} \quad (5-5)$$

耕地面积(A)，因耕地存在农业生产特性要求耕地休耕，以及其他原因的临时闲置，故此处使用农作物实际播种面积替代耕地面积(A)进行测算，以真实反映对应产出的耕地面积。

农业劳动力(L)，以农业从业人员为统计范围，直接采用《上海市郊区农村统计年鉴》中的统计数据。

(3) 相关弹性测定与选取。对物质费用、劳动力、耕地 3 个产出弹性值的测定，首先通过建立全国总合生产函数的回归方程估算出各投入要素的弹性值(即回归系数)，在此基础上再确定 3 种主要投入的产出弹性值。

耕地产出弹性。由于我国耕地面积受严格政策和自然约束影响，缩减和扩大的可能幅度都特别小，因此在测算上海市农业科技进步率时，耕地弹性默认与全国数据一致。根据朱希刚的测算，全国农业物质费用弹性为 0.55，农业劳动力弹性为 0.20，耕地弹性为 0.25。所以，此处耕地弹性 λ 采用 0.25。

物质费用弹性。按式(5-6)调整：

$$\alpha_j=\alpha\ln\left[\mathrm{e}-1+\left(\frac{K_0}{L_0}+\frac{K_t}{L_t}\right)\Big/\left(\frac{K_{0i}}{L_{0i}}+\frac{K_{ti}}{L_{ti}}\right)\right] \quad (5-6)$$

其中：

α：为全国农业物质费用弹性；

α_i：为上海市农业物质费用弹性；

e：自然对数的底。

K_0、L_0、K_t、L_t：分别为全国基年和计算年的农业物质费用和农业劳动力数；

K_{0i}、L_{0i}、K_{ti}、L_{ti}：分别为上海市基年和计算年的农业物质费用和农业劳动力数。

对于测算的物质费用弹性值α_i，如果$\alpha_i>0.65$，仍按 0.65 取值；如果$\alpha_i<0.40$，则仍按 0.4 取值。根据式(5-4)所计算的 2003—2011 年的物质费用弹性值α_i均小于 0.4，所以取值 0.4。

劳动力弹性。在耕地产出弹性和物质费用产出弹性已知的基础上，劳动力产出弹性可以根据 $\alpha+\beta+\lambda=1$ 进行计算，有：

$$\beta_i = 1 - \alpha_i - \lambda_i = 1 - 0.25 - 0.40 = 0.35$$

由此，此处测算的上海耕地投入、农业物质费用、农业劳动力的拟用弹性值分别为0.25、0.4、0.35。

(4) 农业科技进步率与农业科技进步贡献率测算。根据式(5-4)以及前面测算出的各项弹性计算农业科技进步率(见表5-6)，再除以农业总产值增长率，即得其比值为农业科技进步贡献率。

利用式(5-4)以及相应的参数值，结合表5-5的数据测算出的劳动力、物质费用、耕地面积、总产值的增长率，以及科技进步增长率和科技进步贡献率(见表5-6)，其中可见，上海市2002年到2011年的农业技术进步贡献率总体呈现为不断的上升过程中，2011年达到了38.91%。

表5-6　上海农业科技进步贡献率测算结果表

年份	劳动力增长率	物质费用增长率	耕地面积增长率	总产值增长率	科技进步贡献率
2002	/	/	/	/	/
2003	−0.119 2	0.020 8	−0.120 6	−0.070 8	0.103 4
2004	−0.090 9	0.087 1	−0.035 3	−0.004 3	0.335 7
2005	−0.094 6	0.006 3	−0.002 0	0.014 5	0.314 7
2006	−0.219 6	0.007 1	−0.005 5	−0.001 8	0.406 3
2007	0.123 7	−0.026 4	−0.026 7	0.040 2	0.350 4
2008	−0.082 3	0.101 0	−0.005 9	0.030 2	0.049 6
2009	−0.041 5	0.036 0	0.019 8	−0.013 9	0.134 9
2010	−0.252 3	−0.050 6	0.012 9	−0.047 1	0.272
2011	−0.020 0	0.051 1	−0.001 5	0.006 0	0.389 1

5.4.3.3　主要结论与推测判断

从2002年到2011年的10年中，上海农业科技进步贡献率各年水平多数维持在30%左右，简单平均值为25%。劳动力、耕地(播种)面积的增长率多年连续下降，物质(技术载体)费用增长率多数年份不断增加，由此形成的农业产出增长率呈现比较规律的波动。在劳动力与耕地资源不断减少的前提下，物质(技术载体)投入的提高是科技进步的主要拉动者，在既定的弹性水平上，从科技进步率的增长水平来观察，仅仅依靠物质投入中的技术含量对农业产出的作用并不明显，或者说，物质投入中增加的技术含量，不足以抵冲劳动力与土地资源的减少的份额。从科技进步贡献率在30%间忽上忽下的数值波动上，也可以反映出科技进步对产出促进作用的局限性，以及力量不足的困难状况。

5.4.4 农业科技服务效率总体评价

5.4.4.1 农业科技贡献率总体增长缓慢

（1）农业科技贡献率增长的幅度不大。上海作为国内较发达城市，科技研发能力、经济基础水平、农业相关基础设施与农业生产者素质数量、存量都具优势，加上土壤质量水源条件较好，是很有利于大力发展科技服务效率的地区。虽然上一节测算的科技进步贡献率最高达到了40%还多，但是，9年中，科技进步贡献率中也只有4年达到30%以上，其中，仍旧不乏出现了多次10%左右较低的数值。长期以来，农业科技平均贡献率水平不高，只有25%，与国外发达城市的科技进步贡献率水平60%～80%相比较，仍旧落后许多。因此，农业科技服务的效率水平还需要在更长期的农业生产发展中不断提高。

（2）农业科技贡献率增长的波动性较高。根据上一节测算的农业科技贡献率，在各年间计算贡献率增长量，最高增幅23个百分点，最低落差为35个百分点，且连续增长最多3年，连续下降最多2年。在测量范围的9年期间，前4年，一涨一跌连续两轮的交替变动；后5年，连续两年负增长后，连续3年增长。可见，农业科技在成果转化过程中，还不能保持稳定的正向效率水平，使各年间的科技贡献率数值产生了较大波动。如此可预测，农业科技服务效率上未能稳定提升。

（3）农业科技进步贡献率增长依赖农业科技投入。上海的耕地面积与农业劳动力发展状况与国内大多数城市，尤其是发达城市极其相似。在农业科技贡献率不能迅速提高的前提下，农业经济的发展只能依赖农业资本的投入。国内耕地面积连年负增长，农业劳动力老龄化趋势发展，年轻农业劳动力不断向城镇转移，我国农业科技进步贡献率的提高，同样更加依赖于资金投入和农业科技的投入。在采纳问题没能全面解决的情况下，科技投入中的无用消耗比例仍然存在，农业科技投入的积极作用不能100%发挥出来，资金投入成为农业经济发展的唯一依靠。因此，提高农业科技服务效率，保持并提高科技进步贡献率的要求，使我国农业科技投入面临较高的提升压力。

5.4.4.2 农业科技实物投入的产出效率不明显

（1）农业科技投入的衡量指标。农业技术投入产出效率基于并且通过4个变量水平进行衡量，即劳动力投入、资本投入、土地投入和技术投入。其中，劳动力是农业生产的必要投入因素，其充裕程度与知识水平直接决定着农业的产出；资本投入是农业生产过程中投入的各类资本的总和，一般包括固定资产投入和流动资金投入两大部分，固定资产包括农业基础设施及机械设备等，流动资金如种子、化肥等中间消耗，是实物形式的技术；土地投入一般用耕地面积描述；技术投入则专指科技和工业化水平，科技水平以农业科研的投入水平度量，主要集中于各部门开展的农业生产资料如品种、化肥、农药方面的研究与推广活动投入等，工业化水平表现在降低化肥、机械、农药的成本的程度来体现。

(2) 农业科技实物性投入产出效率不尽乐观。我国农业投入在劳动力投入和耕地投入上呈现逐年下降的趋势，对农业科技产出贡献可能形成负向增长，除了包含于科技进步的知识劳动力比例的扩大之外，基本上对农业产出效率没有增量作用。概念范畴中的技术投入，即基础设施建设投入、生产辅助设备设施投入、农用物资投入构成了大科技概念下的投入增量指标，相应地对照农业基础设施、农用设备，农业中间消耗，农业科研投入的增加量可以描述农业科技投入增加水平，对比农业产值的变化(见表 5 - 7)，可以通过比较得到一些粗放的结论。

从图 5 - 1 中可看到，各年各项投入与粮蔬单产量与生产总值的环比增长率之间没有特别明显并稳定的追随关系，表现为在 2008 年前与部分投入相伴波动，而在之后一次高幅增长中未见其他各项投入的显著增加。农业总产值增长率在 2004 年、2007 年和 2010 年出现 3 个峰值，其中 2010 年峰值和粮食单产似乎与地膜用量增长率有相对同步变化；而 2004 年与 2007 年的峰值，又比较明显地与农用柴油、水利投资、农户固定资产增速、农药使用量增量有些连带关系，其中仅 2004 年的相傍涨跌比较明显。

可以猜测，实物形式的农业科技服务在近年来的农业总产值中贡献水平有限。

表 5－7　2002—2012 年国家农业各项投入产出环比增长表

时间		2001	2002	2003	2004	2005	2006	2007	2008	2009	2010	2011	2012
总产值	农业总值(亿元)	14 462.79	14 931.54	14 870.11	18 138.36	19 613.37	21 522.28	24 658.17	28 044.15	30 777.48	36 941.11	41 988.64	46 940.46
	环比增长率(%)		3.24	−0.41	21.98	8.13	9.73	14.57	13.73	9.75	20.03	13.66	11.79
单产量	粮食单位面积产量(公斤/公顷)	4 266.94	4 399.40	4 332.50	4 620.49	4 641.63	4 745.17	4 748.30	4 950.80	4 870.55	4 973.58	5 165.89	5 301.76
	环比增长率(%)		3.1	−1.52	6.65	0.46	2.23	0.07	4.26	−1.62	2.12	3.87	2.63
	蔬菜单位面积产量(公斤/公顷)	29 521.42	30 462.03	30 095.27	31 357.26	31 856.23	32 425.38	32 577.34	33 139.71	33 618.47	34 263.04	34 588.89	
	环比增长率(%)		3.19	−1.2	4.19	1.59	1.79	0.47	1.73	1.44	1.92	0.95	
投资	户农业生产性固产原值(元/户)	3 544.09	3 741.01	4 152.75	4 457.13	5 179.46	5 452.21	6 006.22	6 537.78	6 991.86	7 444.30	10 770.47	11 406.20
	环比增长率(%)		5.56	11.01	7.33	16.21	5.27	10.16	8.85	6.95	6.47	44.68	5.9
劳动力	农林牧副渔从业人员(万人)	32 451.01	31 990.58	31 259.63	30 596.00	29 975.54	29 418.41	28 640.68	28 363.60	28 065.26	27 694.77	27 355.42	27 032.25
	环比增长率(%)		−1.42	−2.28	−2.12	−2.03	−1.86	−2.64	−0.97	−1.05	−1.32	−1.23	−1.18
土地	农作物总播种面积(千公顷)	155 707	154 635.51	152 414.96	153 552.55	155 487.73	152 149.50	153 463.93	156 265.70	158 613.55	160 674.81	162 283.22	163 415.67
	环比增长率(%)		−0.69	−1.44	0.75	1.26	−2.15	0.86	1.83	1.5	1.3	1	0.7

（续表）

	时间	2001	2002	2003	2004	2005	2006	2007	2008	2009	2010	2011	2012
基础设施	农村水电建设年投资额(万元)	2 133 741	2 393 195.00	3 006 249.00	3 762 995.00	4 343 826.00	4 604 296.00	5 117 926.00	4 568 884.00	4 563 240.00	4 398 453.00	4 243 988.00	3 671 548.00
	环比增长率(%)		12.16	25.62	25.17	15.44	6	11.16	−10.73	−0.12	−3.61	−3.51	−13.49
设备	农用机械总动力(千万瓦)	55 172.10	57 929.85	60 386.54	64 027.91	68 397.85	72 522.12	76 589.56	82 190.41	87 496.10	92 780.48	97 734.66	102 558.96
	环比增长率(%)		5	4.24	6.03	6.83	6.03	5.61	7.31	6.46	6.04	5.34	4.94
中间消耗	农用柴油使用量(万吨)	1 485.25	1 507.47	1 574.63	1 819.47	1 902.66	1 922.78	2 020.81	1 887.85	1 959.89	2 023.12	2 057.44	
	环比增长率(%)		1.5	4.46	15.55	4.57	1.06	5.1	−6.58	3.82	3.23	1.7	
	农用化肥施用折纯量(万吨)	4 253.76	4 339.39	4 411.56	4 636.58	4 766.22	4 927.69	5 107.83	5 239.02	5 404.35	5 561.68	5 704.24	5 838.85
	环比增长率(%)		2.01	1.66	5.1	2.8	3.39	3.66	2.57	3.16	2.91	2.56	2.36
	农药使用量(万吨)	127.48	131.13	132.52	138.6	145.99	153.71	162.28	167.23	170.9	175.82	178.7	
	环比增长率(%)		2.86	1.06	4.59	5.33	5.29	5.58	3.05	2.19	2.88	1.64	
	农用塑料薄膜使用量(吨)	1 449 286.00	1 530 756.20	1 591 670.34	1 679 985.23	1 762 325.42	1 845 481.83	1 937 467.94	2 006 924.27	2 079 696.65	2 172 991.39	2 294 535.90	
	环比增长率(%)		5.62	3.98	5.55	4.9	4.72	4.98	3.58	3.63	4.49	5.59	

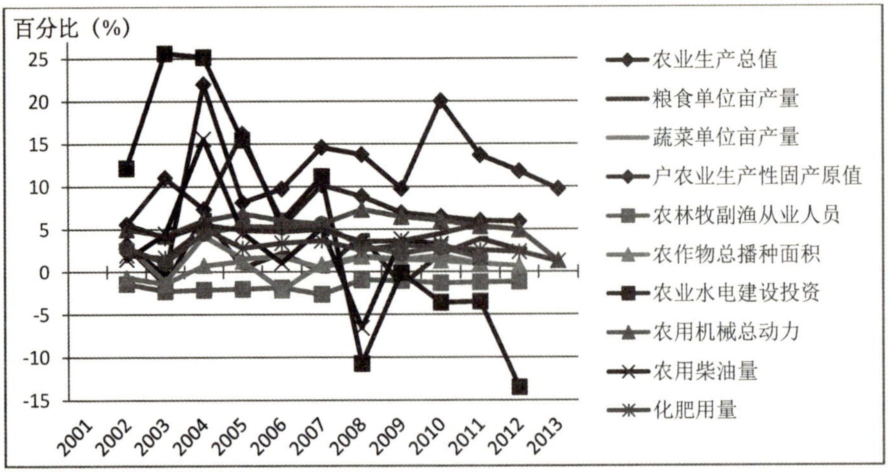

图 5-1　2002—2012 年国家农业各项投入产出环比增长值图

(3) 农业科技投入产出效率提升的瓶颈因素。上述分析可以说明，我国农业经济发展需要依靠更深入的非实物技术服务效率的提高，需要依靠技术劳动力和无形技术的应用，与实物技术共同支持农业生产。于是乎，使非实物技术投入成为农业科技服务效率提升的关键性要素，这也正是曾经困扰科技服务效率提高的瓶颈性因素。

非实物技术服务缺乏的另一个表现是基于科技认知的技术采纳意愿低迷。基础设施各地情况不同，全国范围内，尤其是偏远农业生产地的基础设施投入必然是长期硬增长的需求；农用设备和中间消耗的技术成分更多的依赖农业生产者技术采纳导入生产过程，实现实物形式的科技投入；而农业科研投入即使不断增加且带来更先进的技术，如果缺乏农业生产者采纳，仍旧不能实现科研投入的产出效率。因此，农业科技投入产出效率的决定因素主要在于农业生产者的认可和采纳。任何预期有效的技术投入都要面临科技服务的“最后一公里”处的选择，真正抵达农业生产过程的农业投入才能对农业产出做出贡献。

5.4.4.3　农业科技服务效率存在提升空间

农业科技投入产出效率提升取决于农业科技服务效率的加强，取决于科技服务供给与需求的对接的契合程度，既受限于农业科技服务主体之间的匹配效率，更取决于农业科技服务需求被采纳的水平。农业技术投入形成的科技成果，只是停留在农业生产边界，并未进入生产过程也没能发挥提高生产力的既定作用。农业科技服务效率必定被限制在农业科技服务供给和农业科技服务需求之间。

(1) 农业科技服务主体的服务内容和形式存在改进空间。我国农业科技社会化服务体系已经基本形成,各服务主体具有自身组织属性特征和服务功能优势,以不同的动机,遵循不同的经济规律,向农业生产者提供科技服务。在农业科技大市场的服务供给中,不同服务主体服务内容的加总,可能存在缺失或冗余;各主体的服务供给形式也可能不尽适合科技投入的需求。

(2) 农业科技服务主体在彼此服务的衔接上存在改进空间。农业科技服务主体各自专业领域不同,在生产过程中的参与服务时机不同;我国国情下,农业生产者多数是散户经营,各自生产规模差异大,技术投入需求、技术能力不尽相同;而农业生产过程复杂,涉及生产要素种类繁多,不同技术的投入与成果产出时间彼此交错。各服务主体在多领域、多技术、多对象、多节点的农业生产过程中提供科技服务时,很可能出现"各自为政",不能兼顾服务内容上的彼此衔接,或前后服务不能连续,或者主体之间服务重叠或疏漏的情况。结合科技服务主体组织属性和技术优势,建立长效技术服务领域约束机制,可以减少农业科技服务主体服务上的衔接问题,保证农业生产各个环节都能得到充分的服务。

(3) 农业科技服务存在基于科技服务需求特征与决策因素的改进空间。农业科技服务采纳也是农业技术的消费,农业生产者作为技术服务消费者一定持有消费行为特征,消费决策亦存在其特有的决策依据和影响因素。农业科技服务效率的改进方向,可以遵循消费者科技服务需求特征对照农业科技服务来寻找,强化影响科技采纳决策的重要因素服务,必然能够提高科技服务效率水平。

对我国特大型城市上海的科技贡献率进行的测量中,发现科技贡献率的连续数值并不是持续在相同方向变动的,而是上下波动,各年波幅各有不同,且变动方向是比较均匀地往复式变动。虽然总体趋势是上升的,但平均速度受波动影响也不是很高。

在以国家官方数据为基础的环比分析中,也发现了农业总产值环比增长的变动发生在大多数年度,参考主要投入同期数据,不能看出明显的影响因素。这些投入包括在定义的实物技术范畴内,那么可以猜测,带了农业总产值增长量变动的因素,可能是没有被列入对比的非实物技术。

由此可得出以下粗略结果或推测:①农业基础设施投入对产出存在必然的贡献,加强基础设施投入和建设,一定程度上代表了技术本身的作用,同时,基础设施的先进水平也支持或制约着其他技术的应用和发挥;②技术投入对产出也存在既定的贡献,且可以缓解劳动力和耕地面积减少带来的生产率降低压力,但投入产出效率数据相对投入绝对值增长,并会显示出显著性效果,存在提升要求；③非实物的科技服务效率需要对技术投入产出效率负责，在劳动力和土地不能增加投入，资本投入边际报酬率递减的情况下，难以再通过实物技术投入提高生产效率的时候，必须加强非实物技术的投入，一方面提高技术数量和内涵水平，另一方面提高原有劳动力素质和应用实物技术的能力，提高土地质量，从内涵和外延两个方面增加科技服务的投入；④科技服务效率的提高路径，需要通过考察科技服务供给在需求下存在的问题来寻找。基于认知决策理论的思维框架，实物与非实物技术的导入，更多地要靠"人"来完成，而农业科技服务需求正是源于农业生产者经营活动发生的，研究生产者采纳科技服务的影响因素，更有利于加快科技服务成功投入量和效率的提高。

第6章

社会化科技服务的整合机制

农业科技服务的实物技术投入受采纳意愿不足的影响，投入效率有限，非实物技术投入的技术指导、培训等技术认知方面的深入培养更需要长期渗透和培育，因此，深入有效的科技服务供给必须以需求为引导，并与技术研发相结合。

农业科技服务主体拥有各自独特的性质优势、服务职能与服务动机，对某一类或几类科技服务活动更为谙熟，在整个农业科技服务体系中担当不同的职能，提供不同的服务，其科技服务内容与行动必然有规律可循。合理组织各类农业科技服务主体，集结各自服务的动力，激发服务热情，就能够织就一个完整全面的科技服务网络，实现充分的科技服务供给。

农业科技服务需求取决于技术认知调控下的生产决策，同时，受到科技采纳效用最大化的目标引导。改善和转变农业生产者的技术认知，提高技术采纳决策比重，减少限制技术采纳的各种约束，增加技术效用期望的实现，就可以诱导农业科技进入农业生产，发挥技术作用。其中前提是剖析技术认知的构成，以及赖以调整采纳决策的旋钮。

更重要的是，农业科技服务供给与需求的对接，还需要建立科技服务主体行动路径与需求者认知决策线索之间的联动关系，更需要找到维系并且紧扣这一联动关系的“起搏器”，“传输器”，使其保持联动关系的紧密结合与互利发展。

6.1 农业科技服务机制的框架构建

6.1.1 机制框架的市场构成

6.1.1.1 框架结构

基于农业生产者的农业科技采纳认知决策过程与特征，我们能够发现农业科技服务市场不是由科技研发或供应商和农业生产者两方组成的单一市场框架下的问题，而是由农业科技服务市场、农业生产决策采纳过程、农产品消费市场共同构成的农业科技供求的“一个过程两个市场的联结框架”中的供求循环问题。其中，农业科技服务的供给与需求同时与农业生产者、农产品消费者、农业科技创新者，以及众多技术、产品、服务中介商的科技采纳意愿和行为有关。

6.1.1.2 农业科技服务机制框架下的科技服务需求

生产要素需求的“间接性”。产品市场上的需求和生产要素市场的需求具有不同的性质。在农产品消费市场上，需求来自农产品消费者，消费者是为了满足自己的需要购买产品，从而促进农业生产者采购更多更能满足需求的农业科技作为农业生产投入，为农业生产者带来了额外“引致需求”；在农业科技服务市场上，需求来自农业生产者，生产者是为了生产并出售农产品以获得收益，形成了对农业科技服务的消费需求；所以，在农业科技服务市场上的需求是由两类需求共同构成的，其一是“消费需求”；其二是“引致需求”。

类似地，分析农业科技需求的构成，可以定义农业科技转化过程涉及的不止一个市场。科技创新、科技扩散以及科技推广构成了农业科技服务市场，其内部包含了科技从创新至扩散单位的科技需求，是“一个过程两个市场的联结框架”间的技术传递的一个连续的环环相扣的过程；科技生产资料采购，投入生产，到农产品生产出来是农产品生产决策采纳过程，其内部包含了生产原料采购至生产，到农产品销售之间的科技需求传导；农产品供给和需求则构成了农产品消费市场，包括了农产品销售中介在内的农业科技以农产品为载体的需求传导过程。农业科技需要借助一个过程两个市场中的 3 个科技供需的拉动，才能完整地完成科技成果的转化过程。一个过程两个市场中的 3 个需求共同构成了农业科技需求，缺一不可。

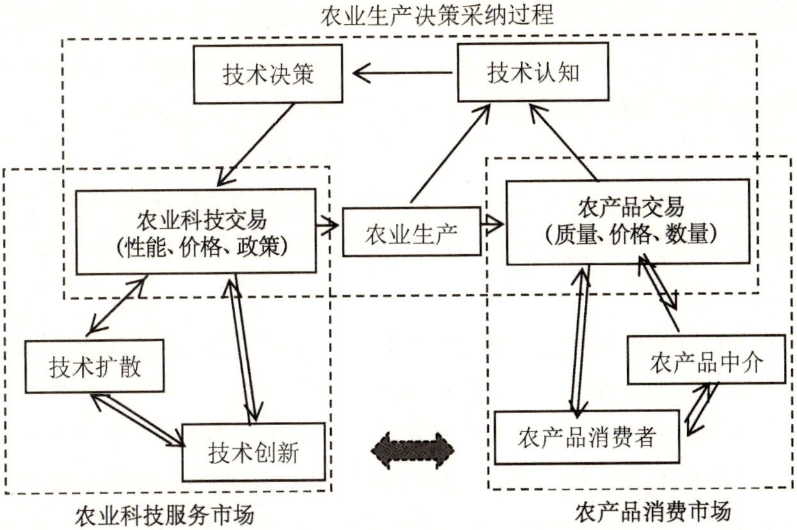

图6-1　农业科技服务供求的过程——市场联结图

6.1.1.3　框架构成之间的关系

农业生产者充当了“中间人”，通过农业生产过程联系着农业科技服务市场与农产品消费市场。农产品消费市场依赖农业生产过程供给农产品；农业科技服务的供给完成依赖于农业生产过程采纳其科技成果；农业生产过程同样反过来依赖于农业科技创新供给农业科技，同时，也依赖农产品消费市场采纳其科技农产品，即通过农产品销售获得收益，支付有利于提高农产品收益的更好的农业科技费用。

生产决策采纳过程的决策链承担了科技创新成果接受消费市场需求验证的载体，是科技成果转化的必要中间过程。科技采纳不畅的问题正是消费市场借助生产市场传递给创新市场的反馈信号，也可以反映出科技采纳不畅的问题，至少部分来源于农业科技创新技术并非农产品消费真正需求。

6.1.2　机制框架的需求构成

6.1.2.1　科技服务需求的三个方面

农业科技采纳不是一个市场中的需求问题，农业科技的需求先后涉及一个过程和两个市场。在前期调研中发现，农业生产者在获得科技信息、农资、科技服务和农产品销售渠道时，首先需要接触科技创新部门及其各种中介推广组织和部门，了解并购买农业含有科技的农资生产资料；然后建立自己与周边生产者之间的科技应用合作与借鉴，实施农业科技生产；最后向农产品消费市场讨价出售自己的农产品。前后跨越科技选择、科技导入生产、科技农产品销售 3 个阶段，连接着科技成果转化从科技市场到农产品消费市场的中间过程。

6.1.2.2 科技服务需求的三个采纳决策的内在关联

农业科技的采纳同时需要一个过程两个市场中的采纳需求决策，即科技推广企业的科技需求决策，农业生产者的科技需求决策，农产品消费市场的科技需求决策。

农业科技服务市场中推广企业对科技创新质量与效果接受程度，以及在农产品消费市场中包含科技成分的农产品消费者认同程度，与农产品生产过程中农业生产者科技采纳之间都存在着必然的且至关重要的关联。在“一个过程两个市场的联结框架”中的需求都能够满足的情况下，一项科技创新成果才能顺利地被技术扩散企业推广，被农业生产者采纳、被农产品消费者购买，实现科技成果转化，农业科技采纳是一个过程两个市场中的采纳问题。

农业科技供给需要基于市场需求，兼顾科技中间需求与最终客户需求，使农业科技与服务的供给对准最终消费者需求。传统农业科技供给依赖于：自有产品、自有技术，单纯以“自我能力和意愿”向其他市场推广科技创新成果，同时农业科技创新市场的供给过多关注与生产的中间环节需求，而忽视产品消费者的需求。

6.1.3 机制框架的认知决策与生产过程

6.1.3.1 农业生产者与农产品消费者都是农业科技的采纳者

科技扩散企业根据自己的科技需求选择创新技术进行商品化，是农业科技最初的采纳主体，其选择相应科技创新成果向农产品生产市场进行推广；农业生产者根据自身条件，认知判断承接扩散单位提供的科技产品，进行技术采纳，并从事农产品生产；农产品销售中介根据消费市场需求选择农产品进行经营；农产品消费者基于自己需要购买农产品。

农产品消费市场通过农产品消费需求引导着农业生产者的科技采纳方向。农业生产者参考农产品消费需求进行采纳决策，影响着技术扩散单位对技术创新的选择采纳方向。早期的科技创新根据推广企业需求研发新技术。

因此，在一个过程两个市场中，科技采纳的主体先后有 4 个，即科技扩散单位、农业生产者、农产品销售中介、农产品消费者。农业生产者的科技需求不应该成为科技采纳问题的唯一焦点。“不能把农业科技成果需求简单理解为农户需求，农业科技成果转化的直接对象是农村和农民，这是片面的和不准确的[①]。”

6.1.3.2　农产品消费者是农业科技服务的最终采纳者

技术生产决策采纳过程吸收科技创新技术，却服务于农产品消费市场，即成为农业科技创新成果接受农产品消费市场验证的中间环节；农业科技服务供给看似服务于农业生产，实质上服务终点在农产品消费市场。农业科技有效促进农业生产的意义更在于可以促进农业生产更好地满足农产品消费市场的各种需求，而满足农业生产需求是满足农产品消费市场的中间阶段，或者说，农业生产对农业科技的采纳是农业科技创新市场借以实现科技最终消费的必要中间过程。准确地说，广大农户是农业技术推广对象，而农业科技的最终采纳者是农产品消费者。农产品消费市场的科技需求才是农业科技服务应该关注的需求。

农业科技采纳不畅正是农产品消费市场通过农业生产技术采纳行为传递给科技创新领域的反馈信号，说明农业科技创新技术并非农产品消费真正需求，所以，即使暂时被农业生产者采纳应用，其生产的农产品仍然不能得到农产品消费市场的积极接受，农业生产者由于生产效益的考量势必转向其他技术，即拒绝再次采纳原有技术。

6.1.3.3　最终采纳者的需求是更为关键的科技需求

农业科技创新的成果转化率不高，技术采纳不畅，最终原因应该在创新成果不能适应或满足农产品消费者的需求，所以不能拉动农产品生产市场对相关科技的采纳意愿，因此，解决“农业科技采纳问题”，应从科技需求的源头的采纳意愿入手，科技创新市场必须首先从农产品消费市场中挖掘科技需求，根据农产品消费需求研发科技新成果，通过消费市场的需求拉动生产市场的采纳需求。

6.1.4　机制框架的核心调控点

6.1.4.1　农业科技创新与采纳的起点与终点

每一个市场和过程构成了各自的决策循环。农业生产决策采纳过程中，决策起点是技术认知，终点是农产品销售，技术认知决策链条的延伸，构成了单向且不可逆的生产决策过程循环；农业科技服务市场中，决策起点是科技创新，终点是农业科技交易，利益链条链接构成了农业科技服务供给循环；在农产品消费市场中，消费需求决定了农产品的技术含量和内容以及交易价格和数量，农产品供给是起点，农产品消费是终点。联结框架中科技总需求的起点是创新组织，终

① 毛学峰.服务体系、成果转化与农业科技创新波及[J].改革，2012(2).

点是消费者。

6.1.4.2 农业科技成果转化的两个关键交易点

科技创新扩散循环、技术生产决策循环、农产品消费循环，彼此相对独立运行，并联结起“农业科技交易”和“农产品交易”两个关键环节，形成科技成果转化的两个关键点，前者是农业科技导入农业生产的通道，后者代表了科技成果实现其经济效益，农业科技完成全部转化过程，两点之间，相互为源头，密切联系：“技术交易”是“农产品交易”的必要前提，是科技成果离开创新市场导入生产市场第一步。技术交易要求高质量的技术、全面准确的信息、及时周到的服务，以及较高的农产品市场前景，使农业生产者对技术的特性、来源、效果、效益形成正确评价，参考其技术价值观和技术认知做出采纳决策。

“农产品交易”是“科技交易”的必要条件，是科技成果转化的关键的最后一步，是强化技术有用性认知，树立积极的技术价值观，激励技术交易的强化物。农产品交易要求技术对农产品质量、数量、销路、价格能够实现积极影响，技术本身应合消费者需求。

6.2 农业科技市场的科技传递框架

6.2.1 农业科技市场的底层结构

农业科技服务的供给由技术创新单位、技术扩散单位与农业科技技术交易过程构成。其中，技术创新内容属性由创新单位的专业方向、创新能力以及国家或市场给创新带来的回报补贴决定。创新技术通过向技术扩散单位销售或由创新部门自行向农业生产市场进行推广，以此获得收益，或完成政府交付的任务，同时，通过扩散单位和农业生产者对创新技术的需求水平，获得对自己创新价值和推广潜力的评价，以结合调整下一期创新属性，获得更加有潜力的市场。

技术扩散单位投入创新技术，生产扩散产品，并根据成本-收益比，以及目标利润空间要求确定销售价格和销售规模。在一定程度上，决定了技术交易的价格，技术属性和质量水平，并通过农业生产者对扩散技术的当期需求情况，其当期获得的收益水平，调整制订下一期的技术扩散要素内容与价格、数量。

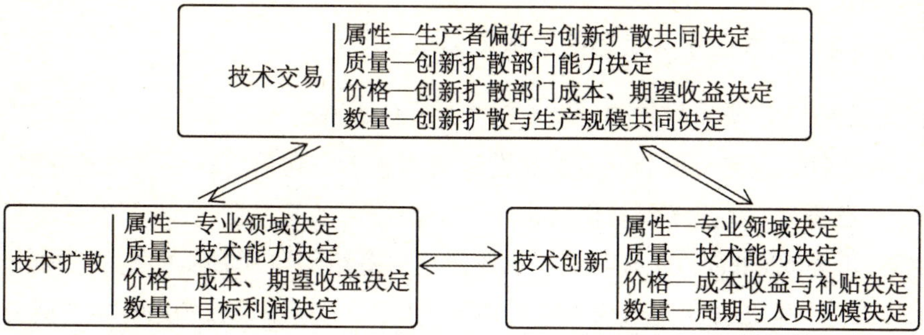

图 6－2　农业科技创新扩散市场循环框架

6.2.2　科技服务供给端的推动因素

在科技服务市场中，农业科技创新实现后，转售给技术扩散部门或由创新部门自行开发形成技术产品或服务，再直接或经技术推广及中介部门向农业生产者宣传和销售，获得技术创新或扩散推广收益回报。利益链条链接市场各部门，并构成了农业科技创新供给循环，起点是科技创新，终点是农业科技交易，从创新到交易的传递次数，以及参与创新扩散的主体能力和数量，影响创新扩散效率。

6.2.2.1　创新或扩散单位的收益预期

农业科技的创新与推广，根本上来说是一种农业科技的市场供给与需求行为，也即是农业科技的交易行为。技术创新与扩散单位充当了农业科技供给的厂商角色。创新—扩散—交易的主要牵引线是创新扩散的成本和收益，技术扩散的驱动力，除受到国家政策激励之外，主要动机符合市场规律，是利益驱动。促进农业生产者科技需求目标在于依照市场规律，最大化创新扩散单位利润，获得单位成长回报和生产成本回收。

6.2.2.2　市场信息的传递效率

罗杰斯也曾指出，农技推广应该是一个包括研究者、各级推广机构和推广专家等在内的涉及社会诸因素的完整系统。成功的创新扩散必须整合大众的、人际的和组织的诸多传播手段。而农业经营者由于自身所受教育程度的制约，在对现代农业科技的掌握上存在局限，因此在对农业科技的选择上存在障碍多；同时，创新扩散单位也很难把握农业生产者的需求，以收益回报为取向开发出来的科技产品，经常与农业科技生产市场需求脱节。

6.2.3 技术创新与传递的关键着力点

6.2.3.1 创新部门技术领域决定了科技供给内容

农业科技服务市场的供给的关键决策点在于创新部门的创新技术方向，创新从科技源头上决定了科技供给市场供给科技产品的属性，技术开发成本和技术导入市场的时间点，间接明确了农业科技服务市场可能提供的技术性质和应用领域，也勾勒出技术进入农业生产市场的价格基础，以及改善农业生产能力的时机。

6.2.3.2 创新需求拉动技术供给

农业科技供给市场的需求，拉动技术创新部门技术传递的内容和推广动力。作为科技服务市场的需求直接反映来源于农业生产者在农业生产市场的需求，这一需求的水平表现为对农业科技供给市场的技术交易水平，即科技采纳的水平。农业生产者通过“用脚投票”的方式，对农业科技供给市场表达着科技需求，通过接受农业科技的属性、质量、价格、数量程度，提示某种科技供给符合科技需求的水平。创新单位则通过自己或扩散单位的技术交易中的利润回报感知农业生产者对技术的满意程度，以及创新产品是否符合科技需求，如何改进提供更好的科技产品满足农业生产者，从而使自己也得到更好市场空间和收益空间。

6.2.3.3 创新部门对于技术需求的感知力

科技创新部门通过扩散单位或农业生产者需求，调整技术创新方向，是一个迟缓且低效率的需求导向模式，因为作为农业生产者不是农业科技的最终需求者，他们要通过农业生产过程之后，在销售农产品时，才能够感知到这一科技的应用是否有利于其从农产品消费市场中得到更多的回报。对技术采纳意愿和创新技术需求的敏感感知能力，决定了科技创新市场创造和传递符合需求意愿的农业科技的能力，也代表了科技传递效率的初始动力水平。

6.3 农业生产过程的认知决策框架

6.3.1 生产决策过程的底层结构

根据行为决策理论，技术认知决策的形成过程一般经过 3 个步骤完成：第一步，传统技术认知形成，决策人的年龄、性格和观念影响科技意识，并经过长期积累形成了传统“技术价值观”，奠定了对技术的基本态度；第二步技术效用认知形成，技术生产中的体验在个人记忆中产生的深刻印象积累形成了“传统技术认知”，调节对技术进行的判断；第三步，技术效益认知，决策人还要再选择当期的一个参照物，并根据当期市场“信息”对新技术进行对比，择优去劣，最终才能确定是否继续采纳新科技的决策，即“当期技术认知”，在技术采纳决策过程中，“传统技术认知”、“上期技术认知”，以及当期技术信息形成的“当期技术认知”共同影响着技术采纳认知的积极水平。

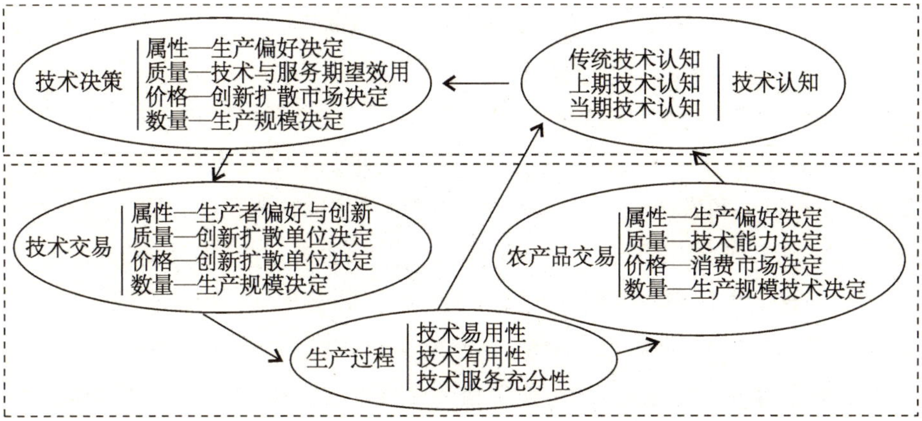

图 6－3　农业生产决策市场循环框架

6.3.2　科技需求端技术采纳决策的拉动因素

6.3.2.1　科技采纳决策的形成

前期研究发现农业生产者偏爱新优品种和高产技术，而对种养技术、设备应用、加工技术、信息技术等兴趣不足。品种，尤其是具有数量优势的品种才能得到农业生产者更受关注的技术认知。这是客观现实认知过程的产物，自发主导着农业生产者技术采纳决策①。

采纳决策首先受决策人年龄、性格和观念的影响；然后依照“代表性法则”和“可用性法则”进行判断；同时，也按照“定锚与调整法则”，根据新信息估计和比较判断产生决策结果。其中，“代表性法则”是通过个人长期形成的传统价值观经验对技术进行认知判断；“可用性法则”根据个人记忆中深刻印象形成的技术认知进行判断；“定锚与调整法则”首先选择一个参照物，再通过市场信息对比选择决定。如此，传统技术价值观、技术认知，以及当期技术信息共同影响技术采

① 王青，于冷，王英萍.上海农业科技社会化服务需求的调查分析[J].农业经济问题，2011(7).

纳决策行为。

传统与行业技术价值观受到决策人所在地区、行业和周围人群技术态度和观念影响，较长时期形成，相对稳定，不易改变；技术认知在技术价值观基础上受现实经历影响较大，深刻的经历可以促进技术认知概念调整，长期同向认知调整有促动技术价值观转变的作用；技术信息条件对称性有利于形成准确的技术概念和认知，而当期技术效果或经济回报对决策人形成的印象或经历，直接影响技术认知的转变或固持，直接影响下一期认知决策的判断。

6.3.2.2 采纳决策的循环过程

农业科技采纳不是技术交易的单次博弈。农业自然生产过程长，生产原料和科技的有用性、易用性、收益能力在技术交易前后是无法准确判断的，一般需要经历生产过程和农产品销售之后才能显现。所以，农业科技经农业生产者采纳后，技术资料的效果需要经历一个农产品生产、销售过程后，才能形成生产过程中的"技术效果认知"和农产品销售后的"技术效益认知"，由此构成当期技术交易的"技术认知"正向或负向增量，提升或降低农业生产者前期积累形成的"技术认知"积极水平，刺激其技术价值观松动转变或强化保守，并且共同影响下一期技术资料采纳决策。

当期农业技术交易的完成，不仅是农业生产者基于当期技术信息以及激励政策促进下做出的决策，也是积淀于长期技术价值观的积极倾向，同时，附加前期效益效果明显的技术认知的积累效应的结果，是一个连续发生的、良性认知循环和认知积极强化的过程。不是一次性的技术产品交易的结束，更不是既定农业科技的单次博弈，而是从前期技术交易开始，经历生产过程验证，农产品收益性证实，技术积极认知得到支持后，在当期实现的技术认知循环结果，是重复博弈循环。

不能在生产过程和销售收益上产生积极效果的农业科技，即使通过激励政策获得首次推广被采纳的机会，但是在之后若干期的技术认知不断循环强化下，也会最终失去继续被采纳的可能，农业科技采纳不畅的问题与农业科技对农业生产能够提供的实际作用不无关系。由此，一项创新技术需要不断应用于每一期的生产，而不是一次性技术投入，因而，前几期的科技效果也同时影响着当期的采纳决策，是一个科技采纳的重复博弈结果。

6.3.2.3 采纳决策过程中的决策依据

技术认知不是农业科技采纳决策的唯一依据。在早期调查研究中发现，农业生产者拒绝采纳农业科技的主要原因来源于对"农业科技效果"的疑虑和不确定，40%的调查反馈对科技效果的“收益不确定”，或对科技效果持“观望”态度，或认为科技“效果不佳”而拒绝采纳科技；30%的调查反馈对科技本身“不了解”。科技信息、科技效果和收益预期构成了农业生产者科技认知的主要因素，直接影响科技采纳决策的形成。

科技采纳的技术交易后，技术指导不可或缺。农业生产过程受气候、人文、地理条件的复杂影响，科技作用的发挥涉及多项科学理念，充分的售后指导和及时的咨询服务，是农业科技交易成本中的一部分，相对交易前的推销宣讲与激励优惠条件，农业生产者更需要积极有效的售后服务指导，帮助他们实现生产过程中的技术优良效果，见证农业科技的有效性，证实其采纳科技决策判断的正确性，强化积极的技术认知；积极的科技认知需要在生产中得到扎实的肯定和强化，才能基奠下一期的技术需求热情和基调。

农业生产亦是以营利性为目的的。科技采纳成本加高了农业生产者的投入，于是，激发了生产者借助科技创收能力，回收科技成本，并获得更大生产收益的期望形成。考察当期生产成果及其市场收益，科技采纳决策的“正确”或“错误”显而易见。农产品消费需求的数量与价格优势，即农业科技的效益能力，与农业生产者的技术价值观、技术认知同时，且更为重要地影响着采纳决策的判断。农业生产者收益回报是评价农业科技效益的重要指标。

6.3.3 生产技术采纳动机源

农业生产决策市场中，针对一个新出现的科技推广项目，农业生产者首先基于自身科技态度，搜索和回忆以往自己与周边同行经历的技术应用与技术回报经验形成的技术认知基调，再结合当期获得的农业科技创新推广市场的技术（包括产品与服务）信息、价格、优惠政策等，以及农产品消费市场的需求状况，对新一期可能的技术效果和农产品销售收入进行预期，并以此参考制定技术采纳决策，实施农业科技交易或拒绝技术采纳。技术认知决策链条，构成了单向且不可逆的生产决策过程循环，技术采纳动机的起点是技术认知，终点是农产品销售获利。

技术的有效性，并且能够顺利在农产品市场上进行销售并获利，将循环拉动农产品生产者搜寻、接受、采纳农业科技的动力不断萌生、加强，促成技术采纳行为，构成农业科技传递的通道，成为科技社会化服务在生产过程中的驱动力量。

6.4 农产品消费市场的需求拉动循环框架

6.4.1 农产品消费市场的底层结构

农产品消费者对农产品的需求主要受自身因素影响，其中，品种、质量和数量选择源自其口味偏好、生活质量习惯和人口规模，而对价格的选择取决于其支付能力。农产品消费者自主决定其消费决策，不受其他部门或机构影响。

农产品消费者获得农产品的渠道主要有两种（见图 6－4），其一，自己向农业生产者直接购买农产品；其二，通过若干个农产品中介，购买农产品。两个渠道对于消费者的区别在于便捷和额外支付的价格。

农产品中介通过连接农产品消费者和农产品生产者，从中获得收益，是利益驱动的中间商行为。在农产品的属性、质量和数量选择上依照消费者偏好，在农产品交易中进行筛选，而农产品售价和农产品采购价的决定根据自身的成本-收益，以及预期利润水平作出。因此，农产品交易过程中，农业生产者决定了农产品的选择范围，农产品消费者和农产品中介决定了农产品交易价格和最终需求数量。符合消费需求的农产品获得市场回报；不符合消费者需求的农产品使农业生产者遭受不同程度损失。

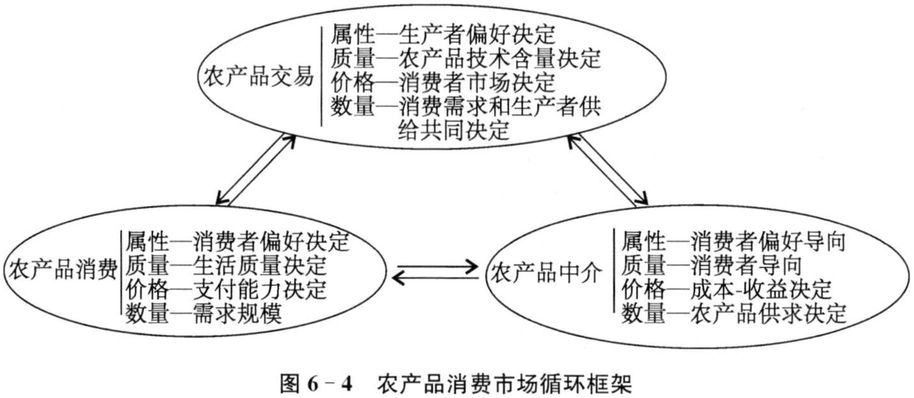

图 6－4 农产品消费市场循环框架

6.4.2 农产品消费端的拉动力量

在农产品消费市场中，消费者直接或通过农产品销售中介，根据自己的消费偏好，消费能力选择和购买具有不同技术含量的农产品，支付不同的价格，消费需求决定了农产品的技术含量和内容的有效性，最终决定了技术产品价格和实现销售的数量。农产品供销循环中，农产品消费需求是起点，农产品购买是终点。

农产品消费循环的起点，提示了农业生产过程技术传递内容，引导生产过程在当期产前的技术选择与技术采纳意愿。

农产品消费循环的终点，证实了技术创新传递的最终成果，也同时向创新部门提出新一轮创新方向的信号，并通过农产品收益实际水平，打击生产过程不符合真实需求的技术采纳决策，激励了获得农产品消费者的认可的技术应用，并推动了新一轮同类创新技术在生产过程中的接受意愿，也同时拉动技术创新市场中的同类技术的研发和传递活动。

6.5　最终消费需求的始动性存在

长期研究中国农村市场与社会结构的威廉姆森（Williamson），以每个定期即使总是与周围一定数量的村落构成固定密切的联系为论据，说明农业生产者的交易活动构成社会最基层的群体，而且这个群体（市场）具有农民社会或“传统农耕社会”的全部文明特征[①]。

我国农业生产者长期依靠自然形成的认知决策系统，思考判断层出不穷的农业科技成果，“理性”地考察和接受“先进技术”。提高农业科技采纳效率，需要“摆正”科技采纳的行为，也需要“修正”科技采纳认知的“偏离”，更加需要分析科技需求的现实构成及其内在驱动关系。既要从科技源头准确传播农业科技信息，又须在田地间实现农业科技先进的效果，并且在农产品市场上展现农业科技的效益能力。“修正”科技认知提高科技采纳意愿，更多的在于农业科技供给与服务部门的工作效率和应尽义务，不能简单地归纳为采纳者的问题，更不能“近视”地盘绕在需求构成中的某一个中间需求之上。

6.5.1　农业科技服务与需求的对接

两个市场构成的科技服务框架强调了农产品需求是科技创新的“消费者”的引致需求，创新驱动力的来源是农产品需求，去向是生产市场的中介传递和推

① Williamson O.E. Markets and Hierarchies：Analysis and Antitrust Implications [M].New York：Free Press，1975.

广，所以，必须首先在创新方向上积淀农产品消费市场需求，然后让技术扩散和服务于间接市场——生产市场，实现技术需求。

农业科技服务市场创新推广行为并非仅仅基于农业生产需求，也必须考虑农产品市场的最终需求。生产决策市场的技术认知和决策，对创新服务市场提出了技术载入手段和技术效率的选择和要求；农产品消费市场决定了服务市场的技术内容和质量水平。因此，农业科技服务扩散市场需要从技术的最终市场获得需求信息，研发推广到农产品生产领域，才能最终提高农业科技成果转化效率。

其次，要关注时间、地方性消费需求与技术生产传递要求的不同，有针对性地进行科技创新研发，有区别性地进行技术推广和扩散，保护农业生产的地区差异性和生产能力优势，平衡供给性质和数量的关系，保证科技实现既定期望效果，使农产品消费者和农业生产者都能够获得彼此的期望效用和期望收益，保持3个市场间创新、扩散、采纳、消费的活力，构造技术转化高效的市场通道。

6.5.2 技术信息完备性要求

科技采纳决策中，技术品质、用途、价格、效果是交易考察的成本利益关键信息。真实准确的信息是农业生产者采纳决策的判断依据，易得、全面、准确、公开的信息有助于引导正确决策。在积极的科技价值观和技术认知条件下，面对不对称的技术信息，也无法准确判断决策，单纯的技术认知不足以带来足够强烈的采纳需求和意愿。

6.5.2.1 信息的内容的完整性

技术信息包括两个市场和一个过程中的三类信息，引领其中供给和需求决策的各个方面，对各方面决策有确定性影响。信息的完整性极大影响决策的结果和技术采纳行为。其中，技术信息包括技术成本与效益、技术价格、技术创收能力、技术产品销售前景的确定性等诸多方面；其他人、财、信息集成的金融、技术服务人员、购销组织、示范交流、政策传播、学习培训信息等也对决策有氛围影响。

6.5.2.2 信息的对应传递性

农业科技创新部门原则上应该以最终消费者的需求信息为指导进行技术创新，并向生产市场提供有消费需求的生产要素技术，相关技术信息应该同时包括消费市场期望需求与变动趋势。目前科技供求不能直接发生在创新到消费，而只能通过生产市场向创新科技市场间接转移，效率低，损失大，同时引发对技术采纳的阻碍意识，构筑了迟疑的科技认知，影响科技采纳和信息有效性传递，影响了技术信任和积极技术认知的培养。

6.5.3　技术质量与效益的保证

6.5.3.1　技术质量与服务

技术本身和技术服务的全面性要求。技术质量包括技术效果和技术服务两部分。技术效果，包含技术的适用性、技术性能，以及各层次技术服务到位程度，保证技术水准发挥重用的水平等。科技采纳的技术交易后，技术指导不可或缺。农业生产过程复杂，涉及学科门类和技术要求多样，充分的售后指导和及时的咨询服务，利于保证技术发挥功效，也是农业科技交易成本中的一部分。相对交易前的推销宣讲与激励优惠条件，农业生产者更需要积极有效的技术服务指导，帮助他们实现生产过程中的技术优良效果，见证农业科技的有效性，证实其采纳科技决策判断的正确性，强化积极的技术认知；积极的科技认知需要在生产中得到扎实的肯定和强化，才能建立下一期的技术需求的热情和基调。

6.5.3.2　技术成本与效益

技术效益包括技术价格、技术创收能力、技术产品销售前景确定性、技术风险水平等。技术回报的现实性要求技术成本和收益能力达到一定的水平并有所保证。农业生产者也通常以营利性为目的，科技成本增加了农业生产者的投入，激发了生产者对成本收回和高收益的期望。考察当期生产成果及其市场收益，科技采纳决策的“正确”或“错误”显而易见。农业生产者收益回报是评价农业科技效益的重要指标，农产品的数量和价格的销售空间与优势，即农业科技的效益能力，更为重要地影响着采纳决策的判断。

本书从农业科技服务的供给和需求两个角度，分别建立的驱动机制框架，将农业科技服务机制的分析范畴，从单一的农业科技服务市场，扩展到农业生产决策过程，以及制约着农业生产决策选择的农产品消费市场之中，建立了“两个市场一个过程”的农业科技服务机制框架。

沿着构建的科技服务驱动机制框架分析，机制的改进必须同时考虑农业科技创新服务市场中的科技服务需求动机，生产过程中的服务需求动机，农产品消费者市场中的技术采纳拉动机理，需要同时抓住农业科技交易与农产品交易两个关键调控点，多方激励和协调农业科技服务的需求，在科技创新活动的一开始就做好科技服务转化的动力基础和采纳准备。

对此，农业科技服务驱动机制的驱动要点对科技服务主体的角色和服务提出了要求，对国家政策法律建设和市场监督职能的完善提出了要求，对科技服务市场的服务质量和创收能力提出了要求。提高我国农业科技服务驱动力的关键是必须为农业科技服务机制的驱动力提供以上支撑性基础条件，以推动技术向最终消费市场传递，实现技术价值。

第 7 章

驱动需求端技术采纳的政策性建议

技术创新是一个开放的系统，不断地与外界环境进行物质、能量、信息的交换。由于市场需求和科学技术发展引起技术创新的随机涨落，经过技术创新系统内部的非线性相互作用被扩大，并经过选择机制使技术创新得以扩散，使技术创新活动得以完成并成为经济发展的强大推动力。

现有农业科技社会化服务机制，在农业科技成果转化过程中发挥了一定的作用，但是，在科技创新供给与消费需求和生产需求对接之处尚不够紧密连接，更有效的科技服务需要补充和加固农业生产者对农业科技的积极认知，构筑并抓取消费品市场对农业科技成果的认可需求，并在农业生产环节保证科技力量正常有效地发挥出来。

从目前农业科技激励政策效果来看，"收入"型的"外部"技术投入大于"吸收"型"内部"技术投入，即补贴和奖励技术采纳的政策较多，虽然收效良好，但并没有鼓励和支持技术学习能力的提高，也没有体现在技术认知的转变的激励上，对科技服务采纳意愿的提升没有明显帮助；

另外，在现有政策支持下，"创新""推广"型技术投入大于"基础服务"或"技术售后服务"以及"技术前景保障"性的技术投入。科技服务主体专注于技术成品售卖给农业生产者，以获得"奖励"，而并不关注技术对农业生产者的效用有多大，有没有真正发挥技术的作用，技术的转化结果没有落实在激励政策中。

同时，关于技术信息不完全问题，市场机制本身只能解决信息服务其中的一部分，因而会发生"逆向选择"问题，即意味着市场低效率。通过政策规范和激励，适当调整科技服务供给激励政策的焦点，加大农业科技成果的转化，是政策建议的主要议题。

7.1 建立健全风险保障机制

7.1.1 技术应用效果与风险保障

建立农业生产过程中技术实践效果的赔偿保证措施或制度，减少首次使用的农业生产者对技术效果的担心和疑虑。

在扩散组织内部要求扩散资质评价体系中持有相关保证措施，公开告知技术应用风险赔偿制度和索赔要求，对确实发生应用问题的积极赔偿和协助补种措施；市场管理机关对相关企业进行赔付制度和实施案例进行定期审查，中央与地方政府根据当地农业特征，建立激励政策，鼓励创新扩散部门制定并认真执行赔付制度。

地方政府及农业推广机构设立专门工作程序，监督创新成果的推广测试，并在核实鉴定后，及时向公众公布，再启动推广工作，保证创新成果的质量和效率满足农业生产过程要求。

对于应用了农业技术的农产品可能遇到的市场销售风险，建立民间或基于政府部门的市场风险管理制度，对于引用科技形成的农产品的市场需求低于实际供给时，在技术导入方、当地政府部门应把有销售市场最低保障政策和风险补贴措施，防止“高产伤农”或因引用了科技带来的市场销售受阻的问题。比如，“转基因”科技的推广，在 2013 年的部分地区就出现了市场需求大幅度降低的问题，很多农业生产者因此遭受经济损失。

7.1.2 技术农产品销售收益与风险保障

从欧洲的经验来看，农产品被视为极为关键的生活资料，每当世界农产品价格波动时，欧洲各国政府都会积极地进行主动干预。作为政府的主导职能，应当建立适当利益分配机制，鼓励技术创新推广。

赋予创新与推广部门对技术产品销售渠道有推荐义务。在推广技术同时要求提供相应农产品销售方向或市场需求潜力调查报告，或推荐相关需求信息，降低农业生产者农产品的市场搜寻成本，促成获得预期收益的保证。

建立技术应用效果与销售收益保证与激励政策，鼓励技术创新和扩散单位参与对农业生产者技术采纳收益的风险保障措施设计和建设，通过技术服务和指导，或者产品问题赔付保证等措施，降低农业生产者可能面临的技术采纳风险。

鼓励社会保险公司设计农业生产保险产品，鼓励农业生产者积极参与购置相应农业保险，确保减少重大生产经营风险的发生，维持农业生产者的再生产能力水平。

通过政府采购等方式，为农业生产者提供优惠、免费或合约风险产品，鼓励参加保险，体验风险保障的积极作用，建立农业生产者通过现代金融手段，保障基本收入的机制。

7.1.3 地区性灾害公共保障

农业生产对自然气候依赖性较强，地区性灾害对农产品生产影响极大。对于小规模局部灾害农业生产者可以通过自己的方法抵御，但地区性普遍性的灾害必须建立规范有效的风险保障措施，不能单靠农民自己买保险。政府和地方灾害防控部门需要建立适合各地区的易发灾害防范措施，建立规范有效的危机处理规划，对普遍性灾害实施预防性风险保障政策，以及风险事后补偿规划和农田设施重建措施。地方组织亦须出台配套的地区性灾害保险资金，根据具体灾害情况，损失情况提供及时支持和救助。

7.2 信息传递监管平台

在开放系统的发展思路和市场条件下，科技研发机构、企业与外界市场不断进行信息、资金、人才、技术、产品等的交换，从而提高科技成果的成熟性、实用性以及决策的正确性，减少技术创新过程中的不确定性。

技术中介是科技与经济结合的切入点，是科技面向经济并进入市场的重要渠道，应该大力发展。规范化的技术中介也是加速技术创新的一项重要任务。其中创新技术成果转化的过程中，需要供求双方之间的信息联络和沟通，整合各类技术中介迅速建立起集中、综合、统一的“信息集散—技术评价—市场预测—决策支持—专家咨询—用户服务”的全方位信息平台。具体的需要包括以下几方面。

7.2.1 资质政策规范公示平台

规范市场中创新、扩散、农业生产合作组织、农产品销售中介等经营者的管理资质，确定符合国家食品安全的农业经营组织标准和资质系列，组织网上公示公布平台，滚动发布周期性调研资料和组织发展动态，通过信息网络监督农业生产经营。

随时更新国家相关政策、法规、优惠、鼓励等信息，推广农业相关新闻和政策的知晓度，扩大零散、弱小的农业生产者、消费者和厂商、创新机构，了解国内农业形势、政策、法规、制度的空间，统一国内农业相关生产决策的基础意识。

对于重大问题、措施，经营管理重大事件及时发布，保证重要信息及时、准确地传递到国家各个角落。

7.2.2 技术与信息互动交易平台

建立消费市场的需求反馈机制。搭建农产品消费市场信息集成平台，汇集各类中介与消费者需求偏好与消费水平，从技术内容、质量、数量、价位、趋势等多方面分析并发布需求信息，为创新和生产单位提供研发和技术采纳决策依据。公开技术的推广或采纳区域与可见效果；使农业生产者对每项技术的基本情况，效果，采购方式，服务情况有清晰的了解。

建立信息交互。借助网络技术，链接两个市场和一个过程中的创新扩散单位、农业生产者、农产品消费者及中介组织，广泛进行涉及技术成果转化各阶段的知识、用途、方法、渠道、效果、收益、发展趋势等交流，技术、服务、农产品的交易进程公示，追踪技术需求，定位技术研发方向，及时了解农业科技研发和应用走向，构成技术供求多方间的良性循环。

建立生产市场的“实名”技术交易机制。对于数额数量较大的技术交易，设定网上备案和反馈平台，监督各项技术的应用效果、服务质量，通过公众评议保障农业生产者技术交易后享有的售后服务，反映技术存在的缺陷与问题，声援优质技术和信誉组织，挤出劣质技术与低效部门。

科技的创新供给需要了解消费需求和生产需求，推出技术信息，宣传技术产品；科技的消费需求、生产需求也需要了解科技创新产品信息，寻找适合自己的技术产品，传递自己的技术需求方向与消费需求偏好；两个市场之间必须建立真实有效的共同的信息平台，在众多的创新、扩散、生产和消费主体之间，彼此传递各方的技术供求信息，保证各方在第一时间获得各自需要的信息，做出正确决策。

7.2.3 规范监管投诉平台

政府需要设计并监控两个市场交易行为的监管通道，监督各部门责任与义务的履行，公示相关法律法规、鼓励政策、重大事件，接收投诉、争议问题，推荐高信誉组织，高质产品或服务，提供建议价格，及时了解和追踪重要事件，对于不能履行义务、欺诈、造成他人损失的行为单位或个人，列入网上黑名单，甚至核查取缔，追求相应责任。技术创新、推广单位及中介商、推广方向、农产品销售中介、销售方向实名追溯制度建设和监管。

7.2.4 技术教育宣传平台

建立系统多元化的科技认知提升机制。通过公共网络、广播电视、新闻和村邻常用通俗的沟通平台建立农业生产者技术交流与应用经验交流平台。借助自主实践总结，邻里交流，大户扩散，中介搭桥，村社组织，公众广电宣传，创新扩散机构推广专项培训实况纪实等，构建技术价值观，改善技术认知水平，基奠采纳意愿良好基础。

7.3 建设技术素质培养与服务体系

技术产品相对复杂，农业生产涉及学科门类广泛，技术服务必要且重要，技术服务责任必须清晰界定、分工合理。农资与技术市场机制在一段时期内需要辅以行政规范才能督促履行有效的技术辅导和售后服务，保证农业科技在生产过程中凸显成效。

7.3.1 科技服务与培训体系规范化

农业生产涉及学科门类广泛，技术产品相对复杂，技术服务必要且重要，技术服务责任义务必须清晰界定、分工合理，实施有效。我国农资市场尚不成熟，市场机制在一段时期内需要辅以行政规范才能督促履行有效的技术辅导和售后服务，保证农业科技在生产过程中凸显成效。

技术服务规范责任机制，促进创新扩散部门彼此协调，对其提供的科技产品或服务连带附有服务责任，有义务免费提供必要的知识培训，生产应用培训，提供必要的人力物力实地解决应用疑问或问题，对技术产品应该发挥的性能亦附有必要的赔付责任。

服务规范机制同时需要培育第三方有偿服务部门，针对实力大规模生产者或者其他需求提供服务，补充售后服务。

制定激励政策鼓励和激发农业生产者自己、田间中介商自发组建学习交流服务组织，通过网络、信件、电话等进行各种技术问题的咨询与交流。

7.3.2 科技服务网点共享与建设

技术推广"实名"网点督建与培育机制。鉴于创新扩散组织与生产地的距离相对较远，农业科技服务频次与方式具有局限性，需要激励建设创新市场以外的技术服务点，补充规范科技服务的不足。网点可包括乡镇、村社、私人中介、大户和农户群体，也可组织中介网点，同时，接受推广部门培训，负有向技术采纳人提供随时服务，最终解释权和责任在推广部门；推广部门固定网点最低限制；服务责任分工机制，有序进行与应急供给结合。创新组织定向培训周期化、高校创新推广部门周期性培训课堂。具体做法是：

(1) 继续支持乡镇村技术服务网点筛选和组织信誉技术产品和农场产品销售部门，建设村社范围的学习、培训、经营网点，使技术产品销售方向与用户能够追踪与宣传。

(2) 鼓励村级私人农资店或村级供销社参与农业科技服务，在作为中介经销主要农资品和农产品的同时，借助自身知识素质、筹划能力和市场识别力，对其所经销的农资品和农产品的应用技术和市场需求充分学习和掌握，肩负部分技术服务和消费市场中介任务。

(3) 鼓励散户间自我技术服务和联合，建立紧密或松散的生产团队，共享技术交流、生产经验和销售渠道，提高讨价能力和竞争能力，提高群体技术认知和应用能力，提升农产品的收益能力。

技术服务的规范与服务网点建设，既可以保证产品或服务销售渠道的正规性，售后责任明晰，也可以保证经营者信誉，同时，也构筑了多方实施，有序指导，长期保障，快速响应，商公相宜(有偿、义务)的科技服务。

7.3.3 技术教育与认知培养服务

以当地农业高校和农业科研院所为核心，建立专业学术研究人员和教师学生科技服务团队，有组织有秩序，长期稳定地向当地农村生产基地农业生产者提供实用性科技常识和流行技术手法，在农业生产者知识体系中补充建设农业科技的概念基础，渗透农业科技知识对农业生产的作用机理，改变农业生产者对农业科技的认识，提高农业科技采纳意识，培养新型农业科技向农业生产阶段推广的路径，建立农业生产者答疑解惑的畅通渠道，补充农业科技扩散中技术服务的不足和缺失部分，从根本上改变农业生产者的技术认知。

具体做法：①在农业生产者聚集的地点或乡村社区建设长期滚动开放的“地头课堂”，定期轮流安排适时于农业生产节气的知识讲座或技术咨询活动；②在科研院所和农业高校建立专业下乡制度，通过考核和实习等长期性鼓励制度，激励农业科研人员和高校师生到基层传递农业科技知识；③在乡村层次建立农业生产者不定期进行科技学习和技术交流的鼓励政策，尤其在农闲时期，构建较大规模的短期培训学校和技术交流活动，建立激励机制，营造农业科技学习的乡村氛围。

7.4　建设创新立项与推广启动机制

7.4.1　技术溯源实名制

建立创新扩散市场的“实名”追溯机制。对关键主流创新技术公布创新扩散源头，目的在于强化技术推广责任。“实名”督建与反馈，督促创新单位对下级扩散单位负有全面、终身技术指导和服务义务；督促推广单位对中间商和农业生产者履行技术指导与服务责任；提供主要相关技术的创新和扩散单位实名与准确联系方式；提供市场交易的参考价格，主要生产商、供应商、代理商名称、地区地点情况等信息，以及售后服务实施措施和保障。

明确创新科技效果与性能的验证指标，其相关技术产品的消费潜力分析结果，说明生产上的应用要求以及对生产成本带来的变化可能，明确技术的收益风险与潜力、操作技术要求与能力要求等。

强调技术使用准确、全面的标注与说明，针对不同区域特征生产消费环境的不同条件与实验结果，标注必要的提醒或附属操作要求，保证技术应用顺利有效，预防因操作不当造成生产损失。

公开技术、服务、农产品需求追踪信息，技术研发方向及时公布，及时宣布农业科技研发和应用走向，构成技术供求多方之间的良性循环。

7.4.2　技术生产效益、效果评估制度

技术创新立项和启动调控机制。树立科技研发立项规范，要求创新主题立足目标农产品市场需求，充分考虑农业生产实际条件，结合消费市场和生产市场支付能力和需求规模，规划出创新内容和技术导入手段，并须测算创新可能的社会价值，认真分析创新成果成功转化的可行性。必要时，可基于国家或地区发展

建议基础上，结合目标区域或项目进行。不在没有利用价值的创新上投入时间和资金。对于创新成果要求在正式推广前，必须经历时间充足、规范、严格的应用测试，对技术应用过程中所需关键操作、重要环节，以及可能问题必须明确说明。设立专门机构和程序，监督创新成果的推广测试，并在核实鉴定后，及时向公众公布，再启动推广工作，保证创新成果的质量和效率满足农业生产过程要求。

设立创新技术入市启动机制，要求创新立项必须进行市场需求预测、生产需求预测、充分的生产与效果测试，对于通过严格审批的项目公布实施。农业科技与都涉及人类健康和安全，应该有严格谨慎的开发与管理态度。对于不利于推广对象的技术设置流产渠道。

7.4.3 技术与服务定价调控措施

制订合理的指导价格。农产品生产依赖自然，同时投入物复杂多样，而且农产品价格的稳定性都要求农业生产成本不能过高，因而农业科技与技术服务价格不能完全依赖研发推广成本或组织利润预期进行市场定价，而需要国家进行一定的宏观调控。对于一类创新，政府部门需要界定消费市场支付能力，考察技术研发成本，生产应用附加成本，制定系列创新技术政府指导价格，关键技术另需限定浮动幅度，或给予适当补贴，以保证农业生产成本稳定，农产品需求稳定；同样地，有偿服务也需要制定建议价格，并制订收费规范，监督服务义务的履行，保证服务效果与服务价格等价，保障农业生产者利益，维持一定能够水平的农业生产平均成本。科技的力量就在于减少投入提高产出，生产者买不起，消费者用不起的贵族农业科技，不应成为创新的目标。

7.4.4 实物与非实物技术服务配套原则

关注实物与非实物技术的效用搭配。实物技术是技术的载体，以实体形式构成农业生产者生产要素，直接参与农业生产，转移或不转移进入农业产品，影响农产品的性能和质量，受到农业生产者关注，同时也是创新扩散单位获得扩散收益的主要来源。非实物技术是依赖技术推广或经验的，不以实物形态进入生产过程的技术，虽难以衡量，却影响生产效率的技术，对实物技术是重要步骤或必要补充。两者必须配套提供给生产者。

建立实物技术开发商非实物技术配套服务供给机制，将主要、专业非实物技术落实于创新或扩散单位执行，提升实物技术的实际价值，支持农业生产者对农业科技的积极认知形成，保证技术发挥技术效果；建立配套服务要求，通过创新立项或推广政策鼓励实施。

建立政府或中介部门的部分非实物技术服务机制，补充添加对农业生产者的技术服务总体，结合技术创新取向和专业要求，构建乡间非实物技术在经验农户、大户、技术人员整合形成的非实物技术服务补充主体，填充创新推广部门非实物技术供给的不足。

7.4.5 科技服务人员的绩效考核改革制度改革

农业科技本身研发和测试时间相对较长，成果见效缓慢，尤其是应用推广项目需要科研工作者投入更多精力。农业科技创新研发应制定以生产应用和市场效率为考核依据，基于研发成果转化与实验室结果区分对待，分别考核，鼓励成果转化成功的创新项目研发人员，而不应沿袭科研论文数量和刊物级别等学术性标准。对科研人员的考核，应设计以创新成果实施效果和社会贡献为依据的考核机制，职称晋升、成果评奖更加应该注重科技转化程度。创新的目的在于应用，不在于创新本身。

技术推广过程面临人、地、品种等具体环境相对复杂，技术效果实现过程相对漫长，对农业生产者技术认知影响重大，技术服务负担重。因此，对于推广人员考核，不应该仅以推销数量为标准，而应该兼顾农业生产者技术使用过程服务效果和满意程度。

7.5 农业科技服务激励政策的立足点

总体上，依据科技服务驱动机制框架中的供求关系，基于创新扩散理论、技术认知与采纳决策理论，以及市场均衡理论，建立在科技服务共给和需求的现实情况上，激励政策应该针对减少市场失灵，减少农业生产者技术采纳效用最大化的约束，尽可能拉动科技服务需求，同时以鼓励、引导、支持科技服务创新和扩散活动为落脚点。

农业科技服务必须贯彻于产前、产中、产后三个环节.农业科技迅速转化提高农业生产力，增加农民收入。农业科技的转化渗透于农业生产和生活的各个领域。

在产前，载有科技的种源，机械、化肥、农药和劳动力供给是农业科技服务的基础环节。科研单位和企业研究根据农民需求开发高效实用农业生产资料，并通过市场导入农业生产；农业技术指导、教育单位和农业生产资料和销售企业部门向农民宣传先进生产资料的科学道理和正确的使用方法，提高劳动力的技术接受和运用能力。在生产中，政府、科研单位或企业监测和指导农业生产，结合生产环节要求和实际情况提供相应的技术服务。在产后，加工企业、销售部门、合作组织指导农民按照技术要求采收、预加工农产品，并提供农产品加工、销售等服务，保证技术真正被市场需求吸收。总之，农业科技的推广和服务不只涉及农业生产环节的技术学习和实践，还必然包括农业生产的产前、产后等多个领域。亦即涉及农业社会化服务中与农业科技有关的各个环节。

农业科技服务必须综合科学、技术与现实要求三个方面的服务内容，一方面农业技术的作用源于科学原理，需要基础科学教育和疏导服务，如农民需要学习和理解与新品种技术相关基础知识，了解和认同农业技术发挥作用的机理，才能更好地接受并成功地应用科学技术，实现科技效率，科学教育服务提高农民的素质水平；另一方面，技术本身需要传递和推广才能在实践中发挥作用。如生产过程中农民通过示范学习，接受并应用新品种栽培管理技术，不适用或不能被农民接受并投入使用的技术无法发挥其优势，因此，技术示范和技术指导服务提高农民接受科技的能力，提高技术转化率；再一方面，技术转化的意义和动力依靠技术产品在销售环节的高质量和高效益来是实现，如含有新技术的农产品具有较高市场竞争力，并且销路通畅才能强化技术的接受度，触动和激发下一轮技术导入的需求。这三个方面的要求与农业科技成功转化紧密相关，对农业科技社会化服务提出了更高的要求。

农业科技服务必须关注包括人、财、物、信息和法律在内的5种关键要素。技术不能单独存在于生产过程之中，必须承载于生产过程中的各种要素中发挥作用。农业科技与各生产要素完美结合，协同实现农业生产技术进步。其中，物化技术，包括品种、肥药、机械、加工与保鲜技术等；人载技术，农业科学与田间管理技术，如品种与种养技术、肥药使用方法等操作方法；金融技术，信贷项目、渠道、组合方法；信息技术，捕获、分析各种供求信息的方法与渠道；法律知识，如供销合同、用工制度、消费权益等一般法律工具。目前，对农业发展最重要的农业科技服务集中在人、物、信息三个方面。

农产品生产过程连接着科技创新和农产品消费，前后信息技术的交流贯穿整个农业科技转化过程，如图7-1所示，农业科技服务效率的改进需要从科技信息、科技物资、科技技术、科技产品销售4个方面的信息进行农业科技服务的供给，提高农业生产者的采纳意愿，清除农业生产者采纳决策中的疑问和消极态度。

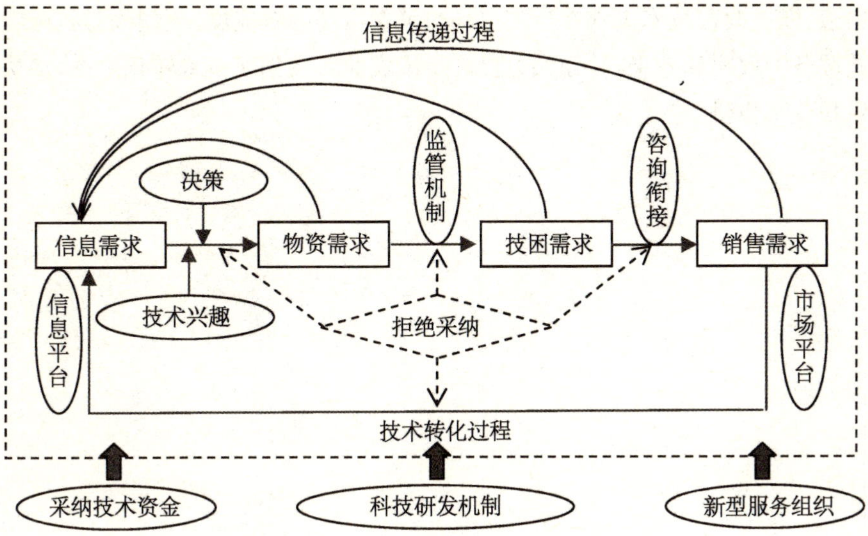

图 7－1　农业科技信息传递过程

农业科技服务必须由政府、企业、私人多部门整合分工。各个职能属性的科技服务部门优化资源配合完成农业科技服务内容，将技术范围的扩大而延伸到与农业生产经营相关的人、财、物、信息和法律 5 方面技术服务，服务范围需要贯穿于农业生产经营的产前、产中、产后的全部过程。科技与人和物结合发挥作用，科技与各生产环节相伴随发生作用。载入科技的农业生产过程，从产前到产后都区别于其他生产而表现出不同的要求和效益。所以科技不能独立存在，科技的服务必须由多个经济部门整合、协同发挥作用。必须发展多元化社会化服务主体。

农业科技服务将依赖更广泛的渠道，网络、媒体、组织、机构的综合配合。种子、肥药、机械等生产企业与科研机构，农产品加工企业、农业金融机构、农业教育培训机构、信息网络支持机构等私人、政府、集体社会各方的服务部门将联合完成农业科技服务，结合政府、企业、私人的能力和优势，将农业服务中的经营性服务与公益性分开。政府农业推广机构可以关注更多的公益性服务，从事市场失灵的服务生产。而具有市场调解动力的企业和私人盈利组织分担产前、产中技物结合的服务项目，以及产后的加工、运销服务等经营性服务。制定政策鼓励企业和私人组织积极参与农业科技服务。

基于农业科技采纳主体们对农业科技的认知特征与采纳决策依据，补充建立农业科技服务体系的部分环节机制，期望打通农业生产者技术认知的系统提升渠道，期望改善技术需求在生产市场与消费市场的响应度，期望改善我国农业科技服务的效率和效果，从而大力提高我国农业科技创新成果转化效率，加快我国农村改革步伐。

第8章
结　论

以往对农业科技服务效率的关注过于集中在农业生产者作为“消费者”角色的消费需求的决策行为，忽略了其后作为“农产品生产者”角色的思考内容，忽略了农业科技服务需求的决策基础及其形成要素；同时，在科技服务供给效率上局限于一个农业科技服务市场，没有联系农产品消费市场。

强调改进农业科技服务机制的策略，必须同时基于“农产品生产者”的“消费需求”和来自“农产品消费者”的“引致需求”，把握这两个市场的两个需求者相联结形成的整体科技服务需求动机，结合科技服务供给组织的特征和服务动力，协调匹配服务内容和服务形式，搭建健全、有活力的农业科技服务机制，促进各个科技服务组织和单位，从各个领域、在各个生产环节、以各种科技载体，向农业生产者提供农业科技服务，提高农业科技服务效率。

8.1　农业科技服务供给端主要结论

(1) 供给端科技服务主体的研究结论。经过整理和总结，对我国参与农业科技服务的主体情况作出分析和判断如下：我国农业科技服务主体构成丰富，主体性质和职能的理论分布与国际上农业发达国家的科技服务体系建制及成分构成相当，主体之间层次关系明确，主次有别，各组织成分比例大致适当，总体上是一个结构完整、层次合理的科技服务主体集；因此判断，农业科技服务效率提升缓慢的主要原因，应该不在主体结构上，而可能在各服务主体提供科技服务的过程中，存在效率损失，以显示为科技服务驱动力不足的想象。

(2) 供给端科技服务政策的研究结论。通过对国家出台的多年相关政策的分析，得出一般性结论为：政府对农业科技服务的发展政策方向明确、重点突出，连年有序推进，同时，各项政策指挥得当，推行有效，落实到位，对农业生产效率的提高提供了重要支撑。因此，判断农业科技服务效率提升缓慢的主要原因，应该不在政策的方向和力度上。

(3) 供给端科技服务效率方面的研究结论。通过对实物技术投入与非实物技术投入的效率测量，得出以下结论：①实物技术投入效率也是显著存在的，加强科技设施与实物形态承载科技的生产资料的投入和建设，一定程度上代表着技术本身的作用，实物技术的技术内涵与水平也极大地支持或制约着其他技术的应用和发挥，同时，也对非实物技术的配合应用提出了要求；②非实物技术(狭义的科技服务)呈现逐年上升趋势，但其间存在往复波动，部分年份波幅较大，稳定性不佳，说明在劳动力和土地数量约束下，实物技术投入的边际报酬率递减已经出现，非实物的科技服务效率对于科技投入产出效率的提高负有更重要的责任，成为提高农业科技服务效率的重要抓手。由此得出，当前农业科技服务效率的提高关键在于非实物技术的投入与服务。

8.2 农业科技服务需求端主要结论

(1) 需求端采纳决策依据方面的研究结论。样本研究中，农业生产者的决策依据主要基于技术认知和技术信息。其中，技术认知由价值观、地区文化和教育影响形成的内在技术认知，以及由直接和间接经验及实践经历积累形成的外在技术认知共同构成。技术信息包括实物技术和非实物技术的属性、价格、质量、效果、效益和服务主体及服务信誉等，其中，主要的决策判断信息依次是效益、效果、属性。

(2) 需求端选择对服务主体效率的研究结论。虽然在结论第 8.1 小节中，农业科技服务主体结构和职能角色全面得当，但反映在科技服务需求层面，其现实服务效率在主体之间的匹配和相互衔接上，存在缺失或不足，在公共组织和经济性私人组织之间没有形成密切高效的服务覆盖网络，部分制约了农业生产者对农业科技的了解、判断、应用活动，没有辅助形成准确的科技认知，不能推动农业科技的采纳意愿和行动决策。

所以，农业科技服务效率的提升问题，应该落实在各服务主体之间职能的衔接上，服务交叉或空当之间的匹配协调上，与各主体的科技服务供给机理有关，因此，农业科技服务体系运行的机制是改善农业科技服务效率，提升科技服务驱动力的关键方面。

8.3 科技服务驱动机制的主要结论

根据农业科技服务供给与需求研究结论进行推演，对农业科技服务机制的设计和改进提出了结论性说明：

（1）驱动机制设计要素的基础判断。农业科技服务机制的分析必须建立“两个市场一个过程”的农业科技服务机制框架，将农业科技服务市场中的科技服务需求动机，农业生产过程中的服务需求动机，农产品消费者市场中的技术采纳拉动机理联结起来，同时，抓住农业科技交易与农产品交易两个关键调控点，进行调解和梳理。

（2）驱动机制调解手段的基础判断。农业科技服务机制的改进措施应该从3个方面入手：市场调节、政策调控，技术文化与认知培养。其中，技术认知需要相对长期的维系和管理。

（3）驱动机制改进建议与措施的提出。农业科技服务机制的关键调控点对科技服务主体的角色和服务提出了要求，对国家政策法律建设和市场监督职能的完善提出了要求，对科技服务市场的服务质量和创收能力提出了要求。提高我国农业科技服务效率的关键是必须为农业科技服务机制的发挥提供支撑的基础条件。

8.4 展望

在农业科技服务驱动机制解决了科技服务供给效率的问题之后，我国农业经济的发展必定产生大幅飞跃，农业经济的发展又会进一步提升农技服务的采纳积极性，循环往复，农业经济的持续发展指日可待。

（1）农村信息网络与技术设施普及范围将不断扩展，科技服务基础支撑力量不断提高。信息设备设施下乡，电线电话网络建设，信息指示普及设施鉴定，提升了农村地区信息交流和传播的基础条件，方便技术信息交流与传导。乡村教育的信息技术培养，支持了网络化信息技术入户，大大改善了科技服务的空间和时间效率基础。

各类高科技农业基础设施、设备不断下乡落户，改善农业技术应用基础条件，激励农村技术应用热情；农业收入不断增加，改善农业生产者投入技术生产资料的能力，扩展农业科技服务驱动力将不断加强。

（2）农业生产者科技服务采纳意愿将不断增强。新型农民（仍旧参加农业生产的农民）在涌向城镇化的道路中，能够不断提升社会认知，改善技术素养和技术应用能力。暂时离开土地的农业生产者，在社会大潮中更容易接受新鲜事物，经受生产技能与管理能力的培养和熏陶，不断积累丰富的技术基础和技术信息，有利于培养技术采纳决策的理性认知；与此同时，随着农业生产者外出收入的提高，以及就业素质要求的压力，可以促进其参与技术教育培训的热情，提高学习知识，应用知识的能力；随着其收入与素质的上升，面临新的科技服务供给，其需求意愿能够有明显增强。

国家教育的不断普及和地区教育资源质量的不断提高，有利于培养下一代高素质农业生产者。国家的希望工程建设不断深入，办学政策逐年加强，对于农村的下一代农业生产者来说，提供了更有利于接受全面教育的机会，为提高科技的素质提供了契机。随父母外出的子女，因为可以享受城市中的相对优越的教育资源，在德、智、体、美、劳各个方面得到良好培养。另外，新加入农业生产且原本不是农民的农业生产者，多数来自城市或乡镇，拥有较高学历或专业素质，以自身资金实力和管理实力投身于农业大规模生产，为农村带来了一股强有力的知识、技术、信息、资金流，是农业劳动力素质提升中不可忽视的力量。

（3）我国农业科技服务驱动力量必然整体提升。国家长期坚持不懈针对“三农”推出各项政策保障，对农业相关的承包、经营、流转政策与资金便利与辅助支持；提高了自主研发、自主服务、有偿服务等新型激励政策力度，鼓励自主科技意识的提高、技术学习与应用能力的提高，国家资金扶持，地区科技导向，不断加强技术转化和成果转化，触动了整个科技服务供求的循环转动，有效运转科技服务机制。

在解决了农业科技服务的物质基础之上，在不断强化的激励政策下，通过教育和培养的新一代农业生产者拥有了实物与非实物技术采纳基础条件，在农业生产过程的正常发展下，大量采纳科技服务，运用高科技手段从事农业生产的蓝图即可成为现实。

参考文献

[1] Smets FR. Exporting versus FDI：The Effect of Uncertainty，Irreversibility and Strategic Interactions[R]. Working Paper. Yale University，1991.

[2] Ajzen. I. The Theory of Planned Behavior[J]. Organizational Behavior & Human Decision Processes，1991(50).

[3] A lvarez L H R，Stenbacka R. Adoption of Uncertain Multistage Technology Projects：A Real Options App roach [J]. Journal of Mathematical Economics，2001(35).

[4] Amy，Purvis，William，G. Boggess，Charles. Moss，John Holt. Technology Adoption Decisions under Irreversibility and Uncertainty：An"Ex Ante" Approach[J]. American Journal of Agricultural Economics，1995(77).

[5] Austen Smith. Information Transmission in Debate[J]. American Journal of Political Science，1990(34).

[6] Baptistia. R.，and P. Swan. Do Firms in Clusters Innovate More[J]. Research Policy，1998(27).

[7] McWilliams. B.，D. Zilberman. Time of Technology Adoption and Learning by Using[J]. Economic Innovation and New Technology，1996(4).

[8] Besley. T.，Case A. Modeling technology adoption in developing countries[J]. American Economy Review，1993(83).

[9] Beal. George M，Everett M Rogers. The Adoption of Two FarmPractice in A Central Iowa Community[R]. Ames：Iowa Agricultural and Home Economics Experiment Station，1960.

[10] Binswanger. H. P.，Sillers. D. A. Risk Aversion and Credit Constraints in Farmers' Decision-Making：A Reinterpretation[J]. Journalof Development Studies，1983(20).

[11] Carlsson. B.，Jacobsson. S.，Holmén. M.，Rickne. A. Innovation systems：analytical and methodological issues [J]. Research Policy，2002(31).

[12] Carl Pray, Danmeng Ma, Jikun Huang and Fangbin Qiao: Impact of Bt Cottonin in China[J]. World Development, 2001(29).

[13] Christine. M. Moser, Christopher B. Barrett. The complex dynamics of smallholder technology adoption: the case of SRI in Madagascar[J]. Agricultural Economics, 2006(35).

[14] Chatterjee B, Eliashberg J. The innovation diffusion process in a heterogeneous population: a micromodeling approach [J]. Management Science, 1990(36).

[15] Cox D R, Miller H D. The Theory of Stochastic Processes[M]. London: Chapman and Hall, 1965.

[16] Cochrane. W. Farm Prices: Myth and Reality[M]. Minneapolis: University of Minnesota Press, 1958.

[17] Croppenstedt. A. Demeke, M. Meschi. Technology adoption in the presence of constraints: the case of fertilizer demand in Ethiopia [J]. Review Development Economy, 2003(7).

[18] Davis F. Perceived Usefulness, Perceived Ease of Use, and User Acceptance of Information Technology[J]. MIS Quarterly, 1989(9).

[19] Staal S., C. Delgado, C. Nicholson. Smallholder Dairying under Transaction Costs in East Africa[J]. World Development, 1997(25).

[20] Doraszelskiu. Innovations, Improvements, and the Optimal Adoption of New Technologies[R]. Working Paper, Hoover Institutions, Stanford University, 2002. http://pubweb. acns. nwu. edu/390/techadp. pdf.

[21] Doss, C. R. Understanding Farm Level Technology Adoption: Lessons Learned from CIMMYT's Micro Surveys in Eastern Africa [R]. CIMMYT Economics Working Paper. CIMMYT, Mexico, DF, 2003.

[22] Sunding D., D. Zilberman. The Agricultural Innovation Process: Research and Technology Adoption in a Changing Agricultural Sector. In B. L. Gardner and G. Rausser. Handbook of Agricultural Economics [M]. New York: Elsevier Science-North Holland, 2001.

[23] Dong. D., A. Saha. He Came, He Saw, (and) He Waited: An Empirical Analysis of Inertia in Technology doption[J]. Applied Economics, 1998 (30).

[24] Edquist, Charles. systems of Innovation:Technologies, Institutions and Organizations[M]. Pinter:London, 1997.

[25] E. Mansfield. The Economics of Technological Change[M]. New York: W. W. Norton and Company, 1971.

[26] Eom Y. S. Pesticide Residue Risk and Food Safety Valuation: A Random Utility App roac[J]. American Journal of Agricultural Economics, 1994 (11).

[27] Farrington. J. Public sector agricultural extension: Is there life after structural adjustment[J]. Natural Resource Perspectives London, 1994.

[28] Thirtle C., Beyers L., Ismael Y., Piesse J. Can GM-technologies help the poor? The impact of Bt Cotton in Makhathini Flats, KwaZulu-Natal [J]. World Development, 2003(31).

[29] Fernandez-Cornejo. J., S. Daberkow, W. McBride. Decomposing the Size Effect on the Adoption of Innovations: Agrobiotechnology and Precision Agriculture[J]. AgBioForum, 2001(4).

[30] Fernandez-Cornejo. J., C. Klotz-Ingram, S. Jans. Farm-Level Effects of Adopting Herbicide-Tolerant Soybeans in the U. S. A. [J]. Journal of Agricultural and Applied Economics, 2002(34).

[31] Fernandez-Cornejo. J., C. Klotz-Ingram, A. Mishra. Technology Adoption and Off-farm Household Income: The Case of Herbicide-Tolerant Soybeans[J]. Journal of Agricultural and Applied Economics, 2005(37), 3.

[32] Feder. G., R. Just, D. Zilberman. Adoption of Agricultural Innovations in Developing Countries: A Survey [J]. Economic Development and Cultural Change, 1985(33).

[33] Feder. G., R. Just, D. Zilberman. Farm Size and the Adoption of Green Revolution Technologies [J]. Economic Development and Cultural Change, 1981(30).

[34] Feder. G. Farm Size, Risk Aversion and the Adoption of New Technology under Uncertainty[R]. Oxford Economic Papers, 1980(32).

[35] Fishbein. M, Ajzenl. Belief, Attitude, Intention, and Behavioral:An Introduction to Theory and Research [D]. Addison-WesleyReading, 1975.

[36] Foltz，J. D.，and H. Chang. The Adoption and Profitability of rbST on Connecticut Dairy Farms [J]. American Journal of Agricultural Economics，2002(84).

[37] Foster. A，M. Rosenzweig. Learning by Doing and Learning from Others：Human Capital and Technical Change in Agriculture [J]. Journal of Political Economy，1995(103).

[38] Freeman. C. The Economies of Industrial Innovation. Mass：The MIT Press，1982.

[39] Freeman C. Innovation and Growth [M]. Mark and Roy Rothwell：Handbook of Industrial Innovationl，1994.

[40] Fudenberg D，Tirole J. Preemption and Rent Equalization in the Adoption of New Technology[J]. Review of Economic Studies，1985(52).

[41] FurmanJ. L.，Porter. M. E，Stern. S. The determinants of national innovative capacity[J]. Research Policy，2002(31).

[42] Gross Neal C. The Diffusion of a Culture Trait in Two Iowa Townships [D]. Ames：Iowa State College，1942.

[43] Guerrieri P.，Pietrobelli C. Models of Industrial Districts' Evolution and Changes in Technological Regimes[R]. Paper Prepared for the DRUID Summer Conference，2001.

[44] Weir，S. Knight，J. Adoption and diffusion of agricultural innovations in Ethiopia：the role of education[R]. CASE Working Paper，Center for the Study of African Economies，Oxford University，UK. 2005.

[45] Hagestrand T. Innovation as a spatial progress[M]. Chicago：University of Press，1967.

[46] Williamson O E. Markets and Hierarchies：Analysis and Antitrust Implications [M]. New York：Free Press，1975.

[47] Hayami Yujiro，Herdt Robert W. Market Price Effects of Technological Change on Income Distribution Semisubsistence Agriculture [J]. American Journal of Agricultural Economics，1977(59).

[48] Hays W L，Winkler R L. Statistics：Probability，Inference and Decision [M]. New York：Holt，Rinehart and Winston，Inc，1971.

[49] Huisman，KJM. Technology Investment：A Game Theoretic Real

Options App roach[M]. Boston: Kluwer Academic Pub, 2001.

[50] Tornatzky Louis G, Katherine J Klein. Innovation Characteristics and Innovation Adoption-Implementation: A Meta Analysis of Findings[J]. IEEE Transactions on Engineering Management, 1982(29).

[51] Jock R. Anderson, Gershon Feder. Rural Extension Services[R]. World Bank Policy Research Working Paper, 1976.

[52] Kahneman D., Tversky A. Prospect Theory: an analysis of decision under risk[J]. Econometrical, 1979(47).

[53] Kahneman D., Tversky A. Advances in Prospect Theory: cumulative representation of uncertainty [J]. Journal of Risk and Uncertainty, 1992(5).

[54] Kelly Burke, Kelvin Sewake. Adoption of Computer and Internet Technologies in Small Firm Agriculture: A Study of Flower Growers in Hawaii[J]. Journal of Extension, http://www. joe. org/joe/2008june/rb1, 2009(11).

[55] Kimhi A. Family Composition and Off-Farm Participation Decisions in Israeli Farm Households [J]. American Journal of Agricultural Economics, 2004(86).

[56] Keming Qian. Agricultural Development and Policy Analysis [R]. Keynote Speech on International Symposium on China Agricultural Policy Analysis, 2004(1).

[57] KrepsD., P. Milgrom, J. Roberts, R. Wilson. Rational Cooperation in the Finitely Repeated Prisoner Dilemma [J]. Journal of Economic theory, 1982(27).

[58] Levins, RichardA., Cochrane, Willard. The Treadmill Revisited[J]. Land Economics, 1996(72).

[59] The Global Competitiveness Report 2001～2002[M]. New York: Oxford University Press, 2002.

[60] Ministry of Agriculture and Forestry. An Overview on Agriculture and Forestry in NZ[R]. 2005.

[61] Ministry of Agriculture and Forestry. Dairy Monitoring Report[R]. 2004.

[62] Ministry of Agriculture and Forestry. Situation and Outlook for New Zealand Agriculture and Forestry[R]. 2003.

[63] Munshi K. Social learning in a heterogeneous population: technology diffusion in the Indian Green Revolution[J]. Development Economy, 2004(73).

[64] Oren S S, Schwartz R G. Diffusion of new products in risk-sensitive markets[J]. Journal of Forecasting, 1988(7).

[65] Phillip Nelson. Advertising as Information[J]. Journal of Political Economy, 1974(82).

[66] Popkin, Samuel L. The Rational Peasant: The Political Economy of Rural Society in Vietnam[M]. University of California Press, 1979.

[67] PorterM1, SternS. National Innovative Capacity[J]. World Economic Forum in Porter, 2002.

[68] Possas M. L, Salles Filho S., SilveriraJ. M. An evolutionary approach to technological innovation in agriculture: some preliminary remarks[J]. Research Policy, 1996(25).

[69] R. Douglas Hurts. American Agriculture: a Brief History[M]. Iowa State University Press, 1994.

[70] Reinganum J F. On the Diffusion of New Technology: a Game Theoretic Approach[J]. The Review of Economic Studies, 1981(3).

[71] Theodore W. Schultz. Transforming Traditional Agriculture [M]. New Haven: Yale University Press, 1964.

[72] Rober Chapman, Robert Tripp. Changing Incentives for Agricultural Extension: A Review of Privatised Extension in Practice [N]. Agriculture Rese arch and Extension Network Paper. London. ODI, 2003(No. 132).

[73] Roberts J H, Urban G L. Modeling multiattribute utility, risk, and belief dynamics for new consumer brand choice [J]. Management Science, 1988(34).

[74] R. Rothwell, W. Zegveld, Reindustralization and Technology [M]. London: Longman, 1985.

[75] Rogers E. M. Diffusion of Innovation(5th ed.). New York: Free Press,

2003(5).
[76] Rosenberg N. Inside the Black Box. London: Cambridge University Press, 1982.
[77] Roling Niels. Communication for Development in Research, Estension and Education[R]. 9th United Nations Communication for Development Roundtable, 2004(9).
[78] Roling Niels. From Causes to Reasons: The Human Dimesion of Agricultural Sustainability[R]. International Journal of Agriculture Sustain ability, 2003(1).
[79] RomerP. Endogenous technological change [J]. Journal of Political Economy, 1990(5).
[80] RosenbergN. Perspective on Technology [M]. London: Cambridge University Press, 1976.
[81] Schmookler, J. Invention and Economic Growth[M]. Cambridge: Harvard University Press, 1966.
[82] V. Venkatesh, M. G. Morris, G. B. Davis, F. D. Davis. User acceptance of information technology: toward a unified view[J]. MIS Quarterly, 2003(27).
[83] Williamson O E. The Economic Institutions of Capitalism [M]. New York: Free Press, 1985.
[84] Shudong Zhou, Thomas Herzfeld, Thomas Glauben, Yunhua Zhang, Bingchuan Hu. Factors Affecting Chinese Farmers' Decisions to Adopt a Water-Saving Technology [J]. Canadian Journal of Agricultural Economics, 2008(56).
[85] SmaleM., Bellon M. R. Aguirre GomezJ. A. Maize diversity, variety attributes, and farmers' choices in southeastern Guanajuato, Mexico[J]. Economy Development Cultural Change, 2001(50).
[86] SmaleM., JustR. E., LeathersH. D. Land allocation in HYV adoption models: an investigation of alternative explanations [J]. American Journal Agricultural Economy, 2001(76).
[87] 郑生权.关于农业科技全程服务的界说[J].农业经济问题,1993(4).
[88] 张晓山.有关中国农民专业合作组织发展的几个问题[J].中国农村经济,

2005(1).
[89] 朱希刚，高启杰.我国农业科技成果的转化率问题[J].农业科技管理，1997(7).
[90] 朱希刚.我国农业科技进步贡献率测算方法[M].北京：中国农业出版社，1997：1.
[91] 张晓山.创新农业基本经营制度发展现代农业[J].农业经济问题，2006(8).
[92] 张志勇，刘玲玲.加速科技成果转化推进新农村建设——太原市 2006 年农业技术承包项目实施情况调研报告[J].科技与新农村，2007(5).
[93] 张玉国.发展农业科技服务体系的障碍和对策[J].农业经济问题，1994(2).
[94] 周衍平.中国农户采用新技术内在需求机制的形成与培育——农业踏板原理及其应用[J].农业经济问题，1998(8).
[95] 赵玉林.创新经济学[M].北京：中国经济出版社，2006.
[96] 赵芝俊，张社梅.近 20 年中国农业技术进步贡献率的变动趋势[J].中国农村经济，2006(4).
[97] 周曙东，吴沛良，赵西华，费贵华，汤成快.市场经济条件下多元化农技推广体系建设[J].中国农村经济，2003(4).
[98] 钟沈军.日本农协[J].农产品市场周刊，2007(18).
[99] 竹邻.拥抱现代农业[J].企业管理，2007(3).
[100] [美]彼得·斯旺.创新经济学[M].上海：格致出版社，上海人民出版社，2013.
[101] 贝克尔.人类行为的经济分析[M].芝加哥：芝加哥大学出版社，1976.上海：上海三联书店，上海人民出版社，1995.
[102] 陈传波.农户多样化选择行为实证分析[J].农业技术经济，2007(1).
[103] 陈超，周宁.农民文化素质的差异对农业生产和技术选择渠道的影响——基于全国十省农民调查问卷的分析[J].中国农村经济，2007(9).
[104] 淳伟德.农村社会化服务体系建设的问题与对策[J].宏观经济管理.2005(10).
[105] 马广奇，张林云.基于行为经济学 Prospect 理论的个体决策行为的进一步研究[J].经济与管理，2007(12).
[106] 曹建民，胡瑞法，黄季焜.技术推广与农民对新技术的修正采用[J].中国软科学，2005(6).
[107] 陈继宁.农民采用新技术影响因素分析[J].社会科学研究，1998(2).

［108］蔡加福.建立健全我国农业社会化服务体系的对策思考［J］.福建论坛，2005(10).

［109］常敏，朱明芬.政府购买公共服务的机制比较及其优化研究——以长三角城市居家养老服务为例［J］.上海行政学院学报.2013(6).

［110］崔宁波.基于现代农业发展的农户技术采用行为分析［J］.学术交流，2010(1).

［111］陈锡文.在 2014 中国农业发展论坛上的讲话［R］.2014.6.人民网 www.people.com.cn.

［112］程又中，陈伟东.国家与农民：公共产品供给角色与功能定位［J］.华中师范大学学报(人文社会科学版)，2006(2).

［113］池泽新.农户行为的影响因素、基本特点与制度启示［J］.农业现代化研究，2003(24).

［114］曹执令.论我国农业科技服务体系的创新思路［J］.管理-人民论坛学术前沿，2011(10).

［115］池泽新，汪固华.基于农户视角的农业龙头企业绩效评价研究——以江西为例［J］.江西农业大学学报：社会科学版，2011(3).

［116］陈志英.我国与美国农业推广的比较研究［J］.农业科技管理，2003(22).

［117］董鸿鹏，吕杰，周艳波.农户技术选择行为的影响因素分析［J］.农业经济，2007(8).

［118］董景荣.技术创新扩散的理论、方法与实践［M］.北京：科学出版社，2009.

［119］杜占元."十一五"我国农村科技发展战略［J］.中国科技论坛，2007(3).

［120］董志勇.行为经济学［M］.北京：北京大学出版社，2005.

［121］张舰，韩纪江.有关农业新技术采用的理论及实证研究［J］.中国农村经济，2002(11).

［122］赵俊亚.从新世纪 9 个中央一号文件看"三农发展"［J］.农业经济问题，2013(1).

［123］潘鸿，刘刚.吉林省农业科技进步与经济增长实证分析［J］.东北亚论坛，2009(6).

［124］傅家骥.技术创新——中国企业发展之路［M］.北京：企业管理出版社，1992.

［125］冯开文，国外合作社经验纵横论——几个代表性合作社的最新举措及其对中国的启示［J］.中国合作经济，2005(8).

[126] 钟俊.荷兰农业科技推广概况及对我国的启示[J].边疆经济与文化，2005(8).
[127] 郭爱民，弓成林，汪小伟.日本农业科研推广与产品流通体系的现状及启示[J].西南园艺，2001(2).
[128] 耿东梅，陈梅香，赵秋菊.农业技术推广服务模式述评[J].农业科技管理，2007(4).
[129] 郭红东，蒋文华.影响农户参与专业合作经济组织行为的因素分析——基于对浙江省农户的实证研究[J].中国农村经济，2004(5).
[130] 高辉，李建中.基于交易费用理论的农业科技创新与推广研究[J].科学管理研究，2006(8).
[131] 张林秀，乔方彬.农业技术推广与主管领导[J].中国农村观察，1998(5).
[132] 郭将.农户行为与我国农业技术创新的路径选择[J].安徽农业科学，2008(6).
[133] 高启杰.农业技术推广中的农民行为研究[J].农业科技管理，2000(1).
[134] 高启杰.德国的农业推广咨询服务[J].德国研究，1995(4).
[135] 洪远朋.合作经济的理论与实践[M].上海：复旦大学出版社，1996.
[136] Havelock，[荷]A.W.凡登邦，[澳]H.S.霍金斯.农业推广学[M].北京：中国农业出版社，1989.
[137] 胡豹，卫新，王美青.影响农户农业结构调整决策行为的因素分析——基于浙江省农户的实证[J].中国农业大学学报(社会科学版)，2005(2).
[138] 侯大令.不同经济发展水平下农户土地利用行为特征及其影响因素分析[J].区域经济学，2007(6).
[139] [美]H.G.哈尔克劳.美国农业经济学[M].北京：中国农业出版社，1987.
[140] 韩国明，安杨芳.贫困地区农民专业合作社参与农业技术推广分析——基于农业技术扩散理论的视角[J].开发研究，2010(2).
[141] 黄珺，顾海英，朱国玮.基于认知角度的农民合作经济组织治理问题研究[J].经济问题探索，2005(8).
[142] 黄季焜，胡瑞法，智华勇.基层农业技术推广体系30年发展与改革政策评估和建议[J].农业技术经济，2009(1).
[143] 韩青，谭向勇.农户灌溉技术选择的影响因素分析[J].中国农村经济，2004(1).
[144] 黄群俊.新形势下农业技术扩散中农民选择行为存在的问题及对策[J].安

徽农业科学,2008(35).
[145] 胡瑞法,李立秋,张真和,石尚柏.农户需求型技术推广机制示范研究[J].农业经济问题,2006(11).
[146] 胡瑞法,黄季焜,李立秋.中国农技推广:现状、问题及解决对策[J].管理世界,2004(5).
[147] 胡瑞法,李立秋,张真和,石尚柏.农户需求型技术推广机制示范研究[J].农业经济问题,2006(11).
[148] 胡瑞法,王青连.技术扩散的传染病模型及应用[J].农业技术经济,1996(6).
[149] 韩兴涛.对郧县农业科技社会化服务需求的现状分析[J].农技服务,2012(29).
[150] 胡乐琴,汤国辉.当前我国农业科技推广的几种模式[J].中国农业教育,2006(2).
[151] 黄祖辉.农民专业合作组织发展的影响因素分析[J].中国农村经济,2002(3).
[152] 胡志丹.区域文化对农户技术采纳的影响分析[J].江西农业学报,2010(22).
[153] 蒋和平.1995—1999年全国农业科技进步贡献率的测定与分析[J].农业技术经济,2001(5).
[154] [美]阿米亥.格雷,杰克.赫舒拉发,大卫.赫舒拉发.价格理论及其应用——决策、市场与信息[J].北京:机械工业出版社,2009(2).
[155] 焦硕,徐飞,周鸿松.中国新技术普及过程的特异性分析——关于罗杰斯创新扩散理论的一个补充[J].中国科技论坛,2004(2).
[156] 姜太碧,袁惊柱.城乡统筹发展中农户生活污物处理行为影响因素分析——基于"成都试验区"农户行为的实证[J].生态经济,2013(4).
[157] 纪月清,王亚楠,钟甫宁.我国农户农机需求及其结构研究——基于省级层面数据的探讨[J].农业技术经济,2013(7).
[158] 金指基.熊彼特经济学[M].林俊男,金全名,编译.北京:北京大学出版社,1996.
[159] 旷浩源,应若平.社会网络中的技术支持对农业技术扩散的影响分析[J].安徽农业科学,2012(3).
[160] [美]R.库姆斯等.经济学与技术进步[M].北京:商务印书馆,1989.

[161] 康云海.农业产业化中的农户行为分析[J].农业技术经济，1998(1).
[162] 刘大椿，何立松.现代科学技术导论[M].北京：中国人民大学出版社，2000.
[163] 刘凤良，周业安，陈彦斌.行为经济学：理论与扩展[M].北京：中国经济出版社，2008.
[164] 林坚，马彦丽.农业合作社和投资者所有企业的边界——基于交易费用和组织成本角度的分析[J].农业经济问题，2006(3).
[165] 李京文，钟学义.中国产业结构的变化与发展趋势[J].当代财经，1998(5).
[166] 刘俊峰.基层农业科技服务体系困局求解[J].中国农业科技，2012(11).
[167] [美]罗杰斯 E.罗杰斯.创新扩散[M].北京：中央编译出版社，2002(6).
[168] 鲁国来.农业技术创新诱致的组织制度创新——农民专业协会在农业公共技术创新体系建设中的作用[J].中国农村观察，2003(5).
[169] 梁苗.整合铸辉煌——我国农业社会化服务体系建设与发展综述[N].农村工业通讯，2007(11).
[170] 吕美晔，王凯.菜农资源禀赋对其种植方式和种植规模选择行为的影响研究——基于江苏省菜农的实证分析[J].农业技术经济，2008(2).
[171] 李普峰，李同升，满明俊，李树奎.农业技术扩散的时间过程及空间特征分析——以陕西省苹果种植技术为例[J].经济地理，2010(4).
[172] 刘瑞韩，李瑞芬，邓蓉.浅谈发展我国的知识农业[J].中国农村经济，2001(12).
[173] 刘松林.日本农业推广事业的历史与现状[J].世界农业，1998(8).
[174] 李水山，梁小伊，陈晓梅.日本农业科研、教育、推广的创新体系[J].职业技术教育(教科版)，2005(25).
[175] 廖西元，王志刚，朱述斌，申红芳，胡慧英，王磊.基于农户视角的农业技术推广行为和推广绩效的实证分析[J].中国农村经济，2008(7).
[176] 廖西元，王磊，王志刚，阮刘青，胡慧英，方福平，陈庆根.稻农采用节水技术影响因素的实证分析——自然因素和经济因素效应及其交互影响的估测[J].中国农村经济，2006(12).
[177] 卢现祥，朱巧玲.新制度经济学[M].北京：北京大学出版社，2007.
[178] 刘笑明.农业科技园区技术扩散研究[D].西安：西北大学人文地理学学院，2008.
[179] 刘运梓.农业组织与规模[M].北京：中国计划出版社，1990.

[180] 李岳云，蓝海涛，方晓军.不同经营规模农户经营行为的研究[J].中国农村观察，1999(4).

[181] 林毅夫.中国农业在要素市场交换受到禁止下的技术选择[M].上海：上海人民出版社，1994.

[182] 林毅夫.小农与经济理性[J].农村经济与社会，1988(3).

[183] 刘延风.宏观技术需求与农户技术采用的差异及纠正[J].农业技术经济，1996(2).

[184] 廖义智.创新农技服务促进农民增收[J].衡阳通讯，2006(4).

[185] 李远，孟晓宏.日本双轨农业推广体系[J].世界农业，1999(10).

[186] 马春艳，冯中朝.技术专家领衔办企业的农业生物技术推广模式及运行机制探讨[J].世界农业，2007(1).

[187] 迈克尔·波特.国家竞争优势[M].北京：中信出版社，2012(8).

[188] 满明俊，李同昇.农户采用新技术的行为差异-决策依据-获取途径分析-基于陕西-甘肃-宁夏的调查[J].科技进步与对策，2010(8).

[189] 马骁.浅谈我国农业科技成果转化的运行机制[J].吉林农业，2011(4).

[190] 毛学峰.服务体系、成果转化与农业科技创新波及[J].改革.2012(2).

[191] 牛若峰.农业产业化经营的组织方式和运营机制[M].北京：北京大学出版社，2000.

[192] 庞晓鹏.农业社会化服务供求结构差异的比较与分析——基于农业社会化服务供求现状的调查与思考[J].农业技术经济，2006(4).

[193] 潘宪生，王培志.中国农业科技推广体系的历史演变及特征[J].中国农史，1995(3).

[194] 彭元，吴丽伟.别具特色的日本农业推广事业[J].世界农业.2006(7).

[195] 裴一雅.农业科技进步与新农村建设[J].农业科技，2007(10).

[196] 乔方彬，张林秀，胡瑞法.农业技术推广人员的推广行为分析[J].农业技术经济，1999(3).

[197] 乔继平，王继秀.农业科技成果转化的障碍与对策[J].科技情报开发与经济，2007(3).

[198] 钱克明.我国主要农产品供求形势与市场调控的对策建议[J].农业经济问题，2012(1).

[199] 钱克明.农业经济与科技发展研究[M].北京：中国农业出版社，2002.

[200] [日]秋野正胜.现代农业经济学[M].北京：中国农业出版社，1981.

[201] 乔治.泰奇.研究与开发政策的经济学[M].苏竣，柏杰，译.北京：清华大学出版社.2002.

[202] 韩洪云，赵连阁.农户灌溉技术选择行为的经济分析[J].中国农村经济，2000(11).

[203] [日]速水佑次郎，弗农.拉坦.农业发展的国际分析[M].北京：中国社会科学出版社，2000.

[204] 申红芳，廖西元，陈金发，朱述斌.超级稻示范推广中的技术到位率与产量差异对应分析[J].中国稻米，2008(5).

[205] 史清华，武志刚，程名望，长三角农家行为变迁 1986—2005[M].上海：上海三联书店，2007.

[206] 孙世民.基于 Logit-ISM 模型的养猪——全行为实施意愿影响因素的实证分析[J].中国农村经济，2012(10).

[207] 师树兴.前景理论、噪音交易与金融学分析范式转换[J].证券市场导报，2004(10).

[208] [日]速水佑茨朗，神明善久.农业经济论[M].北京：中国农业出版社，2003.

[209] 宋秀琚.国外农业科学技术推广模式及借鉴[J].社会主义研究，2006(6).

[210] 盛亚.技术创新扩散与新产品营销[M].北京：中国发展出版社，2002.

[211] [法]泰勒尔.产业组织理论[M].张维迎，译.北京：中国人民大学出版社，1997.

[212] 陶群山，胡浩，王其巨.环境约束条件下农户对农业新技术采纳意愿的影响因素分析[J].统计与决策，2013(1).

[213] 吴冲.农户新技术选择行为的影响因素分析及对策建议[J].上海农村经济，2007(4).

[214] 王红玲，柏振忠.世界农业科技服务体系比较与借鉴[J].科技进步与对策，2004(12).

[215] 王慧军.农业推广学[M].北京：中国农业出版社，2002.

[216] 王剑屏，袁媛，龚秀萍，李学林.农业科技进步集成模型与实践[J].科技与经济.2007(2).

[217] 王济文.我国贫穷地区农户技术应用行为的实证分析[J].农业技术经济，1995(3).

[218] 王青，许源，周波.上海农业科技社会化服务机制构建初探[J].上海管理科

学,2010(12).
[219] 王青,于冷,王英萍.上海农业科技社会化服务需求的调查分析[J].农业经济问题,2011(7).
[220] 王甦,汪安圣.认知心理学[M].北京:北京大学出版社,1992(4).
[221] 汪三贵,刘晓展,赵绪福.技术扩散与缓解贫困[M].北京:中国农业出版社,1998.
[222] 王文智,刘军,朱俊峰.农户安全蔬菜生产行为影响因素实证分析[J].安徽农业大学学报(社会科学版),2011(11).
[223] 王永强,朱玉春.农业技术扩散过程中的障碍因素分析[J].中国科技论坛,2009(1).
[224] 王永军,赵龙群.农业高校科技管理与科技服务中法律问题探讨[J].农业科技管理,2006(2).
[225] 韦志扬.我国农户技术采用行为研究概述[J].安徽农业科学,2007(35).
[226] 项保华,李绪红.管理决策行为[M].上海:复旦大学出版社,2005.
[227] [美]J. A. 熊彼特.经济发展理论——对利润、资本、信贷、利息和经济周期的考察[M]. 北京:商务印书馆,1990.
[228] 谢建华,韩清瑞,李雪奇.日本的农业推广及信息体系[J].中国农技推广,2002(3).
[229] 肖焰恒.可持续农业技术创新理论的构建[J].中国人口资源与环境,2003(1).
[230] 胥志文,弋华婷.加快现代农业发展促进新农村建设[J].现代农业,2007(9).
[231] 袁飞,胡瑞法.沿海经济发达地区农业技术选择的经济模式——温州市乐清县农民的技术选择行为分析[J].农业技术经济,1993(4).
[232] [美]约翰.梅勒.农业经济发展学[M].北京:中国农业大学出版社,1990.
[233] 杨建.关于现代农业科技推广体系的几点认识[J].上海农业科技,2007(2).
[234] 叶敬忠.农民发展创新中的社会网络[J].农业经济问题,2004(9).
[235] 杨建.关于现代农业科技推广体系的几点认识[J].上海农业科技,2007(2).
[236] 俞培果,蒋葵.农业科技投入的价格效应和分配效应探析[J].中国农村经济,2006(7).

[237] 杨庆杰，李延民.关于提高农业科技成果产业化效益的分析[J].中国集体经济，2007(7).
[238] 叶少平.日本农技推广经验对我国的启示[J].中国农技推广，2002(6).
[239] 阮蔚.日本农协面临的改革难题及对中国的启示[J].中国农村经济，2006(7).
[240] 庄学华.南方农业技术推广过程中农民技术采纳——基于Logistic模型的分析[J].湖南农机，2013(5).
[241] 于永德，胡继连.农业科技进步的组织制度研究[J].农业经济问题，2004(12).
[242] 喻永红，张巨勇，喻甫斌.可持续农业技术(SAT)采用不足的理论分析[J].经济问题探索，2006(2).
[243] 余志刚，郭翔宇.基于农户视角的现代农业发展现状与政策需求分析——来自哈尔滨市六区六县农户的调查[J].农业技术经济，2011(7).
[244] 杨士谋.多样化的世界农业推广教育体制[J].农业教育，2005(3).
[245] 张兵，周彬.欠发达地区农户科技投入的支付意愿及影响因素分析[J].农业经济问题，2006(10).
[246] 赵翠萍.农户需求诱导的技术进步路径：一个述评[J].兰州学刊，2007(11).
[247] 张浩.现阶段农业科技创新面临的问题和对策[J].现代农业科技，2005(2).
[248] 祝华军，田志宏.稻农采用低碳技术措施意愿分析[J].农业技术经济，2013(3).
[249] 朱鸿.美国农业技术推广体系的特点与职能[J].台湾农业探索，2006(3).
[250] 章力建.集成创新是当前农业科技创新的战略需求[J].农业经济问题，2006(4).
[251] 全国农业技术推广服务中心.国外农业推广[M].北京：中国农业出版社，2001.
[252] 中国社会科学院农村发展研究所，国际统计局农村社会经济调查司.中国农村经济形势分析与预测(2013—2014)[M].北京：社会科学文献出版社，2014.

索　引

T

W

X

Y

后　记

经过7年的实地调查和深入分析，在完成并整理了博士论文之后，这本论著终于完成了。

回想在攻读博士学位课程、各地调研访谈、撰写博士论文，以及组织出版这本论文专著期间，我的导师、领导、同事、同学、朋友，还有家人都给予了我莫大的关心和鼓励，在此深表谢意！

攻博与其说是一个学习机会或是修读一个学位，不如说是一个完整全面的修炼过程，其间每一个环节对个人综合素质的培养都显得十分必要且重要，深感大有“塑成”与“磨炼”的精髓所在，特此简短总结自己的体会：

求学后知博达，业毕且明韬晦；
树建学术修养，干练学术德能；
拨点缜密思维，勃发专业素念；
博览求真于世，相学相长人前；
感悟师生情义，问道同窗志气；
身先示教于子，说理度化于生；
勤勉上在敬公，苦行下有助己。

郑重地感谢我的恩师于冷教授，他治学严谨的态度，辛勤教诲的理念，孜孜不倦的修养，谦逊平易的风尚，乐观坦荡的情怀，让我和我的同门兄弟姐妹受益颇深，也使我们从中学习到很多从事研究、工作、学习的积极思想和经验事例，特别感谢于教授在博士论文撰写过程中给予的细致引导和详尽指正。

衷心感谢顾海英教授、史清华教授、朱保华教授、朱启贵教授、朱喜副教授、陈景秋副教授、梁建副教授、顾锋教授、冯芸教授给予的各方指导和建议。

还要感谢与我一起下乡调研，收集各地数据的赵卓、周波、陈云、陈朝芬、何方也、谢雅琴、阮博闻、杨智杰、叶书怀等同窗和同学们，他们的付出给本书的研究提供了丰富的思路和数据资料。

最后，感谢在工作中关心支持我的周林教授、李垣教授、赵旭教授、陈宏民教授、唐宁玉教授、周祖城教授等多方予以我的鼓励、支持和帮助！

王青